DER SPIEGEL ANZEIGENTRENDS

HERAUSGEGEBEN VON PETER WIPPERMANN/TRENDBÜRO

DER SPIEGEL

HERAUSGEGEBEN VON PETER WIPPERMANN/TRENDBÜRO VERLAG HERMANN SCHMIDT MAINZ

ANZEIGENTRENDS

WAS BLEIBT WAS GEHT WAS KOMMT

INHALT

IMPRESSUM Anzeigentrends. Was bleibt, was geht, was kommt? Peter Wippermann/Trendbüro (Hrsg.) Verlag Hermann Schmidt Mainz, 1997 ISBN 3-87439-430-1

LEKTORAT: Irene von Hardenberg REDAKTION: Thomas Huber, Andreas Steinle/Trendbüro KONZEPTION & GESTALTUNG: Régine Thienhaus/Büro Hamburg GRAFIK: Birgit Eggers, Jeanette Renard INFOGRAFIKEN: Ricke Penaranda PRODUKTIONSLAYOUT: Andrea Junker SCHLUSSREDAKTION: Korrekturservice Diepenbroick & Zimmer GESETZT AUS: Rotation, SpSans LITHO: Weissenberger GmbH & Co, Hamburg BINDEARBEITEN: C. Fikentscher, Darmstadt DRUCK: Universitätsdruckerei H. Schmidt, Mainz – Printed in Germany DIE DEUTSCHE BIBLIOTHEK – CIP-Einheitsaufnahme ANZEIGENTRENDS: Was bleibt, was geht, was kommt? [hrsg. von Peter Wippermann]. – Mainz: Schmidt, 1997 ISBN 3-87439-430-1

ANZEIGENTRENDS

Die mageren und die fetten Jahre der Bundesrepublik und des vereinten Deutschlands – woran wären sie besser ablesbar als am Umfang des SPIEGEL? Die ersten Hefte, Ende der 40er Jahre, kamen so dünn daher wie die Kriegsheimkehrer. Erst langsam, in den 50er, 60er und vor allem aber 70er Jahren, wuchs der „Speckgürtel“ aus Anzeigen. Diese versahen den Klassiker unter den deutschen Nachrichtenmagazinen nicht nur mit immer mehr Bildern und unversehens mit Farbe, sondern brachten ihn auch auf Umfänge, die Montag morgens schon fast als Drohung auf dem Tisch lagen. Früher als im redaktionellen Teil färbte sich in den Anzeigen die bundesrepublikanische Welt bunt, unbekümmerter wechselten hier Layout, Farbe und Inhalt.

Daß es vergnüglich und mitunter lehrreich sein kann, die Werbung vergangener Jahrzehnte zu studieren, soll unser Rückblick auf 50 Jahre Anzeigen im SPIEGEL demonstrieren. Das Schema von Gleich- und Ungleichzeitigkeit, nach dem sich die Berichterstattung aus aller Welt mit dem Warenangebot eines Landes verknüpft, gibt wie ein Seismograph Aufschlüsse über gesellschaftliche Wandlungsprozesse. Es belegt die engen und oft geheimnisvollen Wechselwirkungen zwischen Medien und Werbung – in der Rückschau wesentlich klarer erkennbar als aus der Position des Jetzt und Heute.

Unser Buch gibt einen Einblick in Geschichte und Trends von Anzeigen in den deutschen Printmedien. Der Blick bleibt dabei nicht ausschließlich auf Vergangenes konzentriert, sondern bezieht auch die Gegenwart mit ein und richtet sich schließlich nach vorne: Welche neuen Szenen der Haßliebe zwischen Anzeigenabteilung und Redaktion erwarten uns? Wie werden sich die Anzeigen verändern in der schnell wechselnden Medienlandschaft der Zukunft?

Unser Forschungsfeld soll aus verschiedenen Blickwinkeln erkundet werden. Angebote zum besseren Verständnis einer halbverborgenen Welt werden auch da gemacht, wo es nicht ausschließlich um Werbung oder Kommunikationsdesign geht. Zu Wort kommen Fachleute aus Marketing und Werbung, Journalisten, Kulturwissenschaftler, Philosophen und Politiker – all jene, in deren Leben das Thema eine Rolle spielt, wenn auch nicht unbedingt täglich und an erster Stelle. Je nach Gruppenzugehörigkeit der Autoren – Medien, Werbung, Marketing, Politik – wird die Standort- und Wegbestimmung von Werbung im SPIEGEL unter anderen Vorzeichen vorgenommen.

Zum Einstieg fragt Stefan Aust nach dem Eigenwert von Qualitätsjournalismus am Ende des Jahrhunderts und verdeutlicht seine Thesen am Beispiel des SPIEGEL. Werner E. Klatten, Cordt Schnibben, Jürgen Ströbel und Christian Schlottau beschäftigen sich mit den Bedingungen und Möglichkeiten einer Kooperation zwischen Nachrichtenmagazin und Anzeigenkunden.

Als Sprachrohr der Werbung fungieren Michael Schirner sowie Christian Boros und Guido Halfmann. Sie berichten über Highlights aus 50 Jahren, erwägen die – wohl nicht endgültig lösbare – Frage nach den Qualitätskriterien guter Werbung und beleuchten die Veränderungen im Selbstverständnis der heutigen Werber und ihrer Adressaten.

Das Ausloten zukünftiger Marketingstrategien schließlich übernehmen Norbert Bolz, Thomas Holtrop, Hans-Joachim Richter, Douglas Rushkoff und ich. Die Autoren fragen nach dem Stand von Forschung, Lehre und Praxis des modernen Kommunikationsdesigns, während der Politiker Peter Glotz der Anzeigenkultur unserer Parteien auf den Zahn fühlt.

Alle Thesen und Analysen werden durch umfangreiche Hintergrundinformationen ergänzt: Fakten, Zitate, Zahlen und Bilder, die auf ihre Weise noch einmal fünf Jahrzehnte Werbung illustrieren.

Unser Buch wurde vom SPIEGEL anläßlich seines 50jährigen Bestehens angeregt und unterstützt. Zugute kam Trendbüro auch ein reicher Erfahrungsschatz aus der Zusammenarbeit mit dem Arbeitskreis Bildsprache, der jährlich die Anzeigentrends in Leadmagazinen analysiert. Allen, die in diesem Sinne an der Verwirklichung des Buches mitgeholfen haben, sei an dieser Stelle ein herzlicher Dank ausgesprochen.

Peter Wippermann/Trendbüro

ANZEIGENTRENDS

VOM LESEN UND BETRACHTEN

8

ES STAND IM SPIEGEL

ZEITGEIST WERBUNG

ALLE REDEN VOM WETTER

SPIRITUELLER MEHRWERT

STREIT IM MÄDCHEN-PENSIONAT

JOURNALISMUS

DRAMATISCH NORMAL

DER SPIEGEL ALS MEDIENMARKE

MEDIAQUALITÄT IN DER WERBUNG

CROSS MEDIA

I HAVE A DREAM

ZAHLEN UND FAKTEN

PETER WIPPERMANN, **STEFAN AUST**, ANDREAS STEINLE/PETER WIPPERMANN, MICHAEL SCHIRNER NORBERT BOLZ, PETER GLOTZ, CORDT SCHNIBBEN, CHRISTIAN BOROS/GUIDO HALFMANN, PETER WIPPERMANN, DOUGLAS RUSHKOFF, THOMAS HOLTROP, HANS-JOACHIM RICHTER, WERNER E. KLATTEN, JÜRGEN STRÖBEL, CHRISTIAN SCHLOTTAU

Stefan Aust Geboren 1946. Chefredakteur des SPIEGEL. Von 1966 bis 1969 Redakteur bei Konkret, später Mitarbeiter des NDR, vor allem für die Sendung „Panorama". Seit 1988 Chefredakteur von SPIEGEL TV. Zahlreiche Fernsehdokumentationen, Filme und Bücher.

DER SPIEGEL

1

VOM LESEN UND BETRACHTEN

ERFOLGSGEHEIMNIS OFT WERDE ICH GEFRAGT, WORAUF SICH DER ERFOLG DES SPIEGEL GRÜNDET, WAS DAS BLATT WOCHE FÜR WOCHE SO ATTRAKTIV MACHT FÜR ÜBER SECHS MILLIONEN LESER, WIE ES KOMMT, DASS IM IN- UND AUSLAND KEINE ANDERE DEUTSCHE ZEITSCHRIFT SO OFT ZITIERT WIRD WIE DER SPIEGEL.

1 Jubiläumsempfang im Bonner Haus der Geschichte, Januar 1997;
von links: Bundespräsident Roman Herzog, SPIEGEL-Herausgeber Rudolf Augstein, SPIEGEL-Chefredakteur Stefan Aust, Bundespräsident a. D. Richard von Weizsäcker,
Foto: Marc Darchinger

KRITISCHE GRUNDHALTUNG Ich könnte mir die Antwort leichtmachen, die New York Times zitieren („DER SPIEGEL ist Deutschlands einflußreichste Publikation“) und allenfalls noch hinzufügen: „Weil wir einfach besser waren, besser sind und besser bleiben werden.“

Aber so einfach ist die Antwort nicht. „Weshalb von Augsteins Blatt eine so große Faszination ausgeht, ist eine schwer zu beantwortende Frage“, schrieb 1993 der frühere Bundeskanzler Helmut Schmidt zum 70. Geburtstag des SPIEGEL-Herausgebers Rudolf Augstein. „Einer der Gründe ist gewiß die kritische Grundhaltung des SPIEGEL, mit Engagement die Angelegenheiten von öffentlichem Interesse zu durchleuchten...

Ein anderer Grund liegt in der Akribie der Information, gestützt auf ein ungeheures SPIEGEL-Archiv. Die Genauigkeit der dargestellten Fakten – nur sehr, sehr selten von einem Betroffenen erfolgreich falsifiziert – befriedigt nicht nur die Neugierde der Leser, sondern zugleich gibt sie dem SPIEGEL die Aura der Unfehlbarkeit: ‚Das muß ja stimmen, es hat doch im SPIEGEL gestanden.‘“

Helmut Schmidt hat sicher – wie auch sonst immer – recht: Die Akribie, mit der die Redakteurinnen und Redakteure des SPIEGEL recherchieren und die Journalisten in der Dokumentation verifizieren, sucht ihresgleichen. Und ohne den „Investigative Journalism“ der SPIEGEL-Redaktion „wäre manche üble Affäre und mancher Betrug am Parlament und an der öffentlichen Meinung unentdeckt und ungeahndet geblieben“ (Schmidt).

EIN BLICK ZURÜCK Aber das allein kann das Patentrezept nicht sein. Vielleicht ist es erforderlich, zur Erforschung des SPIEGEL-Erfolges den Blick für einen Moment zurückzulenken in die Gründerjahre, die Wirren der Nachkriegszeit.

Als am 4. Januar 1947 die erste Ausgabe des SPIEGEL erschien – auf unansehnlich grauem Papier, mit 28 Seiten Umfang, davon vier Seiten Anzeigen –, da war das nicht viel mehr als eine schlechte Kopie von Time, der Großmutter aller Nachrichtenmagazine. Doch den Menschen im neuen Deutschland gefiel das Blatt von Woche zu Woche besser: Nach tausend Jahren Meinungsdiktatur empfanden sie es als erfrischend, daß junge Journalisten es wagten, in einer pointierten, oft aggressiven Sprache die Mißstände überall im Lande anzuprangern und dabei die Mächtigen – und die Besatzungsmächte – keineswegs zu schonen.

Schon bald bewegte sich DER SPIEGEL abseits der ausgetretenen Pfade der klassischen Nachrichtenmagazine, deren Selbstverständnis vor allem darin bestand, widerzuspiegeln, was sich im Laufe der zu Ende gegangenen Woche ereignet hatte: „That was the week that was.“

Diese Maxime mochte – und mag – in der Heimat der News Magazines, in den USA, gelten, wo sich nur die Menschen an den Küsten von Atlantik und, bedingt, Pazifik aus ihren guten bis sehr

guten Tageszeitungen detailliert informieren konnten und können. In der viel kleineren Bundesrepublik dagegen gab es schon bald nach Kriegsende eine ganze Reihe guter Tageszeitungen, welche die Existenz eines reinen „Wochenspiegels" sehr schnell überflüssig gemacht hätten.
DER SPIEGEL mußte also schon sehr früh einen eigenen Weg, ein eigenes Profil suchen, Kriterien, die ihn für den Leser unverwechselbar – und begehrenswert – machten.

QUALITY LEADERSHIP Zwei Faktoren gewannen besondere Bedeutung: DER SPIEGEL mußte mehr und bessere Informationen liefern als andere Printmedien, und er durfte seinen Lesern diese Flut von Informationen nicht ungeordnet präsentieren, sondern mußte ihnen eine Orientierung bieten. Schon bald griff der noch heute gültige Slogan „SPIEGEL-Leser wissen mehr".
Die Redaktion des SPIEGEL ist seit jenen Gründertagen auf über 200 Journalistinnen und Journa-

1 SPIEGEL-Konferenz mit SPIEGEL-Chefredakteur Stefan Aust und SPIEGEL-Herausgeber Rudolf Augstein, Foto: DER SPIEGEL

listen angewachsen – mit eigenen Redaktionsvertretungen in nahezu allen Bundesländern und über 20 ausländischen Metropolen; im legendären SPIEGEL-Archiv arbeiten heute an die 80 hochqualifizierte Dokumentationsjournalisten.
Mit einer solchen Mannschaftsstärke kann sich DER SPIEGEL den Luxus erlauben, zuweilen vier, fünf oder mehr Reporter und Redakteure auf eine einzige Story anzusetzen, die dann keinen Stein auf dem anderen lassen und das Thema bis in die letzte Verästelung ausrecherchieren. Diese journalistische Kompetenz hat dem SPIEGEL seit Jahrzehnten eine Führungsrolle im redaktionellen Bereich gesichert – auf neudeutsch Quality Leadership.
Quality Leadership aber ist in dem globalen Dorf, in dem wir heute leben, das entscheidende Kapital. Denn die Nachricht selbst ist inzwischen so schnell geworden wie der Schall, verbreitet sich buchstäblich mit Blitzgeschwindigkeit um die Erde. Mit der Nachricht allein kann stets nur derjenige Auf-

merksamkeit erregen, der sie als erster übermittelt. Wenn Peter Arnett während des Golfkriegs aus dem Irak live für CNN berichtet: „Der Himmel über Bagdad ist hell erleuchtet“, dann kommt diese Nachricht, kommen die Bilder überall auf der Welt zeitgleich an. Der Betrachter sonnt sich in der Illusion, ungefilterte Wirklichkeit live mitzuerleben, und glaubt sogleich alles zu wissen.

Diese Illusion hat den Journalismus nachhaltig verändert. Geschwindigkeit steht im Vordergrund, am besten Gleichzeitigkeit. Eine scheinbare Objektivität beherrscht die Szene, und das schnellste Gewerbe der Welt wird zugleich auch das am schnellsten verderbliche. Denn die Halbwertszeit der Bilder und Nachrichten wird immer kürzer, durch ständige Wiederholungen in immer mehr Nachrichtensendungen wirken sie uralt, auch wenn gerade erst ein paar Stunden verstrichen sind.

DER SPIEGEL muß sie am folgenden Montag als bekannt voraussetzen, sich aber gleichwohl mit dem Thema beschäftigen. Er muß folglich das tun, was er besser kann: analysieren, warum der Himmel über Bagdad hell erleuchtet ist, welche Folgen es hat, daß er hell erleuchtet ist…

LESEN IST ARBEIT Im Zeitalter des Zapping, des ziellosen Hinundherschaltens mit der TV-Fernbedienung, kommt der Analyse mehr Bedeutung zu denn je. Diese Analyse aber läßt sich nicht mit dem in Mode gekommenen Datenbank-Journalismus erarbeiten. Hier ist intellektuelle Kreativität gefragt, und sie erfordert auch vom Leser Arbeit. Denn Lesen ist Arbeit. Und die wollen – und können – wir dem SPIEGEL-Leser nicht abnehmen.

Er will das auch gar nicht. Denn SPIEGEL-Leser sind Entscheidungsträger, Menschen, die genügend informiert sein müssen, um die richtigen Entscheidungen zu treffen. Sie können es sich nicht leisten, nur kleine Häppchen von Informationen zu betrachten, sie müssen längere Texte lesen, um über bestimmte Themen überhaupt mitreden zu können.

Vom SPIEGEL erwarten sie Zusammenhänge und Hintergründe über das Gemeinwesen, den Staat, den Zustand der Parteien, der Wirtschaft, der Gesellschaft, des kulturellen Lebens und der Wissenschaft. Ihnen geht es nicht darum, vom SPIEGEL Ratschläge für die bessere Lebensführung, Hitlisten der 500 besten Schulen, Hebammen oder Apotheken der Republik zu erhalten; für sie besteht der Nutzwert des Blattes darin, etwas über den Zustand der Gesellschaft zu erfahren.

Was gestern die Abkehr war vom Prinzip „That was the week that was“, ist heute und morgen die Einstellung auf die veränderten Lese- und Betrachtungsgewohnheiten einer nachwachsenden Generation, die zunächst einmal zum Betrachten neigt und zum Lesen erst animiert werden will (und muß).

DIE WELT IN FARBE DER SPIEGEL hat deshalb – die Welt ist schließlich nicht schwarzweiß – auf Vierfarbdruck umgestellt, ohne dadurch bunt zu werden, hat das Blatt noch übersichtlicher gestaltet.

Aber natürlich werden wir den SPIEGEL-typischen Nutzwert in der Zukunft noch weiter ausbauen, ein Blatt mit noch mehr Hintergrund anbieten, eine ausbalancierte Mischung von kurzen und langen Artikeln, Autorenstücken mit pointierten Stellungnahmen und einer starken Auseinandersetzung mit dem Titelthema. Damit werden wir auch in der Zukunft die Quality Leadership behalten und unseren Platz an der Spitze der Pyramide verteidigen.
Andererseits ist die Nachfrage nach solcher Art journalistischer Qualität nicht unbegrenzt. Und da auch der SPIEGEL-Verlag ein wachstumsorientiertes Unternehmen ist, haben wir über neue Projekte auf anderen Feldern des Kommunikationsmarktes nachgedacht und inzwischen eine ganze Reihe von Markenvarianten realisiert: Seit 1988 bereits ist der SPIEGEL-Verlag im Fernsehen aktiv. Längst ist SPIEGEL TV ein wichtiger Lieferant von Informationssendungen für das Privatfernsehen. Hinzu kamen Aktivitäten auf dem Printmarkt: SPIEGEL special seit Oktober 1994, SPIEGEL KULTUR EXTRA seit Juni 1995. Jüngste Innovation dieses Jahres ist ICE-Press, die erste fahrende Tageszeitung der Welt für Reisende der Deutschen Bahn.
Auch in den Neuen Medien erweiterte DER SPIEGEL sein Angebot mit einer eigenen Homepage und einer Vielzahl interessanter Rubriken im Internet – dazu bei CompuServe und T-Online.
Für alle diese Objekte gelten dieselben Qualitätsstandards wie für den SPIEGEL, ihnen allen gemeinsam ist das Bestreben, sich an der Spitze der Pyramide zu plazieren und zu behaupten.

DAS FLAGGSCHIFF Wichtigstes Objekt des Hauses bleibt selbstverständlich das Flaggschiff, DER SPIEGEL, von dem das Fachblatt W&V (Werben und Verkaufen) schrieb: „Informationen statt Infos, Aufklärung statt Entertainment, inhaltliche Tiefe statt opulenter Optik – DER SPIEGEL huldigt wie kein zweites deutsches Massenblatt den hehren Prinzipien des traditionellen Journalismus."
Um die Zukunft dieses Flaggschiffs ist uns nicht bange. Gewiß werden wir die Chancen von Synergien und Kooperationen der alten und der neuen Medienwelten nutzen – was derzeit schon täglich zwischen dem Printprodukt SPIEGEL und SPIEGEL TV geschieht. Aber wir sind uns unserer Rolle als Quality Leader bewußt und werden uns nicht ängstigen lassen von den Risiken der Verdrängung, werden keine Konzessionen an jene machen, die lieber betrachten als lesen wollen, sondern uns Woche für Woche, wenn wir den SPIEGEL machen, auch in Zukunft den „hehren Prinzipien des traditionellen Journalismus" verpflichtet fühlen.
Denn diese Prinzipien allein sind ein Garant auch für den Erfolg in der Zukunft.

ANZEIGENTRENDS
VOM LESEN UND
BETRACHTEN

ES STAND IM SPIEGEL

ZEITGEIST WERBUNG
ALLE REDEN VOM WETTER
SPIRITUELLER MEHRWERT
STREIT IM MÄDCHEN-
PENSIONAT
ÜBER WERBUNG UND
JOURNALISMUS
DRAMATISCH NORMAL

DER SPIEGEL ALS MEDIENMARKE
MEDIAQUALITÄT IN DER WERBUNG
CROSS MEDIA
I HAVE A DREAM
ZAHLEN UND FAKTEN

PETER WIPPERMANN, STEFAN AUST, ANDREAS STEINLE/PETER WIPPERMANN, MICHAEL SCHIRNER, NORBERT BOLZ, PETER GLOTZ, CORDT SCHNIBBEN, CHRISTIAN BOROS/GUIDO HALFMANN, PETER WIPPERMANN, DOUGLAS RUSHKOFF, THOMAS HOLTROP, HANS-JOACHIM RICHTER, WERNER E. KLATTEN, JÜRGEN STRÖBEL, CHRISTIAN SCHLOTTAU

DER SPIEGEL

ES STAND IM SPIEGEL

WERBUNG ALS SPIEGEL-THEMA DIE WELT DER ANZEIGEN, FUNK- UND FERNSEHSPOTS WAR VON ANFANG AN GEGENSTAND DER BERICHTERSTATTUNG IM SPIEGEL. TEXTE AUS FÜNF JAHRZEHNTEN DOKUMENTIEREN, WIE SICH DIE WERBUNG IN DEUTSCHLAND ENTWICKELT HAT.

Fernsehwerbung als Kulturfilm* „Mit der Idee einer ‚Wirtschaftswerbung' im Fernsehfunk hatte Generaldirektor Grimme schon im September 1950 kokettiert: ‚Wir könnten uns vorstellen, daß man etwa in ein Volkswagenwerk hineingeht, daß man den Prozeß des Werdens des Gegenstandes, der dort fabriziert wird, aufnimmt, dem Hörer vorführt. Diese Wirtschaftswerbung wäre dann ... eine Parallele zum Kulturfilm.' In der vergangenen Woche meldete ‚Filmpress', daß mit der Werbung im Fernsehfunk ‚in Kürze' begonnen werde."

Wert und Unwert von Reklame ** „Seit der Hessische Rundfunk in Frankfurt bekanntgegeben hat, daß auch er am 4. Januar 1954 mit der Ausstrahlung von Werbesendungen beginnen will, bleibt der NWDR die einzige deutsche Rundfunkbastion mit einem Programm ohne Reklamesprüche. (...) – Andere Sender stiegen in den gleichen Omnibus – allerdings mit der beschwörenden Geste kulturellen Mäzenatentums: sie führen die Erträgnisse aus dem Werbefunk kulturellen Aufgaben innerhalb ihres Sendegebietes zu.**

*aus „Reklame-Sendungen – Neue Quellen der Freude", SPIEGEL Nr. 14/1953
**aus „Werbesendungen – Zur Hebung des Niveaus", SPIEGEL Nr. 47/1953

(...) Bei den süddeutschen Sendern und Radio Bremen ist der Programmanteil des Werbefunks mittlerweile so gestiegen (bis zu 7,6 Prozent), daß die Diskussion über Wert und Unwert der Reklamesendungen wieder in Gang zu geraten droht. (...) Es ist daher nicht ausgeschlossen, daß das kommende Bundesrundfunkgesetz die Axt auch an den Werbefunk legt. Im ersten Gesetzentwurf des Bundesministeriums, der vor anderthalb Jahren zur Diskussion stand, war die Beseitigung des Werbefunks schon vorbereitet."

Erkenntnisse der Motiv-Forschung* „Die Konsum-Erotik des Mannes wird – wie Dr. Dichter behauptet – besonders vom Automobil erregt. Vom Chrysler-Konzern wurde der Motiv-Forscher aufgefordert, die Beobachtung zu deuten, daß die meisten Männer zwar Limousinen kaufen, sich aber offensichtlich mehr zu den Cabriolets hingezogen fühlen. Dichter erforschte die Frage und schloß, daß der Mann das Cabrio möglicherweise als ‚eine symbolische Mätresse' betrachtet, die ihm Träume von Jugend, Romantik und Abenteuer suggeriert. Mit einer tolldreisten Blondine neben sich auf dem leopardenfellgepolsterten Sitz rast er im Geist durch blaue Sommernächte."

Ungewöhnliche Pepsi-Werbung** „Große Plakate in den Farben Blau-Weiß-Rot kündeten vor kurzem den Hamburger Bürgern an, daß das amerikanische Colanußgetränk Pepsi Cola, nachdem es bereits ‚in aller Welt' getrunken werde, ‚jetzt auch hier' zu haben sei. (...) Im Hamburger Theater am Besenbinderhof, wo vor einigen Wochen ‚Der Fall Winslow' auf dem Spielplan stand, brach der Hauptdarsteller auf dem dramatischen Höhepunkt des Stückes allabendlich in den Ruf aus: ‚Ich kann nicht mehr, bring mal 'ne Pepsi Cola.' (...) Wenige Tage vor dem 4. Mai ließ Pepsis Werbemanager Wolf Uecker überdies durch das Hamburger Groschenblatt ‚Morgenpost' die Nachricht ausstreuen, Pepsi werde allen Kindern, die am 4. Mai geboren würden, ein Geburtstagsgeschenk machen. (...) Für eines dieser Kinder, die Tochter Carola des Barmbeker Zollangestellten Heinrich Zimmermann, hielt Pepsi eine besondere Überraschung bereit. Uecker und Brinckmann eröffneten den Eltern, ihr Kind erhielte 4000 Mark in bar und 6000 Mark in Form einer Ausbildungs-Versicherung, falls sie das Mädchen auf den Namen Pepsi taufen würden. Seit dem 8. Mai enthält das Namensregister des Hamburger Standesamtes den seltenen Vornamen Pepsi-Carola."

*aus „Motiv-Forschung – Die Einflüsterer", SPIEGEL Nr. 32/1957
**aus „Cola-Getränke – Pepsi-Jingle", SPIEGEL Nr. 23/1959

Gerangel um Aufträge* „Wie in jedem Jahr drängelten sich auch in den letzten Monaten die Werber bei Westdeutschlands Managern um Aufträge. (...) Keiner anderen Branche sitzt die Angst so im Nacken. Eine Vertragszeit von nur einem Jahr ist die Regel. (...) Das Herbst-Rangeln geht um große Beute: Mit über zwei Milliarden Mark warb die westdeutsche Wirtschaft im letzten Jahr für insgesamt 10 666 Marken und Produkte. Diese Summe, aufgespaltet in die sogenannten Etats der einzelnen werbenden Firmen, stand den mehr als 750 Agenturen zur Verfügung. (...) Die Durchschnittsgröße der westdeutschen Werbe-Etats betrug 1964 rund 200 000 Mark."

Wirkungsforschung per Augen-Kamera** „Die Werbewirkung von Packungen, Inseraten und Plakaten kontrolliert die McCann-Schwestergesellschaft Marplan unter anderem mit Hilfe der in den USA entwickelten ‚Augen-Kamera': einer viereckigen Holzbox von der Größe einer Kartoffelkiste. Durch einen Sehschlitz blicken die Versuchspersonen in die Kiste hinein, auf deren gegenüberliegender Wand Diapositive mit Pralinenschachteln, Biergläsern oder Schnapsflaschen gezeigt werden. Auf den Sehschlitz ist eine Spezialkamera gerichtet, die das Auge des Betrachters in jeder Sekunde zweimal automatisch knipst. Jedes emotionale Engagement bewirkt eine Veränderung der menschlichen Pupille: Beim Anblick eines Glases Bier oder einer Bikini-Schönen beginnt der Pupillensaum des betrachtenden Mannes zu flattern, und die Pupille vergrößert sich. Je mehr Zuspruch das Objekt findet, desto größer wird die Pupille. Da die Reaktion des Auges durch Vorgänge im vegetativen Nervensystem des Gehirns bewirkt wird, ist der Einfluß des Willens ausgeschaltet. Emotionen sind meßbar wie die Zimmertemperatur oder der Nitritgehalt von Hackfleisch."

Verbraucher-Testbataillone*** „Um den Wünschen der Verbraucher auf die Spur zu kommen und sich damit gegen Mißerfolge und frühzeitige Etatverluste abzusichern, unterhalten einige Agenturen heute bis zu 500 Mann starke Verbraucher-Testbataillone, sogenannte Panels, die den Beratungsfirmen ständig melden, wie das neue Schuppenmittel gefällt und was sie über Birkels Eiernudeln (‚Birkeln Sie auch?') denken. In einer Untersuchung wurde zum Beispiel festgestellt, daß acht Prozent der Hamburger kein Toilettenpapier benutzen. In Nordrhein-Westfalen verzichten 14 Prozent der Einwohner auf die perforierte Feinkrepp-Rolle, und die Bayern bilden mit 20 Prozent Nichtbenutzern den zivilisatorischen Humus der Bundesbevölkerung."

*aus „Agenturen – Angst im Nacken", SPIEGEL Nr. 44/1965
**aus „Werbung – Ein bißchen irre", SPIEGEL Nr. 4/1966
***aus „Werbung – Ein bißchen irre", SPIEGEL Nr. 4/1966

Keks-Sekt-Allianz* „Probieren Sie es doch gleich heute, fordern einträchtig die Firmen Sektkellerei Carstens (SC) und Bahlsen Westdeutschlands Verbraucher seit kurzem zum geselligen Sekt- und Kekskonsum auf. ‚Zusammen', so kündeten doppelseitige Zeitschriftenanzeigen, seien ihre Erzeugnisse ‚unwiderstehlich'. Die Keks-Sekt-Allianz verkörpert ein neues Lieblingskonzept westdeutscher Marktstrategen: die Verbundwerbung. Sie wurde in Amerika entdeckt, vom US-Käsekonzern Kraft vor einigen Jahren in Westdeutschland konsequent eingeführt und blüht immer üppiger."

Erstmals Wünsche in Farbe** **„Westdeutschlands Werber planen eine teure Premiere vor leerem Haus. Zwischen 18 und 19 Uhr am 25. August dieses Jahres will das Zweite Deutsche Fernsehen, tags darauf auch das Erste Programm zum erstenmal Werbefilme in Farbe ausstrahlen, aber nur eine Handvoll Verbraucher wird sie farbig empfangen können."**

Für Werbephotos in den Urwald*** „Solch üppiger Aufwand für Werbephotos gehört mehr und mehr zur normalen Prozedur. Die Werber kriechen in spanische Höhlen, durchstreifen die afrikanische Steppe und die Urwälder Brasiliens, sie schwitzen im Sudan unter sengender Sonne, frieren im Schnee der Dolomiten und lassen sich von isländischen Wasserfällen durchnässen. Sie verwenden Wochen auf die Suche nach einer gewissen Wiese, selbst wenn es ‚hinterher so aussieht, als seien die Photos daheim auf dem Balkon gemacht' (Agenturchef Friedrich Wilhelm Ortmeyer). (...) Weil ‚draußen die lebendige Atmosphäre besser eingefangen werden kann', so der Hamburger Photograph Reinhart Wolf, gilt die Arbeit im Atelier heute als unzureichend. (...) Im Dezember 1966 ging ein kleines Team der Werbeagentur Witzgall auf die Suche nach Himmel, der in Anzeigen für die Zigarette Mercedes von Haus Neuerburg wolkenlos und tiefblau strahlen sollte. Nach Aufenthalten in Ägypten, Portugal und Griechenland entstand das Endprodukt in einem Steinbruch nahe Stuttgart, den Himmel lieferte eine Leinwand von blauer Farbe."

*aus „Verbund – Käse und Bouillon", SPIEGEL Nr. 14/1966
**aus „Fernsehen – Farbige Wünsche", SPIEGEL Nr. 10/1967
***aus „Photographie – Auf dem Balkon", SPIEGEL Nr. 21/1968

Busen tabu* „Die Verwendung sexueller Motive ist wie eine Infektion, deren Inkubationszeit kürzer und kürzer wird. Frauen, so fanden Marktforscher heraus, sind in der Regel gegen Sex-Werbung nicht nur immun, sondern lehnen sie oft entschieden ab. (...) Der Berliner Arzt und Marktforscher Professor Otto Haseloff will sogar herausgefunden haben, daß ‚nur erotisch-sexuell frustrierte und leicht gehemmte Persönlichkeiten durch eine sex- und erotikbetonte Werbung' ansprechbar sind. (...) Auf die Idee, den handfesten Sex aus Anzeigen und Kinospots zu verbannen, kamen die Manager und ihre Werbeagentur Dr. Hegemann in Düsseldorf, als in Zeitschriftenseiten und Kinos die Sexwelle immer höher schäumte. Allein auf 49 Seiten Redaktionstext der ‚Neuen Revue', Nr. 30/1970, zählten die Werber 39 Damen und Herren mit in der Öffentlichkeit normalerweise bedeckten Körperteilen."

Werbung für Werbung** „Jahraus, jahrein wuschen Westdeutschlands Werber so weiß, daß es weißer gar nicht mehr ging – für ihre Auftraggeber. Jetzt kämpft die von wachsender Kritik bedrängte Branche für sich selbst. In Eisenbahnen und Kaufhäusern, Schulen und Universitäten wirbt eine silbergraue Broschüre mit dem Titel ‚Werbung – pro und contra' für die Ansicht, daß Reklame Stadt und Land nicht verschandele, den Materialismus nicht fördere, den Verbraucher nicht manipuliere. (...) Eine Umfrage der Nürnberger ‚Gesellschaft für Konsum-, Markt- und Absatzforschung' (GfK) vom letzten Herbst ergab: Mehr als die Hälfte der Befragten hielt Werbung für unnötig, nur sechs Prozent hielten sie uneingeschränkt für glaubhaft."

Penetrations-Overkill*** „Solide Aufklärung ist das Gebot der Stunde, seriöse Argumente für mündige Verbraucher sind vor allem im Fernsehen en vogue. Und wenn auch Ariels Klementine und die Schizophrene von Lenor immer noch ihre verruchte Augenwischerei betreiben, wenn Marianne Koch mit unverwüstlichem Charme auch weiter ihre Gardinen-Predigt für ‚die mit der Goldkante' hält – der Phänotyp moderner Werbung sieht anders aus: Gebeugt unter der Last ihrer Verantwortung, meldet sich Frau Marie-Luise Haase aus der Dr.-Oetker-Versuchsküche. Auch der Dame über Dreißig,

*aus „Busen tabu", SPIEGEL Nr. 31/1971
**aus „Rechte verteidigen", SPIEGEL Nr. 13/1974
***aus „Der Hahn kräht auf jedem Mist" von Gunar Ortlepp, SPIEGEL Nr. 38/1977

die sich mit Oil of Olaz die Sorgenfalten des Lebens aus dem Gesicht ölt, ist nicht gerade zum Lachen zumute. (...) Es ist ein einziges Melodrama: ‚Verwirrt und hilflos' mehr denn je, belehrt der Berliner Psychologie-Professor Otto Walter Haseloff, versuche die Werbung ‚krampfhaft auch dort zu informieren', wo es nichts zu informieren gibt, ‚weil preisgleiche Wettbewerber praktisch identische Produkte herstellen, die sich nur durch Namen und Packung unterscheiden'. (...) Mit anderen Worten: Nicht nur die Produkte werden sich ähnlicher, auch ihre Abbilder, immer perfekter, immer glanzvoller in ihrer teuren Vierfarben-Pracht, gleichen einander zusehends an – und dies noch dazu in einer solch immensen Flut von Werbung, daß dem Zeitgenossen, ohnedies abgebrüht in einer Moderne täglicher Katastrophen und Sensationen, im wahrsten Sinn des Wortes Hören und Sehen vergeht: Er verweigert schlicht seine Aufmerksamkeit; oder mit Vasatas Worten: ‚Der Penetrations-Overkill in der Markenartikelwerbung hat eine Werbeallergie ausgelöst.'"

Werbung mit Wahrhaftigkeit* „Schauspieler Curd Jürgens blickt freundlich und gelassen, die Tasse in der Hand, aus ganzseitigen Anzeigen und verkündet die gute Nachricht vom neuen Max. Das leichte Lächeln kann nicht schwergefallen sein: Der Job brachte dem Werbedebütanten immerhin zwei Millionen Mark ein. Die teure Masche mit photogenen Prominenten wird gepflegt wie selten – obgleich viele Experten der Werbebranche sich einig sind, daß die jubelnden oder gediegen lobenden Bekenntnisse (Fachjargon: Testimonials) bekannter Zeitgenossen wenig Sinn machen. Wer wäscht sich schon öfter, nur weil Senta Berger für Seife wirbt? (...) Mehr und mehr hat sich unter Werbeleuten die Ansicht durchgesetzt, daß der Typ, der rüberkommt, weniger der ‚hüpfgesunde Werbemensch' (Team Menzel), der Professional, das Modell ist. Amateurstatus ist gefragt. (...) Oft genug besorgen sich Werbeagenturen ihre Unprofessionellen, indem sie einfach Freunde oder Bekannte ansprechen. Bei der Düsseldorfer GGK-Agentur gibt es kaum noch einen Mitarbeiter, der nicht, mit dem Jägermeister-Fläschchen in der Hand, einen launigen Spruch öffentlich abgelassen hat. (...) Mit der Werbung über den ‚Typen von nebenan' folgt die Branche nach Ansicht eines Team-Kreativen ‚nur den Zeitläufen'."

*aus „Gute Figur – Die Werber versuchen es mit Wahrhaftigkeit", SPIEGEL Nr. 19/1978

Zweideutige Werbung* „Bei Männern, fand Bernd Kessler, Akademischer Oberrat der Universität Saarbrücken, heraus, ist das mit der Werbung ganz einfach: Sie sind schon angetan, wenn nur ‚viele weibliche Elemente zu sehen sind'. Zu derart tiefen Erkenntnissen ist der Professor nach monatelangen Studien gelangt: Kessler hat mit wissenschaftlicher Akribie untersucht, wann Bilder Begierde wecken. Dabei ließ er auch die bessere Hälfte der Menschheit nicht aus. Frauen zeigen, protokollierte Kessler, besonders hohe ‚Stimulationswerte', wenn ein nettes Paar sexuelle Beziehungen erahnen läßt. Und dies um so mehr, ‚je eindeutiger die Stellung ist –'. (...) Deutsche Firmen haben den neuen Trend längst erfaßt. ‚Welche würden Sie lieber anfassen?' fragt ein Chemie-Fabrikant, der in einer Anzeige eine straffe und eine weniger straffe Frauenbrust abbildet. Verkauft wird ein Beschichtungsverfahren für Photopapier. (...) Viele Frauen indes, darunter auch Bonner Politikerinnen, haben für diese Art von Humor kein Verständnis mehr. Die von Männern gemachte Werbung, findet etwa die Bielefelder Pädagogik-Professorin Christiane Schmerl, sei frauenfeindlich. Nach sechsmonatigem Anzeigen-Studium kam die Professorin zu einem eindeutigen Ergebnis: Frauen würden zunehmend als ‚Sexprodukt, hilflos, verwöhnt, maßlos und modisch überdreht diskriminiert'."

Grünende Hügel in Anzeigen „Die Annoncentexte lesen sich, als hätten die Grünen die Vorstandsetagen der deutschen Industrie besetzt. ‚Umweltschutz im Aufwind', verkündet das Esslinger Stromversorgungsunternehmen Neckarwerke großlettrig in Zeitungsinseraten. Der Stuttgarter Autobauer Daimler-Benz verspricht in der Schlagzeile ein ‚offenes Wort zur Verbesserung der Atmosphäre'. Und der Mannheimer Elektrokonzern BBX warnt in seiner Werbung düster: ‚Wenn wir heute nichts tun, leben wir morgen wie gestern.' Kraftwerkbetreiber als Umweltschützer, Automobilkonzerne als Luftreiniger, Elektrogerätehersteller als Mahner vor Raubbau an der Natur? Mit Sprüchen**

*aus „Da ist was dran – Immer häufiger wird mit Sex und Zweideutigkeiten geworben", SPIEGEL Nr. 22/1980
**aus „Grünende Hügel – Deutschlands Industrie wirbt mit Umweltschutz", SPIEGEL Nr. 9/1985

wie aus dem Forderungskatalog der Alternativen versuchen Unternehmen, ihr Bild in der Öffentlichkeit aufzuhellen. Teure Anzeigenkampagnen mit starken Worten und bunten Bildern sollen dabei helfen. (...) Vereint melden sich auch die deutschen Zementhersteller zu Wort. Das ständige Gerede vom Zubetonieren der Landschaft scheint den Zementfabriken eine Gegenkampagne wert. ‚Beton – Es kommt drauf an, was man draus macht', heißt es nun. (...) Gründe gibt es genug für die teuren Feldzüge. Zwei von drei Deutschen, so ergaben Meinungsumfragen von Unternehmen, äußern sich negativ über die Industrie. Der Aufstieg der Grünen dagegen wird begrüßt."

Härtere Gangart* „Die deutsche Werbewirtschaft, jammern ihre Spitzenkräfte, sei längst zu einem Tummelplatz stupider Reklame verkommen. Vorstände und Marketingmanager großer Konzerne würden durch ihre Vorliebe für biedere Kampagnen den Trend in die Langeweile fördern. (...) Aber dafür gibt es nun immer mehr Ärger. Lautstark klotzen viele Firmen gegen die Konkurrenz, Pöbeleien in Anzeigen nehmen zu: Industrie- und Dienstleistungsfirmen rüsten zum ruppigen Schlagabtausch untereinander, die Anwälte bekommen neue Arbeit. (...) Gefallen am rüden Umgang mit den Wettbewerbern finden mittlerweile Werbetreibende aller Branchen – es wird geholzt wie nie zuvor. (...) ‚Sehr aggressive Werbung wird sich zunehmend durchsetzen', so Reinhard Springer von der Hamburger Agentur Springer & Jacoby. (...) ‚Wir würden gern noch härter rangehen', gesteht Werbemann Springer. Doch leider gebe es in den Führungsetagen der Firmen zu wenige Kunden, die ‚Mut haben und keine Hemmungen'."

*aus „Mehr Zoff – Deutsche Werbeagenturen ermuntern ihre Kunden zu härterer Gangart", SPIEGEL Nr. 3/1988

Werbung im Netz* „In der Branche, vor allem bei den amerikanischen Kreativen, hat ein Wettrennen eingesetzt, wer den Kunden aus Industrie und Handel als erster ein schlüssiges Konzept bieten kann. Denn Datennetze verlangen den Werbestrategen Ungewohntes ab. Den Computerbildschirm betrachten viele Benutzer, anders als den Fernseher, als eine individuell gestaltbare Oberfläche, die für Arbeit, Spiel und Kommunikation eingesetzt wird. Werbung auf dem Monitor kann da leicht wirken, als habe jemand ungefragt ein Persilplakat in der Wohnküche aufgehängt. Die Europäer, so sieht es aus, sind auch hier die Nachzügler. In den USA werden nächstes Jahr immerhin bereits zwölf Prozent der werbetreibenden Firmen in die Datennetze gehen. In Deutschland dagegen stellte das Münchner Ifo-Institut für Wirtschaftsforschung nur geringe Bereitschaft fest, die Computernetze anders zu benutzen als für Datenbankrecherchen und den Austausch elektronischer Post."

Gags aus dem Computer „Trickkünstler an Hochleistungscomputern bauen die bunte Reklamewelt zusammen: das Duschgel-blaue Meer, in das der Cliff-Springer taucht, das schöne Frauengesicht, aus dem dank Feuchtigkeitscreme die Falten verschwunden sind. (...) Da sich die Konkurrenz am Kühl- und Kosmetikregal stetig verschärft und immer mehr Produkte auf den Markt kommen, die einander zum Verwechseln ähneln, erwartet die Industrie von ihren Werbeagenturen die Fertigung perfekter Spots in Höchstgeschwindigkeit. Vorbei sind die Zeiten, als ein Franz Beckenbauer mit angespanntem Bizeps ein ‚Hmm, das schmeckt' in die Kamera staunen durfte und tags darauf die beworbene Tütensuppe ein Renner war."**

*aus „Pinnwand mit Logo – Werber entdecken den Computermonitor als Reklamefläche für ein Millionenpublikum", SPIEGEL Nr. 49/1994
**aus „Goldene Zwerge", SPIEGEL Nr. 2/1995

Entschuldigung per Anzeige* „Wenn sich die Hand, die ihn füttert, drohend erhebt, wirft sich der kluge Haushund rücklings auf den Teppich, offenbart Bauch und Kehle und winselt zum Gotterbarmen. Darauf reagiert der Hundebesitzer meistens, wie die Natur es ihm befiehlt: Die Hand erschlafft, die Wut verraucht. Im Tierbereich sprechen die Biologen von Beißhemmung. Dieses Phänomen, ursprünglich zur Arterhaltung ins biologische Programm installiert, haben nun auch deutsche Unternehmen für sich entdeckt – ebenfalls als Überlebensstrategie. Immer öfter begegnen sie der Verärgerung ihrer Kundschaft mit einem öffentlichen Kniefall und bekennen sich in aufwendigen Werbeanzeigen schuldig. Als erster senkte Opel das Haupt. Ende Februar 1995 bat der Autohersteller in Reklameform um Vergebung für eine Rückrufaktion. (...) Der nächste Bückling kam von Shell. ‚Wir werden uns ändern', versprachen die Anzeigen des gebeutelten Ölmultis Ende Juni, nachdem Greenpeace in einer beispiellosen Protestkampagne die Versenkung der Ölplattform ‚Brent Spar' verhindert hatte. (...) Für Volker Nickel vom Zentralverband der deutschen Werbewirtschaft ist die Entdeckung der Unterwürfigkeit der Ausdruck gesellschaftlichen Fortschritts. ‚Obrigkeitskritisch und extrem lebenskompetent' sei der Kunde in der aufgeklärten Gesellschaft, dem könne man endlich nicht mehr in großkapitalistischer Manier daherkommen. (...) Die Werber und die Unternehmen sind sich einig: Entschuldigungen sind kein Rumschwächeln, sondern wie im Privatleben eher ein Zeichen für Stärke. Ganz nebenbei sind sie meist die billigste Lösung. Denn der mündige Bürger ist neuerdings nachtragend und militant. Er reagiert mit Boykott, zuweilen auch mit Gewalt."

*aus „Verzeih mir – Immer mehr Firmen entschuldigen sich per Annonce bei ihren Kunden für Fehler und Pannen", SPIEGEL Nr. 3/1996

ANZEIGENTRENDS

VOM LESEN UND BETRACHTEN

ES STAND IM SPIEGEL

ZEITGEIST WERBUNG

ALLE REDEN VOM WETTER

SPIRITUELLER MEHRWERT

STREIT IM MÄDCHEN-PENSIONAT

ÜBER WERBUNG UND JOURNALISMUS

DRAMATISCH NORMAL

DIE SPRACHE DER BILDER

VIRTUELLES WERBEN

PETER WIPPERMANN, STEFAN AUST, **ANDREAS STEINLE/PETER WIPPERMANN**, MICHAEL SCHIRNER, NORBERT BOLZ, PETER GLOTZ, CORDT SCHNIBBEN, CHRISTIAN BOROS/GUIDO HALFMANN, PETER WIPPERMANN, DOUGLAS RUSHKOFF, THOMAS HOLTROP, HANS-JOACHIM RICHTER, WERNER E. KLATTEN, JÜRGEN STRÖBEL, CHRISTIAN SCHLOTTAU

Andreas Steinle **Geboren 1970. Mitarbeiter im Trendbüro, dort tätig als Projektleiter in der Unit Markenconsulting. Zuvor Studium am Institut für Gesellschafts- und Wirtschaftskommunikation, Hochschule der Künste Berlin.**

DER SPIEGEL

1

2

3

ZEITGEIST WERBUNG

ANZEIGEN ERZÄHLEN GESCHICHTE KAMPAGNENMOTIVE UND DOKUMENTARFOTOS AUS FÜNFZIG SPIEGEL-JAHRGÄNGEN ILLUSTRIEREN DIE WECHSELWIRKUNGEN VON GESELLSCHAFT UND WERBUNG.

47-97

Deutschland im Spiegel der Werbung Zeit seines Bestehens hat DER SPIEGEL über die wichtigen politischen und gesellschaftlichen Ereignisse berichtet. Über Ereignisse wie die Luftbrücke im Berlin der Nachkriegszeit, die erste Mondlandung der Amerikaner oder die Reaktorkatastrophe von Tschernobyl. Solche epochalen Einschnitte im Gang der Geschichte prägen das kollektive Bewußtsein einer Gesellschaft, bestimmen das Lebensgefühl. Die Werbung, seit jeher sensibel für den Zeitgeist, spiegelt die Wünsche und Hoffnungen, die Sorgen und Nöte der Menschen wider. Große historische Ereignisse finden nicht nur im redaktionellen Teil der Zeitschriften Beachtung, sondern liefern die Ideen und Themen für Waschmittel- und Zigarettenwerbung. Das Zeitgeschehen einer Epoche prägt die Sprache und Bildästhetik von Anzeigen. So läßt sich die sexuelle Freizügigkeit in den 70ern anhand der offenen Darstellung von Nacktheit in der Werbung ablesen. Die Anzeigen, die im Laufe der 50jährigen SPIEGEL-Geschichte geschaltet wurden, liefern ein Psychogramm der deutschen Gesellschaft.

1 Nivea-Anzeige im SPIEGEL Nr. 1/1947 2 Nivea-Anzeige im SPIEGEL Nr. 15/1947 3 Nivea-Anzeige im SPIEGEL Nr. 20/1997 4 Erste Ausgabe des SPIEGEL am 4.1.1947 mit Dr. Kleinwächter, Gesandtem aus Österreich

4. JANUAR 1947

DER SPIEGEL

PREIS 1 RM

1. JAHRGANG • NR. 1
ERSCHEINT JEDEN SONNABEND

MIT DEM HUT IN DER HAND —

WIRD MAN EIN BEFREITES LAND. ÖSTERREICHS GESANDTER Dr. KLEINWÄCHTER VOR DEM WEISSEN HAUS (SIEHE „AUSLAND“)

1

2

Wiederaufbau Die Nürnberger Prozesse gegen die Hauptkriegsverbrecher enden 1946 mit zwölf Todesurteilen. 1947 wird der Marshallplan verkündet. Die erste Hannovermesse im gleichen Jahr wird ein Erfolg. In Deutschland fehlen Nahrungsmittel und Brennstoffe. Die Tagesration des Normalverbrauchers liegt unter 1300 Kalorien. 1948 beschert die Währungsreform jedem Deutschen in den Westzonen 40 DM; die Schaufensterauslagen füllen sich über Nacht. Die Werbeanzeigen, meist Viertelseitenformate, dokumentieren das karge Konsumangebot der ersten Nachkriegsjahre, zeugen aber auch von Optimismus.

1 Nach Jahren des Entbehrens erstmals wieder gefüllte Schaufenster am Tag der Währungsreform, dem 20.6.1948, Foto: Keystone 2 SPIEGEL-Titel Nr. 47/1947 mit George C. Marshall, US-General 3 Reese-Anzeige im SPIEGEL Nr. 2/1947 4 Deutsche-Shell-Anzeige im SPIEGEL Nr. 42/1947 5 Vogeley-Anzeige im SPIEGEL Nr. 2/1947 6 Dr.-Oetker-Anzeige im SPIEGEL Nr. 8/1947

Hausfrauen raten Hausfrauen
Noch einmal kochen lernen . . .
das ist bei den heutigen Zuteilungen beinahe notwendig, und neue Anregungen, sparsam und doch schmackhaft zu kochen, sind dabei eine wertvolle Hilfe. Der Reese-Rezeptdienst stellt mit Hilfe aller findigen Hausfrauen laufend neue Sparrezepte zusammen. Fordern Sie kostenlose Zusendung.
Reese
GESELLSCHAFT HAMELN
Für Frauen, die mit Liebe kochen!

3

UNSERE AUFGABE:
Erhaltung der Sachwerte
SHELL
GELBROTE SHELL-TANKSTELLEN IN ALLEN ZONEN WIEDER BETRIEBSBEREIT
DEUTSCHE SHELL
AKTIENGESELLSCHAFT
UND JETZT AUCH WIEDER DIE WERTERHALTENDEN SHELL AUTOOELE

4

Meine Jungens
habe ich trotz der schwierigen Ernährungslage gesund erhalten. Ich gab ihnen, so oft ich es bekommen konnte, mit der Flaschenmilch u. später in den Milchsuppen etwas ganz Besonderes, nämlich Vogeley-Kindernahrung.
VOGELEY
KINDERNAHRUNG

5

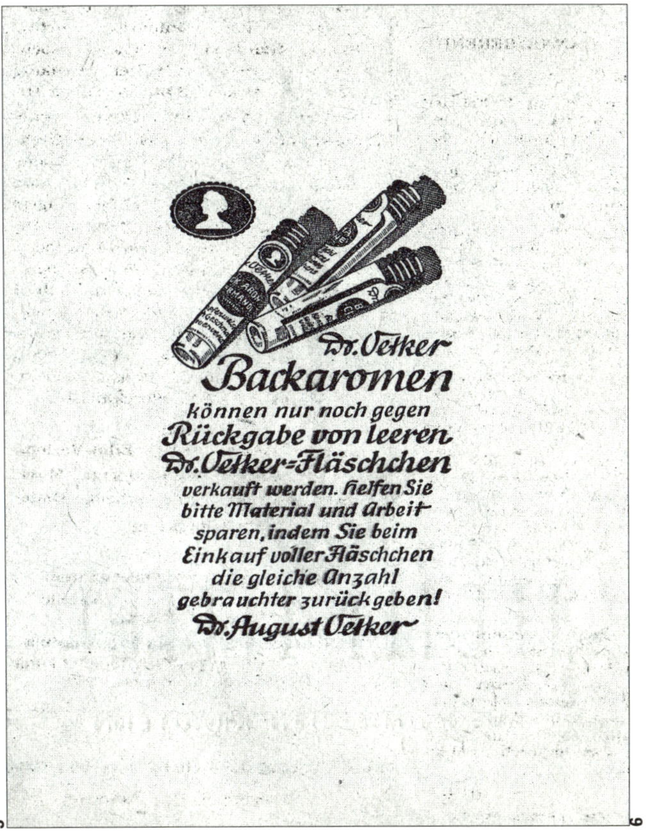
Dr. Oetker
Backaromen
können nur noch gegen
Rückgabe von leeren
Dr. Oetker-Fläschchen
verkauft werden. Helfen Sie
bitte Material und Arbeit
sparen, indem Sie beim
Einkauf voller Fläschchen
die gleiche Anzahl
gebrauchter zurückgeben!
Dr. August Oetker

6

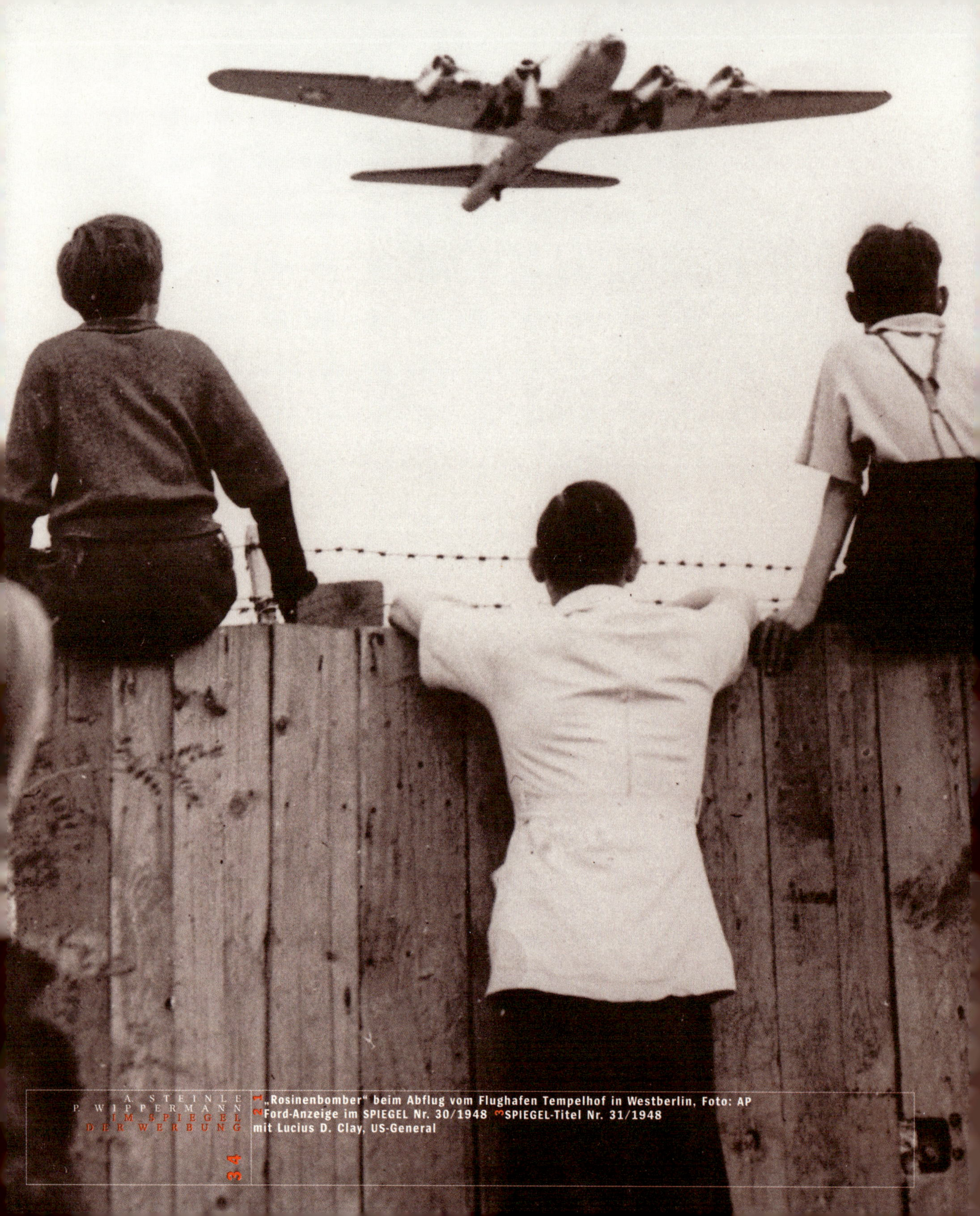

[1] „Rosinenbomber“ beim Abflug vom Flughafen Tempelhof in Westberlin, Foto: AP
[2] Ford-Anzeige im SPIEGEL Nr. 30/1948 [3] SPIEGEL-Titel Nr. 31/1948 mit Lucius D. Clay, US-General

1

2

3

Luftbrücke Von Juni 1948 an blockiert die Sowjetunion die Land- und Wasserwege nach Berlin. Die Westalliierten versorgen daraufhin die Stadt aus der Luft. Im Mai 1949 wird das Grundgesetz für die Bundesrepublik Deutschland verabschiedet. Konrad Adenauer wird im September erster Bundeskanzler, Bonn wird „vorläufig" zur Bundeshauptstadt. In der sowjetischen Besatzungszone konstituiert sich die DDR. In den Anzeigen spiegeln sich die Probleme der Menschen wider: Versorgung, Aufbau der Infrastruktur.

1

2

3

Nachkriegsmode Erste Modestrecken in Zeitschriften nach dem Krieg weisen auf eine Normalisierung des täglichen Lebens hin. Alle Lebensmittel sind seit Januar 1950 wieder frei erhältlich. Die Zeit der Lebensmittelmarken ist vorbei. Der Bundestag verabschiedet das erste Gesetz zum sozialen Wohnungsbau. In der Bundesrepublik gibt es im Februar 1950 noch über zwei Millionen Arbeitslose. Für die Wirtschaft im Westen beginnt aber 1951 ein lang anhaltender Boom, der den Konsum ankurbelt. Mit dem wachsenden Angebot werden auch die Anzeigenformate größer.

’50

1 Model mit „Tupfen-Kleid“, Foto: Ullstein 2 Model mit „Baby-Doll“-Kleid von Modeschöpfer Heinz Oestergaard, Foto: AP 3 SPIEGEL-Titel Nr. 1/1951 mit Marlene Dietrich 4 Persil-Anzeige im SPIEGEL Nr. 35/1950

Ein großer Augenblick!
Endlich wieder
Persil
Selbſttätiges Waſchmittel
Henkel
Das bewährte Waſchmittel für alle Wäſche
OHNE CHLOR
Zum Saubermachen Henkelsachen!
P122a/50
mit echtem Seifenschaum

Schöne Stunden
MIT
TELE FUN KEN
PARTNER
für Netz- und Batterie-Betrieb (alle Stromarten) mit fest eingebauter Ferritantenne, in den Ausmaßen klein und handlich, in der Leistung eine Besonderheit. Der angenehme Begleiter für unterwegs und der ideale Zweitempfänger für das Heim
DM 159.- o.B.
BAJAZZO U
für Netz- und Batterie - Betrieb (alle Stromarten) mit Ferritantenne. Der erste Koffersuper mit UKW (zukunftssicher), mit Klangblende und Sparschaltung; ausgezeichnete Leistungen auch auf Mittelwelle, hervorragende TELEFUNKEN-Qualität und Klanggüte
DM 269.- o.B.
Beide Kofferempfänger sind ausgereifte Konstruktionen; sie wurden härtesten Bewährungsproben unterzogen und arbeiten einwandfrei sowohl beim Anschluß an das Netz als auch bei Batteriebetrieb
Der erste Kofferempfänger mit UKW
TELEFUNKEN
Koffersuper
FÜR BATTERIE- UND NETZBETRIEB
BESUCHEN SIE IHREN FACHHÄNDLER ZUR UNVERBINDLICHEN VORFÜHRUNG

1

Blaupunkt
BLAUPUNKT
RADIO · FERNSEHEN

2

Der Inbegriff von
Höchstleistung im Kleinstformat
MINOX
Camera
MINOX G.m.b.H. GIESSEN Postfach 137

3

4

5

Wirtschaftswunder Nach Jahren der Entbehrungen wird in den 50er Jahren endlich begeistert konsumiert. Geschenkschlager des Jahres 1953 sind Elektrogeräte. Die Werbung für Konsumgüter nimmt immer mehr Raum ein. Die Reiselust der Deutschen erwacht.
Ihr Lieblingsziel ist Italien. 1954 werden die westdeutschen Fußballer in Bern Weltmeister. Im selben Jahr wird die BRD in die Nato aufgenommen. 1955 wird der Warschauer Pakt gegründet.

1 Telefunken-Anzeige im SPIEGEL Nr. 19/1953 2 Blaupunkt-Anzeige im SPIEGEL Nr. 42/1953 3 Minox-Anzeige im SPIEGEL Nr. 13/1953 4 Wohnzimmer mit TV-Standgerät der Firma Philips, Foto: Bildarchiv Preußischer Kulturbesitz 5 SPIEGEL-Titel Nr. 44/1955 mit Josef Neckermann, Versandhandelskaufmann

1

2

3

4

5

Motorisierung Weihnachten 1952 wird zum ersten Mal ein deutsches Fernsehprogramm ausgestrahlt. Zuvor durfte Deutschland auch wieder an den Olympischen Spielen teilnehmen. Nur Westsportler traten an. Der Volksaufstand in der DDR wird am 17. Juni 1953 blutig niedergeschlagen. 1954 beginnt der deutsche Autoboom. Im Westen steigt die Zahl der Autos schnell an. Der Volkswagen wird ein Exportschlager. 1955 läuft der millionste Käfer vom Band. Drei Jahre später wird wegen des gestiegenen Autoverkehrs die Verkehrssünderkartei eingerichtet. Die Automobilindustrie wirbt zunächst vor allem für Kleinwagen und Nutzfahrzeuge.

[1] Innenausstattung und Armaturenbrett eines Borgward, Foto: DER SPIEGEL [2] Lloyd-Modell Arabella, Foto: DER SPIEGEL [3] Lloyd-Modell LP300, Foto: Werner Oswald [4] Transportkapazität des Lloyd Arabella, Foto: DER SPIEGEL [5] SPIEGEL-Titel Nr. 42/1956 mit Oskar Rümmele, Verkehrsausschuß-Vorsitzendem im Bundestag [6] Volkswagen-Anzeige im SPIEGEL Nr. 2/1953 [7] Goggomobil-Anzeige im SPIEGEL Nr. 18/1957

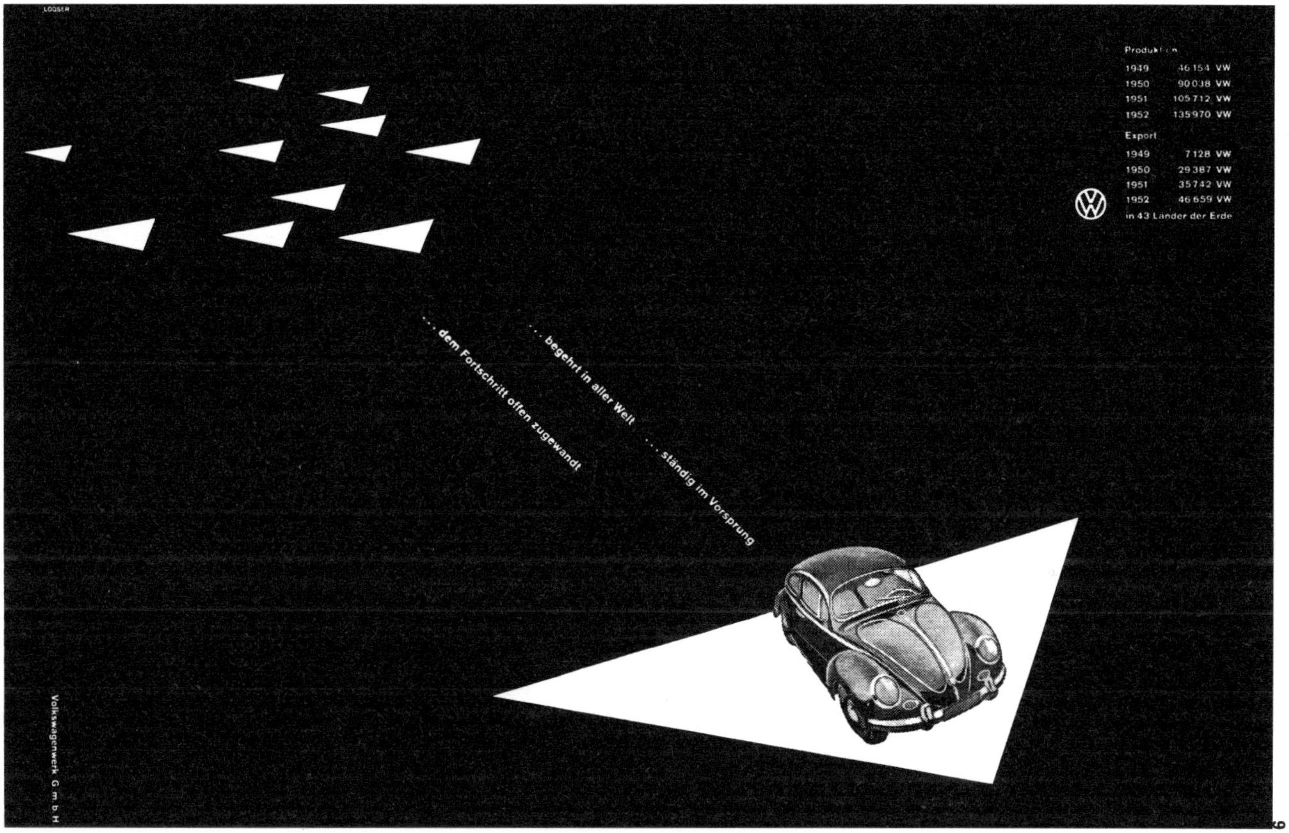

LOOSER
Produktion
1949 46 154 VW
1950 90 038 VW
1951 105 712 VW
1952 135 970 VW
Export
1949 7 128 VW
1950 29 387 VW
1951 35 742 VW
1952 46 659 VW
in 43 Länder der Erde
. . . begehrt in aller Welt
. . . dem Fortschritt offen zugewandt
. . . ständig im Vorsprung
Volkswagenwerk G m b H

6

Der schönste Lohn
Ihrer unermüdlichen Arbeit für Sie und Ihre Familie ist ein Goggomobil.
Platz für 2 Erwachsene u. 2 Kinder. Niedrigste Haltungskosten. Monatlich 11,10 DM Steuer und Versicherung. Hervorragende Fahreigenschaften.
GOGGOMOBIL
HANS GLAS GMBH ISARIA-MASCHINENFABRIK DINGOLFING / BAYERN

7

1 Mauerbau in Berlin 1961, Foto: DER SPIEGEL

Mauerbau Immer mehr Menschen verlassen die DDR. Die Flucht von über tausend Menschen täglich nach Westberlin führt schließlich 1961 zum Bau der Berliner Mauer. Westberlin ist bis 1989 vom Umland abgeriegelt. Die Westdeutschen entdecken den „American Way of Life" und den Duft der großen weiten Welt. Der Osten verschwindet hinter dem Eisernen Vorhang. Im April 1961 landet eine Invasionstruppe aus Exilkubanern, die von den USA unterstützt werden, in der Schweinebucht. Der erhoffte Sturz Castros bleibt aus, die Invasoren scheitern schon nach kurzer Zeit. Im selben Monat startet der russische Kosmonaut Juri Gagarin zum ersten bemannten Weltraumflug.

2 SPIEGEL-Titel Nr. 8/1961
3 Stuyvesant-Anzeige im SPIEGEL Nr. 4/1961
4 Coca-Cola-Anzeige im SPIEGEL Nr. 36/1961

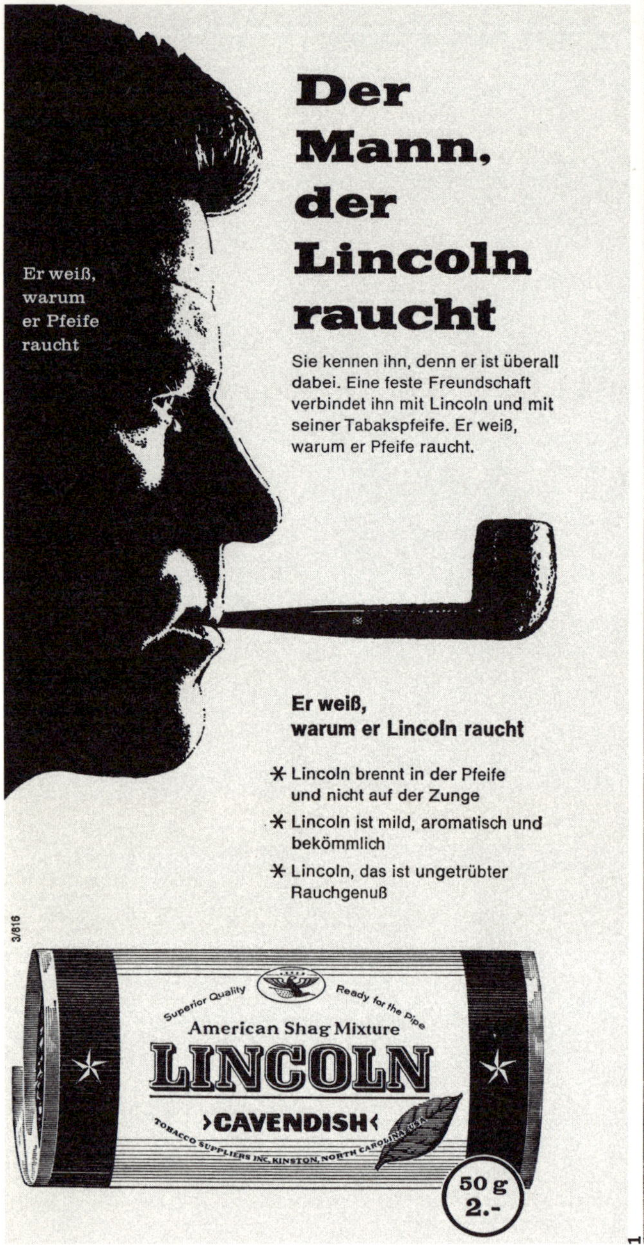

1 Lincoln-Anzeige im SPIEGEL Nr. 27/1963

2

3

Kennedy/Kalter Krieg

Die SPIEGEL-Affäre 1962, in der Kanzler Adenauer „einen Abgrund von Landesverrat“ wittert, führt nach einer Regierungs-krise zum Rücktritt von Verteidigungsminister Franz Josef Strauß. Die Kubakrise zwischen den Supermächten des Kalten Krieges führt 1962 an die Schwelle des dritten Weltkriegs. Kennedy besucht 1963 Berlin und versichert: „Ich bin ein Berliner.“ Seine Rede wird begeistert aufgenommen. Viele sehen in Kennedy ein Vorbild.

2 John F. Kennedy und Konrad Adenauer beim Staatsempfang in Washington, Foto: AP
3 SPIEGEL-Titel Nr. 26/1963 mit John F. Kennedy, US-Präsident

1

4

2

3

Studentenrevolte 1968 revoltieren die Studenten in ganz Europa. In Paris liefern sie sich mit der Polizei Straßenschlachten. In der Bundesrepublik kommt es nach dem Attentat auf Apo-Führer Rudi Dutschke zu gewalttätigen Auseinandersetzungen in mehreren Universitätsstädten. Indienbegeisterung und psychedelische Musik spiegeln den Geist der Hippie-Jugend ebenso wider wie die Werbung für den Afri-Cola-Rausch.

1 Straßenschlacht in Berlin 1968, Foto: Wolfgang Albrecht/Berlin Bild 2 Studentenparole in Berlin, Foto: Sven Simon 3 Demonstration gegen den Vietnamkrieg in Berlin 1968, Foto: dpa 4 SPIEGEL-Titel Nr. 17/1968 5 Afri-Cola-Anzeige im SPIEGEL Nr. 40/1968

1968 IM AFRI-COLA* RAUSCH

("alles ist in AFRI-COLA...")

Eine Afri-Cola Spezialität

AFRI-COLA wirkt sofort.

✱ **AFRI-COLA** IST GENUSS MIT DER SCHWARZEN COLA-BOHNE. FEIERABEND? **AFRI-COLA! mini-cola** ALS STIMULANS. **sexy-cola** STIMMUNGSELIXIER. **super-cola** ALKOHOLFREIES PARTY-GETRÄNK. **flower-cola** ERFRISCHUNG AUCH BEI SCHLECHTEM WETTER. **pop-op-cola** DAS ALTE REZEPT UND DIE NEUE KONZEPTION. **sexy - mini - super - flower - pop-op-cola** ALLES IST IN **AFRI-COLA. eine AFRI-COLA Produktion.**

Afri-Cola erhalten Sie jetzt überall in der eleganten neuen Flasche.
In über 380 Produktionsbetrieben und hunderten von Großverteilerstellen ist Afri-Cola in der Gastronomie und jetzt auch verstärkt im Hauskonsum über den Lebensmittelhandel, sowie auf Sportplätzen und in Kantinen erhältlich.
Afri-Cola erfrischt sofort.
Afri-Cola ist ein Produkt aus dem Hause Afri-Cola-Bluna · Köln.

* Die zeitgemäße elegante Afri-Flasche wurde im Hinblick auf die neuen alkoholfreien Trinkgewohnheiten im Jahre 1970 (2000) für Afri-Cola entwickelt.

1

Sexuelle Revolution Die sexuelle Befreiung Ende der 60er führt zu neuen Lebensmodellen für Mann und Frau. Kommunen, wilde Ehe und antiautoritäre Erziehung stehen in scharfem Gegensatz zu herkömmlichen Familienstrukturen. Die Jugend sucht nach neuen Lebensformen und negiert die Konsumleidenschaft der Elterngeneration. In der Werbung spiegelt sich die neue Lust am Thema Sex unverhohlen in Anzeigen für die unterschiedlichsten Produkte wider. Im ersten Pharmaskandal der BRD sollen die Eltern der sogenannten Contergan-Kinder 1970 mit 200 Millionen Mark entschädigt werden.

'68

2

1 SPIEGEL-Titel Nr. 47/1968 2 Mitglieder der Kommune „Friedrichshof" während einer Selbstdarstellung, Foto: Michael Horowitz 3 Scotch-No.10-Anzeige im SPIEGEL Nr. 46/1968 4 Alpi-Anzeige im SPIEGEL Nr. 48/1968 5 Neckermann-Anzeige im SPIEGEL Nr. 11/1974 6 Lacoste-Anzeige im SPIEGEL Nr. 13/1974

„... zweitens den Whisky,
drittens den Stierkampf"
antwortet Ernest Hemingway auf die Frage: „Was lieben Sie am meisten?"
Wenn Sie Scotch № 10 einmal pur getrunken haben, werden Sie Hemingway verstehen! Denn Scotch № 10 eignet sich hervorragend zum Pur-Trinken, nach Schottenart.
Denn er ist würzig, voll feinen Rauches, weich und mild, weil er über drei Jahre in Schottland reift und lagert.
Ein echter Genuß für Menschen, die nicht „konsumieren", sondern prüfen und wählen.
Seine hohe Qualität und sein günstiger Preis werden Ihnen die Wahl für Scotch № 10 leicht machen.
Scotch №10
SCOTCH № 10 – Whisky wie er sein soll.
Interspirits GmbH, Eltville · Joachim v. Nell, Berlin · Joh. Schönbichler & Co. Wien

3

Alpi-Krawatten und der aufregende Flirt
Nur kein Neid. Wer hat, der hat ...
Es lebe der Flirt! Erfolgsrezept für Gentlemen:
Ein Anzug mit modischer Silhouette.
Ein (bitte, farbiges) Hemd und – last not least – eine aufregende Alpi-Arseda-Modellkrawatte in spectral-color. In aktueller, tonverwandter Farbkomposition von besonderem Reiz. Alpi-Arseda-Krawatten sind seidenmatte Modellkrawatten in exclusiven Dessins, mit allen Vorzügen von Dralon.
alpi
Alpi-Krawatten
für den Gentleman im Mann
Merke:
Nur echt mit dem goldenen Alpi-Wappen als exclusive Qualitätsgarantie.
ARSEDA aus dralon
Luxusmodell mit Seidengriff

4

AUSTRALIEN IST RIESIG.
2 Tage Bangkok, 5 Tage Sydney schon ab
2.328,-
Verlängerungswoche schon ab 265,-
NUR NECKERMANN
Ein Beispiel aus dem großen Neckermann-Fernreise-Prospekt
Australien – die größte Insel der Südsee: Ein echter Weltbummler-Leckerbissen! Inklusive Overnight in Bangkok. Inklusive Hotel in Sydney, alle Zimmer selbstverständlich mit Bad/WC, Telefon, Klimaanlage.
Sie müssen nicht unbedingt auf ein Känguruh warten, um Australien kennenzulernen. Denn Ihr Ausflugzeug wartet auf Sie. Oder Ihr Bus. Oder auf eigene Faust: Quer durch Sydney, Melbourne oder Canberra. Zum Great Barrier Reef oder auf Safari ins urweltliche Buschland Zentralaustraliens. Oder Surfing an den wohl schönsten Stränden der Welt. Oder Skifahren, oder Goldgräber-Städte entdecken oder ...
COUPON
Es gibt so viel über Australien zu sagen. Füllen Sie einfach den Coupon aus.
Neckermann + Reisen
Abt. Australien
6000 Frankfurt am Main
Hochhaus am Baseler Platz
Postfach 119091
Name
Vorname

5

Machen Sie Jagd auf das Krokodil von Lacoste Paris.
Die ideale Tennis- und Freizeitkleidung für Damen, Herren und Kinder.
Sie zu haben lohnt sich.
Denn sie ist aus atmungsaktiven, strapazierfähigen, pflegeleichten Stoffen geschnitten. Formbeständig, modisch aktuell und sehr angenehm zu tragen.
Alle Teile von Lacoste Paris können Sie gut miteinander kombinieren.
Tenniskleidung erhalten Sie jetzt neben weiß auch in lachs, gelb und bleu.
Übrigens – für Helga Niessen-Masthoff, Karl Meiler, Jürgen Faßbender u.v.a. hat sich die Jagd gelohnt.
Machen Sie Jagd auf das Krokodil.
LACOSTE
TENNIS & SPORTSWEAR PARIS
quellennachweis: INTERGARN GmbH, 5 Köln, Peter-Welter-Platz 2

6

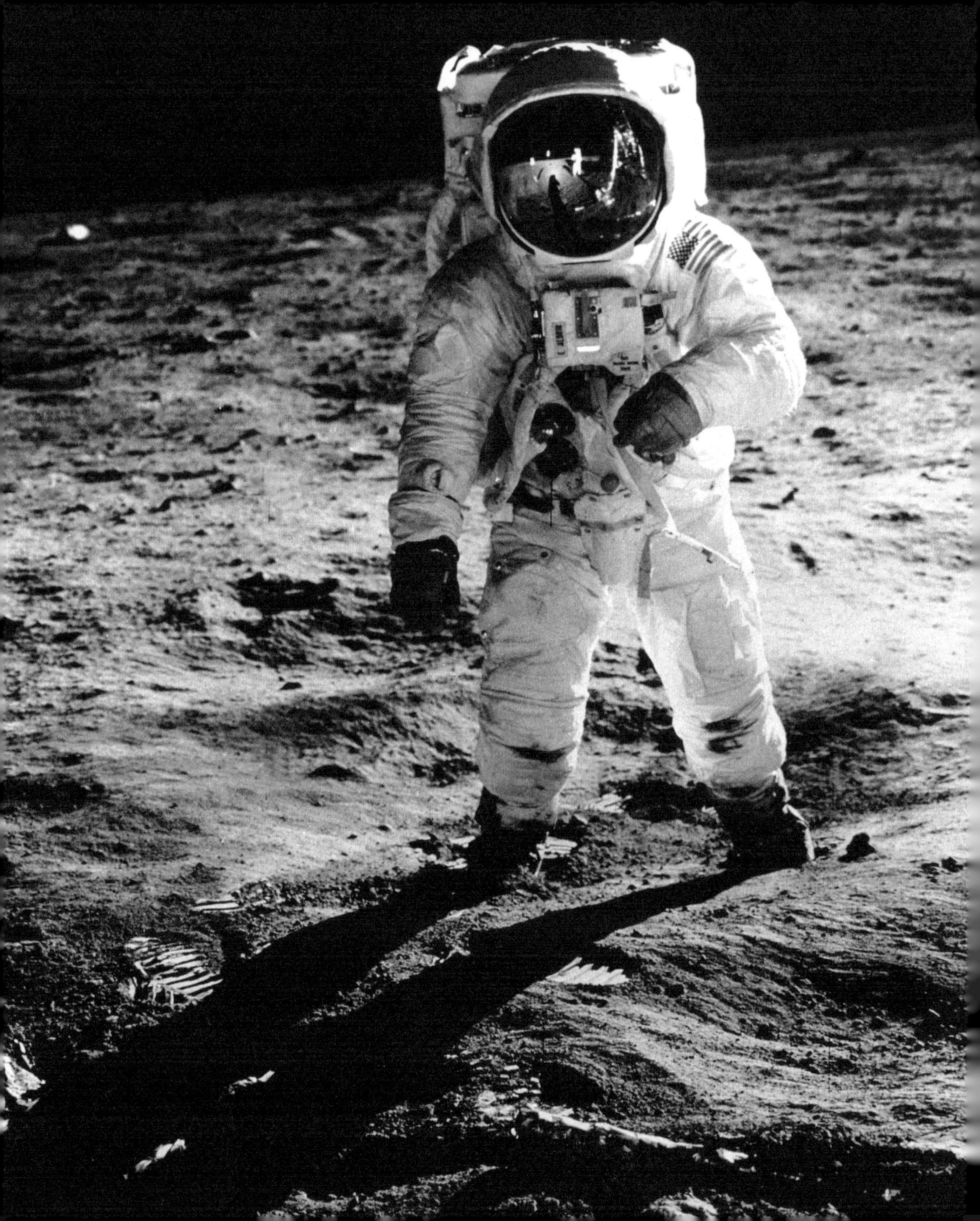

1

2

3

4

Mondlandung Der Amerikaner Neil Armstrong betritt 1969 als erster Mensch den Mond, was die ganze Welt am Fernseher verfolgt. Der spektakuläre Vorstoß ins All inspiriert zum Experimentieren mit neuen Formen und Materialien. In der Werbung spiegelt sich die Weltraumeuphorie wider. 1970 eröffnet Willy Brandt den Dialog mit DDR-Ministerpräsident Willi Stoph – der Beginn der „Ostpolitik". Am Mahnmal im Warschauer Ghetto kniet der Bundeskanzler in einer vielbeachteten Geste nieder. Für seine Versöhnungspolitik erhält er 1971 den Friedensnobelpreis. 1972 überholt der VW Käfer das Ford-Modell T als meistgekauftes Auto der Welt. Im gleichen Jahr werden die führenden Köpfe der terroristischen Baader-Meinhof-Gruppe verhaftet.

1 Edwin Aldrin betritt am 16. Juli 1969 nach Neil Armstrong als zweiter Mensch den Mond, Foto: Nasa 2 Bayer-Anzeige im SPIEGEL Nr. 31/1969 3 Kaiser-Anzeige im SPIEGEL Nr. 34/1969 4 SPIEGEL-Titel Nr. 29/1969

Information der ESSO A.G.

Sie sollten wissen,

— daß die Ölexportländer seit Oktober 1973 durch drastische Preiserhöhungen für das Rohöl ihre Einnahmen um rund 300 Prozent erhöht haben

— daß dadurch der Rohölpreis für die Bundesrepublik von 70 bis 75 DM je Tonne auf 220 bis 250 DM je Tonne gestiegen ist

— daß allein die letzte Erhöhung der Rohölkosten durch die Ölexportländer ab 1. 1. 1974 rund 100 bis 130 DM je Tonne oder 9 bis 11 Pfennig je Liter betragen hat.

Nur diese zusätzlichen Kosten haben uns gezwungen, die Preise zu erhöhen.

Sie werden sich fragen,
— ob die Ölindustrie angesichts ihrer Gewinne die zusätzlichen Kosten nicht selbst tragen kann?

Dazu müssen Sie wissen,

— daß der Gewinn der weltweiten ESSO Organisation 1973 ganze 1,3 Pfennig je Liter betragen hat

— daß wir daraus neue Ölquellen in der Nordsee und in vielen anderen Ländern erschließen sowie Raffinerien und Tanker bauen müssen

— daß der Gewinn der ESSO A.G. seit Ausbruch der Nahostkrise nicht gestiegen, sondern sogar gesunken ist

— daß also die Preise nur durch die Rohölkostenerhöhungen gestiegen sind

— daß selbst ein völliger Verzicht auf den Gewinn die notwendigen Preiserhöhungen nur unwesentlich gemildert hätte

— daß dann aber künftige Investitionen zur Sicherung Ihrer Energieversorgung nicht mehr durchgeführt werden könnten.

Und schließlich sollten Sie wissen,

— daß Sie als Heizölverbraucher rund 5 Pfennig je Liter für Heizöl- und Mehrwertsteuer bezahlen

— daß Sie als Benzinverbraucher sogar 53 Pfennig je Liter für Mineralöl- und Mehrwertsteuer bezahlen

— und daß Sie außerdem bei jedem Mineralölprodukt 15 Pfennig je Liter für Abgaben an die Ölexportländer bezahlen.

2

Ölkrise Deutschlands Autobahnen ohne Autos. Mit Sonntagsfahrverbot und Tempolimits reagiert die Bundesregierung 1973 auf die Ölknappheit. Ursache ist der Nahostkonflikt. Die Energieunternehmen werben um Verständnis für höhere Ölpreise. In Paris wird das Abkommen über die Beendigung des Vietnamkriegs zwischen den USA und Nordvietnam ausgehandelt. Die Watergate-Affäre um Präsident Richard Nixon belastet das westliche Bündnis. Die Bundesrepublik und die DDR werden in die Uno aufgenommen.

3

1 Esso-Anzeige im SPIEGEL Nr. 5/1974 2 SPIEGEL-Titel Nr. 45/1973
3 Sonntagsfahrverbot auf Deutschlands Straßen, Foto: J. H. Darchinger

1

2

Fußballweltmeisterschaft Deutschland im Fußballfieber. Die Nationalmannschaft mit Kapitän Franz Beckenbauer holt 1974 den WM-Titel gegen die Niederlande. Für die Eintrittskarten zum Endspiel in München werden Schwarzmarktpreise bis zu 2.000 Mark gezahlt. Bundestrainer Helmut Schön, der die Mannschaft zum Sieg führte, genießt große Popularität. Als prominente Persönlichkeit wirbt er in Anzeigen. Bundeskanzler Willy Brandt tritt zurück. Auslöser ist eine Spionageaffäre um seinen persönlichen Referenten Günter Guillaume. Nachfolger von Brandt wird Finanzminister Helmut Schmidt. In den USA stürzt Nixon über Watergate und tritt ebenfalls zurück.

1 Bundestrainer Helmut Schön beim Weltmeisterschaftsfinale am 7. Juli 1974, Foto: Hans Dietrich Kaiser 2 SPIEGEL-Titel Nr. 26/1974 3 Neckermann-Anzeige im SPIEGEL Nr. 7/1974

Bundestrainer Helmut Schön sagt:

Ich habe schon immer großen Wert auf solide Qualität und perfekte Organisation gelegt. Deshalb habe ich mich schon vor 5 Jahren zum Kauf eines NECKERMANN-Fertighauses entschieden. Heute weiß ich: Dieser Hausbau war die richtige Entscheidung.

Helmut Schön

KATALOG-COUPON

Auch Sie können bauen!

Lassen Sie sich den großen, neuen, farbigen Komforthaus-Katalog mit allen wichtigen Informationen schicken.

Schutzgebühr DM 6,50 + Porto und Nachnahme.

Ausschneiden und einsenden an:
NECKERMANN EIGENHEIM GMBH
Abt. EM P 28,
6 Frankfurt/Main
Hanauer Landstraße 360-400

NECKERMANN-KOMFORTHÄUSER VON STREIF

- Schlüsselfertig schon ab DM 46.790,–
- 50 Typen mit 5.278 Varianten

- Bauzeit 14 Tage
- Langfristige Festpreisgarantie
- Fertigstellungsgarantie
- Keine Anzahlung, keine Vorauszahlung

NECKERMANN EIGENHEIM GMBH

Das bekannteste Fertighausunternehmen in Deutschland

Sie finden uns auf der Hannover Messe,
Halle 1 CeBit, Stand C 6612.

Der ID Ausweis von Polaroid. Damit Sie wissen, wer dazugehört. Und wer nicht.

Je mehr Leute für Sie arbeiten, desto schwieriger ist es, ihnen auf der Spur zu bleiben. Wenn Sie dazu noch einige Niederlassungen haben, wird die Sache noch komplizierter. Denken Sie zum Beispiel an eine Firma wie Pfaff, mit vier- bis fünftausend Mitarbeitern in Kaiserslautern. Und mit mehreren Gesellschaften.

Wir haben daran gedacht. Und haben deshalb das Polaroid ID-3 Ausweissystem entwickelt. Schon zwei Minuten nach der Aufnahme können sich Ihre Mitarbeiter ausweisen. Mit einer Ausweiskarte. Oder einem Anhänger. In Farbe. Eingeschweißt in eine schützende Kunststoffolie. Das System ist dazu so kompakt und leicht tragbar, daß Sie auch Ihre Mitarbeiter in weit entfernten Zweigstellen schnell und leicht damit ausrüsten können.

Da unsere Ausweise verfälschungssicher sind, können Sie sicher sein, daß nur Leute mit Ihrem Firmenausweis ausgestattet sind, die auch wirklich für Sie arbeiten. Sie sehen auf einen Blick, wen Sie vor sich haben. Und in welcher Position. Oder jede andere Information, die Sie auf der Karte verewigen möchten. Es gibt unendlich viele Möglichkeiten, eine Polaroid Ausweiskarte zu verschlüsseln.

Für uns ist es leicht, auch bei Ihnen ein wirkungsvolles Ausweissystem aufzubauen. Wir haben das schon bei vielen Firmen jeder Größenordnung getan. 140 Millionen Ausweiskarten bewähren sich täglich in der Praxis. Wenn Sie weitere Informationen oder eine praktische Vorführung haben möchten, schreiben Sie bitte an Polaroid GmbH, 6 Frankfurt 73, Königslacher Straße 15-21. Ganz Eilige können uns auch unter der Nr. 0611/6678345 erreichen. Warum rufen Sie nicht einfach an?

Es ist schließlich nicht gerade einfach, all die Leute im Auge zu haben, die zu Ihnen gehören. Warum sollten Sie sich auch noch um die kümmern, die nicht dazugehören.

Polaroid AG, 8037 Zürich, Hardturmstraße 175, Tel. 447272.
Polaroid GmbH, 1031 Wien, Postfach 349, Tel. 732547.

Das preisgünstige, tragbare Polaroid Ausweissystem.

2

Terrorismus Attentate und Entführungen bedrohen im Heißen Herbst 1977 die innere Sicherheit: Generalbundesanwalt Siegfried Buback und Bankier Jürgen Ponto werden erschossen. Arbeitgeberpräsident Hanns Martin Schleyer wird von der Roten Armee Fraktion entführt und anschließend ermordet. Die BRD wird zum Polizeistaat. Das Thema Sicherheit spiegelt sich auch in der Werbung wider. Die Bundesbahn schafft ihre letzten Dampfloks ab. In Paris stirbt die legendäre Opernsängerin Maria Callas.

3

4

[1] Polaroid-Anzeige im SPIEGEL Nr. 18/1976 [2] SPIEGEL-Titel Nr. 39/1977 [3] Plakatfahndung nach Terroristen in Hamburg, Foto: Kai Greiser [4] Tatort nach der Entführung von Hanns Martin Schleyer am 5. September 1977, Foto: Walter Tillmann

1 Umweltgeschädigte Bäume in Bayern, Foto: Frieder Blickle/Bilderberg

1

2

3

4

Waldsterben Die deutsche Eiche kränkelt. Der saure Regen bedroht große Teile des Baumbestands der Bundesrepublik. Ein Drittel der Fichten gilt als stark geschädigt. Als Auslöser verdächtigt man vor allem die Autoabgase und das aus Kraftwerken entweichende Schwefeldioxid. Anfang der 80er kündigt die Regierung unter ihrem neuen Kanzler Helmut Kohl Maßnahmen an, um den Schadstoffausstoß zu reduzieren. Die Werbung entdeckt den Umweltschutz. In der Metall- und Druckindustrie gelingt 1983 die Durchsetzung einer Wochenarbeitszeit von 38,5 Stunden. US-Truppen besetzen die Karibikinsel Grenada.

2 Jever-Anzeige im SPIEGEL Nr. 36/1983
3 Weißblech-Anzeige im SPIEGEL Nr. 33/1985
4 SPIEGEL-Titel Nr. 34/1983

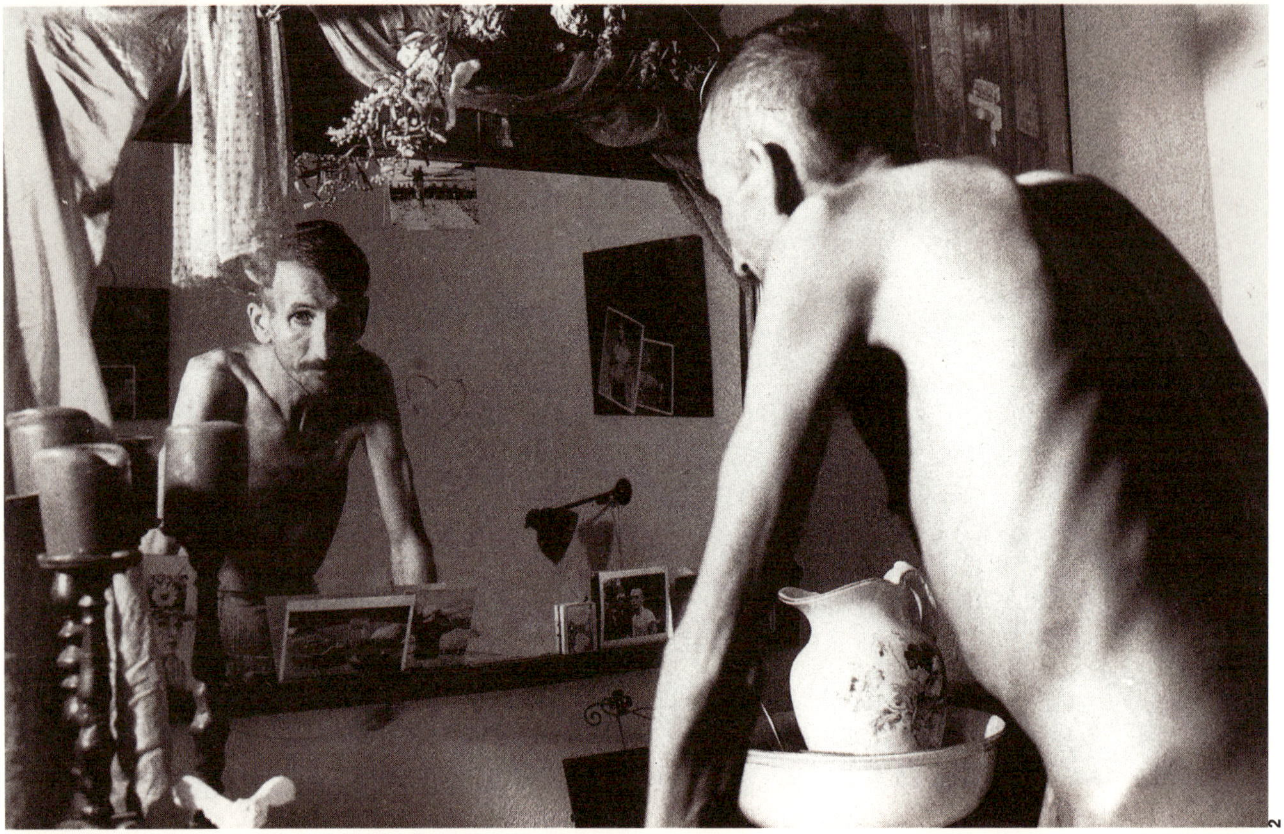

2

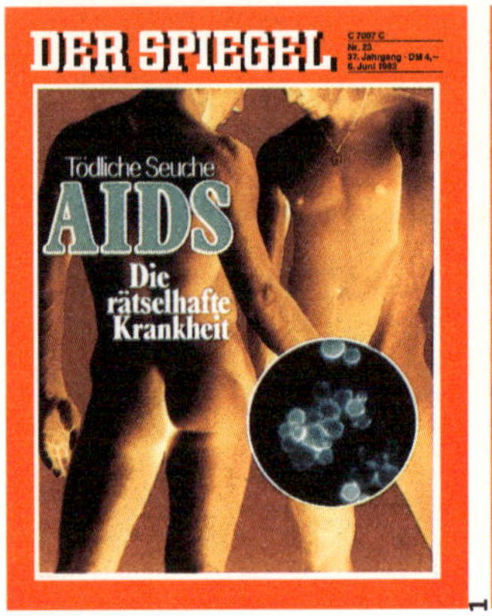

1

Aids Das Aids-Virus verbreitet Angst und Schrecken. Die Zahl der Todesfälle in den USA und Westeuropa steigt rapide an. Rock Hudson ist einer der ersten Prominenten, die an der tödlichen Immunschwächekrankheit sterben. Die deutsche Regierung startet Aufklärungskampagnen, Aids wird Titelthema der Medien. Die neu erkämpfte sexuelle Freizügigkeit wird den Liebenden zum Fluch. Der hedonistische Lebensstil der 80er Jahre wird in Frage gestellt. 1986 verkaufen die Gewerkschaften den Neue-Heimat-Konzern. In Österreich wird Kurt Waldheim zum Bundespräsidenten gewählt. Der Wahlkampf wird davon überschattet, daß Waldheim verschwiegen hatte, als Stabsoffizier von Hitlers Wehrmacht auf dem Balkan gedient zu haben.

1 SPIEGEL-Titel Nr. 23/1983 2 Aidskranker Mann kurz vor seinem Tod, Foto: Jürgen Baldiga/Edition Diá 3 Care-Anzeige im SPIEGEL Nr. 22/1986

WIE GEFÄLLT IHNEN CARE, MEINE DAMEN?
Care ist die Männerserie mit dem anziehenden Duft.
CARE
after shave
CARE
N°2
after shave
Das frische Care.
Das aromatische Care No. 2.

1 Siemens-Anzeige im SPIEGEL Nr. 25/1986

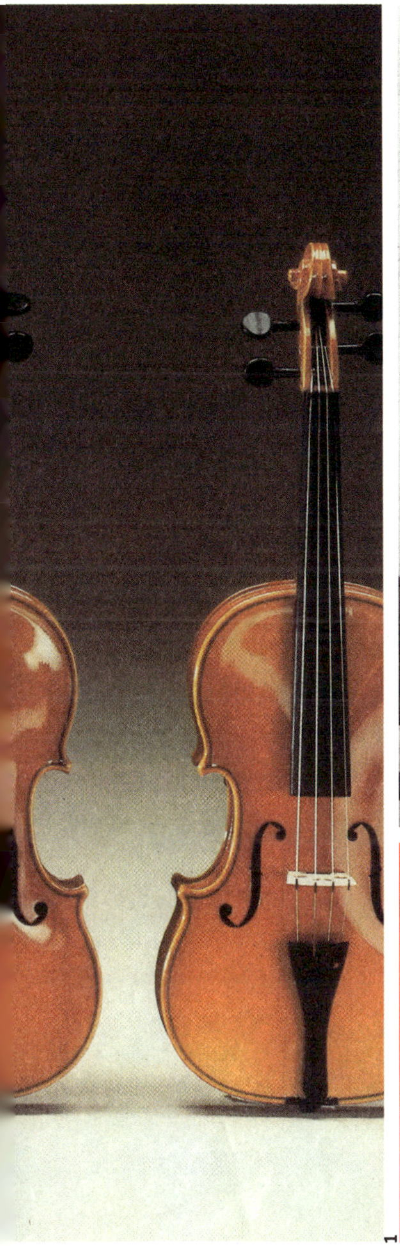

1

2

Tschernobyl Im Kernkraftwerk von Tschernobyl kommt es 1986 zum schwersten Unfall in der Geschichte der Atomenergie. Die radioaktive Wolke verbreitet sich über ganz Europa. In weiten Teilen der Bevölkerung wächst die Ablehnung gegenüber der Atompolitik der Bundesregierung. Das Vertrauen in moderne Hochtechnologien nimmt großen Schaden. In dem Wissen, wie wichtig gesellschaftliche Akzeptanz ist, wirbt die Industrie in Publikumsmagazinen für die Qualität ihrer Produkte.

3

2 Graffiti gegen die atomare Verseuchung, Foto: AP 3 SPIEGEL-Titel Nr. 20/1986

1 Renault-Anzeige im SPIEGEL Nr. 47/1989

1

2

Mauerfall Am 9. November 1989 um 18.57 Uhr verkündet SED-Politbüromitglied Günter Schabowski in Ostberlin die Öffnung der DDR-Grenzen. Trabi-Kolonnen zwängen sich über die Grenzübergänge der geteilten Stadt. Der Kontrollverlust des SED-Regimes über sein Volk führt schließlich zur Wiedervereinigung. Mit der Öffnung der Grenzen wächst der Wunsch nach einem neuen Lebensstil: Ein Auto aus dem Westen gehört für viele dazu. In Wimbledon gewinnen Steffi Graf und Boris Becker das Finale.

3

4

[2] Offene DDR-Grenze nach dem Mauerfall im November 1989, Foto: Paul Langrock/Zenit
[3] Stuyvesant-Anzeige im SPIEGEL Nr. 46/1989 [4] SPIEGEL-Titel Nr. 46/1989

Den Menschen Wärme zu bringen,
ist unser Auftrag. Die Unversehrtheit
der Natur zu wahren, ist unsere
Verpflichtung. Erst wenn wir beides
erfüllen, macht unsere Arbeit Sinn.
Buderus
Heiztechnik
Wir übernehmen Verantwortung.

2

Ozonloch Zunahme von Hautkrebs, Polarschmelze und überflutete Küstenregionen: das scheinen die bedrohlichen Folgen des Ozonlochs, das 1992 in Politik und Medien für Gesprächsstoff sorgt. Die Bundesregierung will bis Ende 1993 im nationalen Alleingang die Produktion von Fluorchlorkohlenwasserstoffen (FCKW) auf Null reduzieren. FCKW gelten als Hauptverursacher des Ozonlochs. Die deutschen Sportler holen auf der Olympiade 1992 in Barcelona 82 Medaillen und landen damit auf Platz drei der Nationenwertung. Bill Clinton wird neuer Präsident der Vereinigten Staaten. Im gleichen Jahr brechen in Los Angeles nach Polizeiübergriffen auf den Farbigen Rodney King schwere Rassenunruhen aus.

3

1 Buderus-Anzeige im SPIEGEL Nr. 10/1993 2 Greenpeace-Aktion vor dem Bonner Umweltministerium im Juni 1990, Foto: Vannemann/Greenpeace 3 SPIEGEL-Titel Nr. 7/1992

1

2

Techno Die Love Parade in Berlin mobilisiert jedes Jahr mehr „Raver“: 1990 waren es 2000 Teilnehmer, 1995 sind es schon eine Viertelmillion. Der „Liebes-Umzug“ wird zum Ausdruck einer Generation, für die Selbstinszenierung zum Lebensstil gehört. Der Narzißmus der Jugend kommt in der Werbung zum Ausdruck. Mit Inkrafttreten des Schengener Abkommens werden im März 1995 die Paßkontrollen zwischen Deutschland, Frankreich, Spanien, Portugal und den Beneluxländern aufgehoben.

3

[1] SPIEGEL-Titel Nr. 38/1994 [2] Zwei jugendliche Techno-Fans, Foto: Alfred Steffen/Benedikt Taschen Verlag [3] Menschenmassen auf der Love Parade in Berlin, Foto: C. Schulz/Paparazzi

4 Joop-Anzeige im SPIEGEL Nr. 9/1994

1

50 Jahre SPIEGEL

Ein Nachrichtenmagazin feiert Geburtstag. Im Bonner „Haus der Geschichte“ lädt das „Schmutzblatt“ (Konrad Adenauer) im Januar 1997 zum Jubiläumsempfang. Viele kommen und gratulieren: Bundespräsident Roman Herzog, Außenminister Klaus Kinkel, Focus-Chefredakteur Helmut Markwort. Wenn auch nicht von allen geliebt, so herrscht doch Einigkeit: DER SPIEGEL ist einzigartig in der deutschen Pressegeschichte: 1947 lag die Auflage bei 22.700, fünfzig Jahre später liegt sie bei 1.300.000. Literaturpapst Marcel Reich-Ranicki sagt in einem Grußwort: „In einem Deutschland, in dem es keinen SPIEGEL gäbe, möchte ich nicht leben.“

1 Stern-Anzeige im SPIEGEL, Sonderausgabe 1947-1997 2 SPIEGEL-Titel, Sonderausgabe 1947-1997

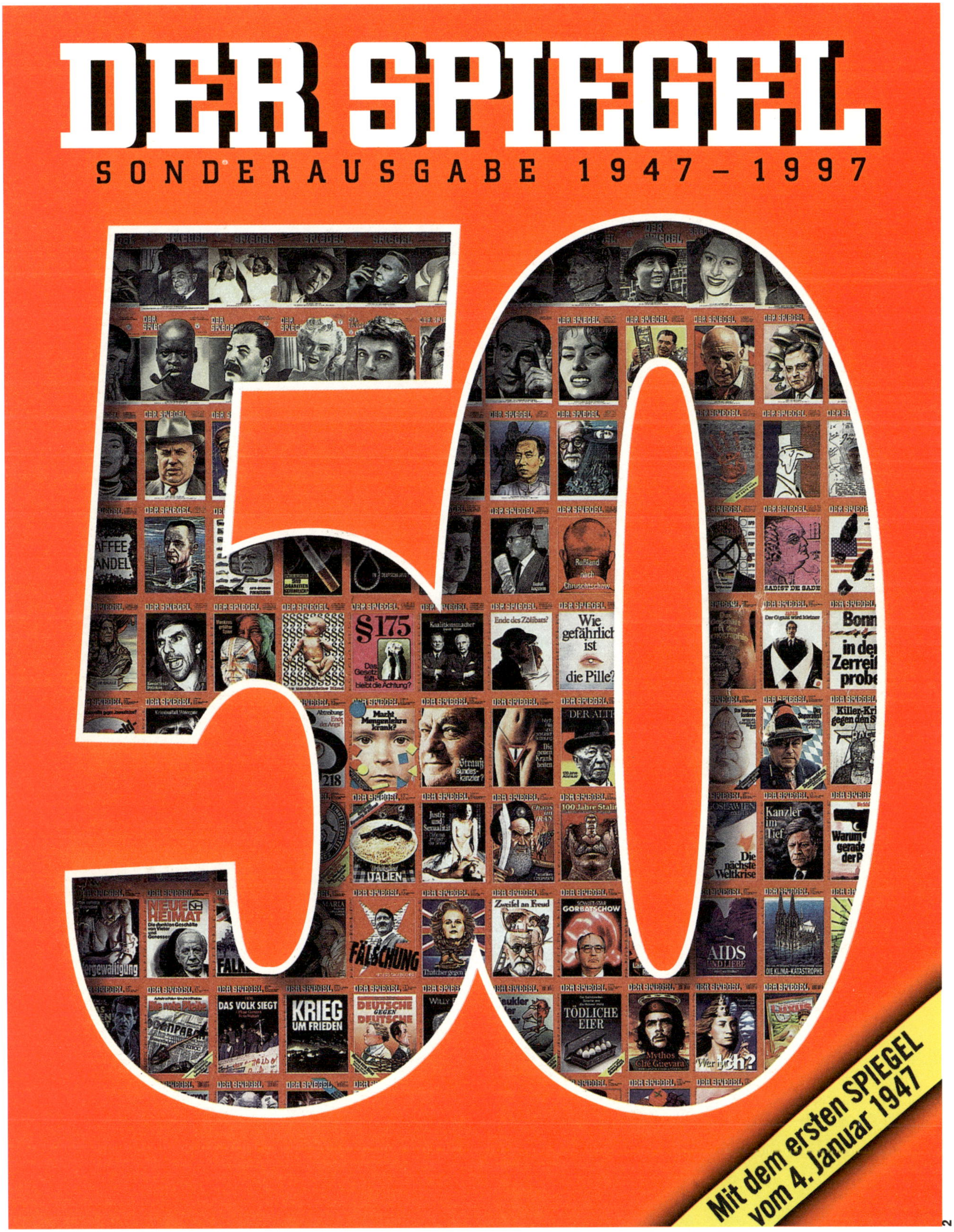
DER SPIEGEL
SONDERAUSGABE 1947 – 1997
Mit dem ersten SPIEGEL
vom 4. Januar 1947

ALLE REDEN VOM WETTER

DER SPIEGEL ALS
MEDIENMARKE
MEDIAQUALITÄT IN DER
WERBUNG
CROSS MEDIA
I HAVE A DREAM
ZAHLEN UND FAKTEN

PETER WIPPERMANN, STEFAN AUST, ANDREAS STEINLE/PETER WIPPERMANN, MICHAEL SCHIRNER, NORBERT BOLZ, PETER GLOTZ, CORDT SCHNIBBEN, CHRISTIAN BOROS/GUIDO HALFMANN, PETER WIPPERMANN, DOUGLAS RUSHKOFF, THOMAS HOLTROP, HANS-JOACHIM RICHTER, WERNER E. KLATTEN, JÜRGEN STRÖBEL, CHRISTIAN SCHLOTTAU

Michael Schirner Geboren 1941. Professor für visuelle und verbale Kommunikation an der Hochschule für Künste in Bremen. Seit 1987 geschäftsführender Gesellschafter der Michael Schirner Werbe- und Projektagentur, ehemals KKG Projektagentur. Zuvor Geschäftsführer und Creative Director der GGK Werbeagentur, Düsseldorf.

DER SPIEGEL

1

ALLE REDEN VOM WETTER

50 JAHRE ANZEIGENGESCHICHTE VON DER PRÄGNANTEN BANALITÄT GUTER SLOGANS UND TEXTEXPERIMENTEN MIT VÖLLIG SINNLOSEN HEADLINES. MIT DEM BLICK DES INSIDERS WERDEN DIE HIGHLIGHTS DEUTSCHER WERBE-GESCHICHTE UND DIE KAPRIOLEN IHRER MACHER GESCHILDERT.

1 Michael Schirner, Kampagne für IBM, 1981, Creative Director, GGK, Düsseldorf

DER WERBETEXT Der Text in der Werbung läßt sich nicht, wie oft irrtümlich geschehen, auf Traditionen referentieller Literatur zurückführen: Werbetexte beziehen sich auf nichts. Anzeigen lassen sich auf Moden, Zeitströmungen, Politik, Produktentwicklungen, Geschichte zurückführen, aber der Text im Moment seiner Entstehung bezieht sich in keiner Weise auf etwas, das außerhalb seiner selbst liegt. Statt dessen gleicht der Werbetext allen Formen komprimierter, verdichteter Sprachkomposition, die nicht von etwas erzählen, auf etwas verweisen wollen, sondern soweit wie möglich versuchen, sich mit ihrem Gegenstand zu identifizieren, und mit ihm eins werden, verschmelzen wollen. Der Werbetext soll nicht vom Produkt erzählen, er soll in seinem Klang, seinem Ton, seiner Stimmung mit dem Produkt identifizierbar sein. Er soll das Produkt beschwören, ihm Altar oder Denkmal sein. Er ist nicht Dokument, sondern Monument.

Die Tradition des Werbetextes finden wir in Psalmen und Gebeten, in den Merseburger Zaubersprüchen, in den Werken Meister Eckeharts und des Angelus Silesius, im modernen Gedicht, etwa bei Baudelaire, Mallarmé, besonders bei Paul Valéry, aber auch bei Stefan George. Wir finden sie im japanischen Haiku, bei Ezra Pound und in der konkreten Poesie, nicht aber im Roman, im Drama, nicht bei Shakespeare, Goethe oder Flaubert, sondern eher bei Nietzsche, den Zen-Meistern und bei Petrarca.

Der prähistorische Werbetext ist das Kurzgedicht, der kleine Reim. Er ist unbewußt der richtige Reflex des naiven Werbetexters auf den mythischen Charakter des Produktes in der modernen Warenwelt. Er steht vor jeder Rationalisierung der Werbung durch Tests, Demoskopie und Marktforschung und markiert die Unschuld einer fernen Zeit, die wir heute nur noch vom Hörensagen kennen.

DER SLOGAN Am Anfang des Werbetextes, wie wir ihn kennen, war der Slogan. Er setzte an die Stelle der schnell verbrauchten sprachlichen Konvention des Reims die Prägnanz der Banalität – bis zur Tautologie („Coca-Cola is it“, „Persil bleibt Persil“).

Die Idee des Slogans ist seine Ewigkeit, seine Dauer. Der Urslogan heißt „amen“.

Die Ewigkeitsidee korrespondierte allerdings mit einigen äußerst zeitlichen und weltlichen Wertvorstellungen. Man wollte bei der Identifikation des Produktes mit einem Satz oder ein paar Worten sich ergehen und verließ sich so allein auf die nervtötende Kraft der Wiederholung oder „Penetration“, wie man heute in der Werbung sagt. Man glaubte außerdem, daß es zu den wesentlichen Produktvorzügen gehörte, wenn etwas für die Ewigkeit gemacht wäre – was dem bei zunehmender Prosperität schnellebiger werdenden Markt, der Dynamik wechselnder Moden etc. nicht gerecht werden konnte. Gemordet wurde der Slogan von der in den 60er Jahren aufkommenden Rationalisierung und Verwissenschaftlichung der Werbung. Mit einem Mal – die zweite weltweite Aufklärung im Zuge der 68er-

Bewegung hatte die Industrie erreicht – begriffen die Kunden, was sie früher nie gestört hatte: daß Slogans im Sinne referentieller Sprache eigentlich nichts sagen. Sie klärten nicht auf, sie teilten nicht mit, sie informierten nicht. Die durch allerlei Kapitalismuskritik in Bedrängnis geratene Industrie hatte sich auf die Notlüge, Werbung sei Produktinformation, geeinigt und sah sich im Zugzwang, entsprechend informative, aufklärende Anzeigen zu machen.
Ein Paradox, naturgemäß. Denn Werbung ist Poesie und nicht Analyse oder Journalismus. Wer verlangt von einer Ode an den Rheinfall von Schaffhausen eine chemische Analyse?

DIE HEADLINE Folglich entstand auch nichts dergleichen. Aber an die Stelle des Slogans trat die Headline. Sie war nicht für die Ewigkeit gedacht, sondern für den Anlaß. Andeutungsweise erfüllte sie, zumindest scheinbar, das Bedürfnis nach einem informativischen Auftreten. Vor allem aber bestand ihr großer Vorteil in der Lebendigkeit und Flexibilität, dem Wecken von Neugier.
Wesen der Headline ist es, durch sprachliche Effekte, die weniger als Slogans auf Wiederholbarkeit und Eingängigkeit angewiesen sind, aufzufallen und sich mit rhetorischen Mitteln der Aura des Produktes zu nähern. Erlaubt und gefordert sind Tricks wie Stab- und Binnenreime, Kalauer, Wortspiele aller Art, bezeichnend unvollständige Sätze, Abwandlungen bekannter Sprichwörter, Sinnsprüche und dergleichen. Eine gute Headline erfordert die Arbeit des Tüftlers und Alchimisten. Ihr Aufkommen schuf den Typus des Werbepoeten. Es gab Texter, die wochenlang in ihren unwirtlichen Zimmern hockten und immer wieder eine Zeile schrieben, bis sie unrasiert – auf diese Weise wurde der gepflegte Dreitagebart zum nicht mehr wegzudenkenden Modeaccessoire des Werbetexters – plötzlich aus ihrer Klause hervortraten und einen genialischen Sinnspruch präsentierten, der für ein paar Monate halten mußte.
Diese Spezies Texter trieb den künstlerischen Anspruch und die dichterisch-mönchische Arbeitsweise so weit, daß sich auch die bis heute fortwirkende Texterkrankheit zu verbreiten begann: Blindheit. Jede dieser Headlines sollte so schön, klar und stimmig sein, daß sie kein Bild mehr benötigte. Alles, was ein Art Director zu den vollendeten Sätzen noch beitrug, wurde als bloße Illustration oder Belästigung empfunden. Die Sätze machten oft nicht einmal mehr auf die Body Copy, das Bild oder das Produkt neugierig, weil sie so sehr in sich abgeschlossen waren.

DIE BODY COPY Logisch, daß es auch unter Textern eine Gegenströmung geben mußte. Das war schon durch die Verschiedenheit der Textertemperamente zu erklären. Dem Tüftler und Einkocher, dem Komprimierer und Meditierer stand, wie in allen Berufen, der Überproduzierer gegenüber, der Schnelle, ewig allzu bereite Dampfkochtopf, der Typus, der den Unterkiefer vorschiebt und die Worte rauslaufen läßt. Dieser erfand, sozusagen gegen die mythische Headline, die ausufernd üppige Body Copy.

1

2

3

Hier spielte die Headline kaum noch eine Rolle. Das Bild wurde vom Text ohnehin schon aus Platzgründen zur Nebensache degradiert, und die Texter der Schwätz- und Schwafelschule erkämpften sich neue Freiheiten. Sie eiferten dem Vorbild Gossage nach, der im New Yorker für einen Whiskey die Seiten vollschrieb und mitten im Satz aufhörte und auf die Fortsetzung im nächsten Heft verwies, wenn die Anzeigenseite voll war. Diese Texter dachten sich lange, feuilletonistische Prosastücke aus, in denen sie eine Menge wagen und experimentieren konnten, weil ihre Gewagtheiten eh kaum einer las.

Im Laufe der 70er Jahre hatte der Text in beide Richtungen alle nur denkbaren Extreme durchlaufen: Vom Zauberspruch bis zu Marcel Proust repräsentierte er alles, was die Literatur ihm an brauchbaren Vorbildern hinterlassen hatte.

DER TEXT UND DAS BILD Nach den Zeiten der Textexperimente machte sich, ähnlich wie in der Kunst, eine gewisse Ratlosigkeit breit. Was war zu tun, nachdem man bis an die Grenze des Textes gegangen war? Wir hatten eine einfache Lösung, die der professionellen Blindheit der Texter, was Bilder anbelangt, und der Legasthenie der Art Directors ein Ende setzte und die den Elementen der Anzeige nicht nur gerecht wurde, sondern auch die eigentliche Rolle und die Funktion der Werbung beherzigte und befolgte: die Beziehung von Bild und Text.

Um den Headlines die pure Monumentalität zu sichern und die Referenzlosigkeit auf die Spitze zu

[1] Monika Lang, Kampagne für Stuyvesant, H.F. & Ph.F. Reemtsma, 1971, Art Director, UNIT Werbeagentur, Frankfurt [2] Thomas Mang, Kampagne für die FDP, 1969, Creative Director, Team/BBDO, Düsseldorf [3] Ludwig Steinmetz, Kampagne für König-Pilsener, König-Brauerei KG, 1971, Creative Director, Werbeagentur R.W. Eggert, Düsseldorf

treiben, schrieben wir Zeilen, die kaum etwas aussagten und, wenn sie nicht gerade völlig sinnlos waren, dann doch zumindest sehr lapidar und banal wirkten. Das gleiche galt für Bilder: Sie sagten kaum etwas aus und bedeuteten fast nichts. Erst durch die Verbindung von Bild und Text in der Anzeige entstand im Kopf des Betrachters eine Geschichte, die weder im Bild noch im Text war. Erst durch die Denkarbeit des Betrachters entstand ein Sinn.

Die Technik der Kommunikation von etwas Imaginärem konnten wir so weit auf die Spitze treiben, daß die Anzeige auch ohne Text funktionierte wie bei unserer Jägermeister-Anzeige, auf der lediglich der Jägermeister-Trinker in der typischen Pose abgebildet und ansonsten kein Text, kein Produkt zu sehen war: Die Abbildung läßt Text und Produkt in den Köpfen der Betrachter entstehen.

Wir sind einen Schritt weiter gegangen, indem wir uns noch mehr auf die Gedanken- und Phantasiearbeit der Betrachter verließen und uns weiter entfernten von Referenzen auf Außenliegendes. Wir machten eine Fotoausstellung ohne Fotos und stellten statt der Bilder Bildbeschreibungen auf schwarzen Tafeln aus. Hier war nur noch die Imagination des Betrachters gefordert, das Schwarz der Tafeln aufzuhellen. So ungefähr stelle ich mir die Anzeige der Zukunft vor: Das Bild muß es aushalten können, ganz in der Imagination des Betrachters zu verschwinden. Der Text, vor allem der Texter, muß das ebenfalls aushalten.

DIE AUTOREN Werbung kennt kein Ich, kein Subjekt und keinen Autor. Wie kann man zum Beispiel bei Tätigkeiten wie Straßenkehren die Anwesenheit eines Autors der sauberen Straße feststellen? So war die Werbung in ihren Anfangsjahren: eine niedere Arbeit. Wenn sie Glück hatte, wurde sie mit den Deutungsversuchen von Verführungstheoretikern belästigt, wenn sie Pech hatte, von Wissenschaftlern, die ihr Vorgehen nicht nur erforschten, sondern auch noch wissenschaftlich determinieren wollten.

Zu dieser Zeit griffen Ansätze von Marcel Duchamp bis Andy Warhol in der Kunst und von Marshall McLuhan bis Michel Foucault im Denken und schickten sich an, den Autor als Subjekt zu pensionieren. Diese Tendenz begann sich im Laufe der 70er Jahre durchzusetzen, erst in Universitäten, aber nach und nach auch im täglichen Feuilleton. Im selben Maße, wie sich die Verabschiedung von den traditionellen Ideen von Ich und Subjekt in der sogenannten Hochkultur abzeichnete – auch das „moderne Ich“ als Gegenstand der Literatur war ja nicht mehr die Zentrale eines selbständigen, ganzheitlich und im Sinne der Aufklärung vernünftig handelnden Individuums, sondern ein von Eindrücken, Launen und Spontaneitäten durchzogenes Schlachtfeld –, im selben Maße wurde die Werbung mehr und mehr anerkannt.

Aus der Grauzone von Verführung und Erfüllungsgehilfin einer Konsumkultur rückte sie ins Zentrum eines wohlwollenden öffentlichen Interesses. Dies führte zu paradoxen Reaktionen der Werber. Diejenigen, die Ich und Subjekt zuerst abgeschafft hat-

1

2

3

ten, schrien, nachdem sie plötzlich im Rampenlicht derer standen, die ihre historische Neuartigkeit zu würdigen bereit waren, nach der Restauration und der Pflege des jahrelang vernachlässigten und geschmähten eigenen Ego.

Damals begann man, Werbeleute bekannt zu machen. Dagegen wäre nichts einzuwenden, wenn man hier und da den Einführer einer Neuerung oder den Vertreter eines interessanten Lebenslaufes namhaft gemacht hätte. Es liegt mir fern, dieses Treiben grundsätzlich zu verdammen, aber es scheint mir nicht nur restaurativ und restriktiv, sondern es scheint auch wesentliche und beschreibenswert neuartige Aspekte der Werbung zu unterschlagen.

Zwei Grundsätze haben sich für mich im Laufe der Zeit immer wieder erhärtet. Erstens: Werbung handelt nicht von Menschen, sondern ist eine Funktion im Miteinander von Menschen, eine Art Scharnier zwischen Wirtschaft und Gesellschaft. Zweitens: Der beste Kreative, der die Notwendigkeit, Ideen zu haben, und damit sein eigenes Kapital durch eine Methode ersetzt, neigt tendenziell dazu, sich selbst abzuschaffen.

DAS TESTIMONIAL Zum ersten: Die Idee des klassischen Testimonials ist, jemanden sprechen zu lassen, der für ein Produkt in irgendeinem Sinne kompetent erscheint. Ob als Franzose für Lebenskunst, als Grieche für Schafskäse, als Filmstar für Seife oder als Ronald Reagan für Hemdkragen, ist im Prinzip egal. Das Ich ist niemals als Ich von Belang für die

1 Reinhard Siemes, Kampagne für das Mückenmittel von Farina, 1965, Texter, trendwerbung, Düsseldorf 2 Othmar Severin, Kampagne für MM Sekt, Matheus Müller KG, 1969, Creative Director, Young & Rubicam, Frankfurt 3 Margot Müller, Kampagne für die Deutsche Bundesbahn, 1968, Texterin, McCann, Frankfurt

Logik des Testimonials, das – wie sein Name sagt – Zeuge, Vermittler der Produktbotschaft, also ein Funktionsträger ist.

Testimonials sind eine langweilige, aber korrekte und logische Form der Werbung: In den 70er und 80er Jahren aber machte sich mehr und mehr ein anderes, meiner Ansicht nach falsches Ich in der Werbung breit. Hier raucht, trinkt, schminkt sich ein Ich, das keine andere Kompetenz kennt, als Ich zu sein, das tautologisch herumreitet auf der eigenen Individualität, ein Me-Generation-Wahn, der zum ersten Mal in der Geschichte der Werbung wirklich lügt. In ihrem Interesse kann die totale Andersartigkeit des einzelnen nicht liegen, weil sie dann von jedem Produkt nur noch genau ein Exemplar verkaufen würde. Sie lügt, weil sie den individuellen Adressaten dazu aufruft, sich einer Armee von Individualisten anzuschließen.

Was von dieser Produktbotschaft übriggeblieben ist, ist der Trotz des „Ich rauche gern", das letzte Argument fürs Rauchen, das darin besteht, daß irgendein mir gänzlich unbekanntes und auch völlig gleichgültiges Ich es gern tut.

Der Ich-Wahn der Werbung zeigt sich auch in der Verrücktheit, Produkte sprechen zu lassen. Das war irgendwann einmal ganz lustig, aber spätestens seit dem genial absurden klassischen Satz „Ich bin zwei Öltanks" hat es in der verdienten Groteske geendet, wenn auch heute Filtertüten und Kartoffeln sich abends im Fernsehen etwas erzählen. Davon fühlt sich der grundsätzlich klügere Konsument zu Recht verarscht. Denn es liegt in der Logik der Werbung, daß in ihr keine Individuen vorkommen können, sondern nur Funktionsträger. Jedes Produkt, das es sich leisten kann, Geld für Werbung auszugeben, ist per se auf Massen von Konsumenten angewiesen, so daß die Verheißung, man bleibe bei seinem Konsum damit allein, eine dicke Lüge ist.

Die Jägermeister-Kampagne, die ich mir zwar nicht, wie oft behauptet wird, ausgedacht, an der ich aber doch recht lange mitgewirkt habe (wir wirken alle sowieso immer nur mit), macht genau das Gegenteil von den eben beschriebenen Fehlern. Die Ichs der Jägermeister-Anzeigen sagen eben nicht „ich" als Individuen, sondern als Vertreter von allen. Sie kommunizieren, daß Jägermeister ein Schnaps für alle ist, was dann logischerweise einen großen Haufen Ichs ergibt, die ihre antiindividuelle Austauschbarkeit durch eine Nummer belegen.

WERBUNG IST KUNST Zum zweiten: Gute Werbung ist immer nachvollziehbar und bis ins letzte Detail logisch klar. Die Schatten des Ichs, die sich in persönlichem Geschmack oder persönlichem Stil auf die Werbung legen, sind immer Momente der Verdunkelung, des Rückfalls in alte Formen der Kunst. Als ich Werbung die „Kunst von heute" nannte, tat ich dies nicht, weil sie der überwundenen Kunst des 19. Jahrhunderts ähnelt, sondern weil die neueste Kunst die Ideen aus der Werbung und deren grundsätzlich neue, analytische, antiindividualistische

DER KRAWATTENMUFFEL

1

DAS JÜNGSTE GERICHT

2

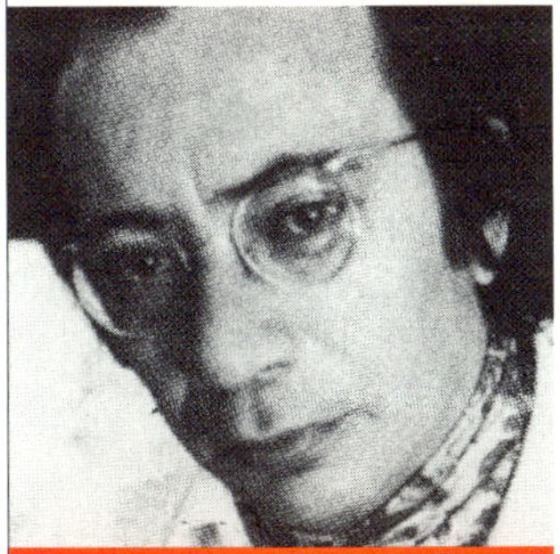

DER VW LÄUFT UND LÄUFT

3

Haltung übernahm, so daß man von einer neuen Renaissance träumen konnte, in der die Künstlerpersonen wieder ganz hinter ihrem Werk zurücktreten würden. Das Gerede von Emotionalität und Atmosphäre ist die größte Gefahr für diesen Fortschritt der Werbung, die in jedem Punkt und Detail immer nur eins braucht: die jeweils richtige ästhetische Methode. Eine wissenschaftliche Hilfestellung kann sie dabei nicht gebrauchen, weil die Wissenschaft immer eine vermeintliche Realität aus Meinung und Gewohnheit der Bevölkerung zu konstruieren versucht. Diese Wirklichkeit muß falsch und unvollständig bleiben, denn die Wahrheit liegt immer in der Aufgabe selbst, für die es nur eine Lösung geben kann, der sich anzunähern unsere Aufgabe bleibt. Schaffen wir es, sie komplett zu lösen, ist das nicht das Verdienst eines einzelnen oder eines immer gleichen Teams, sondern das Resultat der Schönheit der gelösten Gleichung. Es ist ja schließlich auch nicht das Verdienst eines einzelnen Mathematikers, Lehrers oder Schülers, daß 2 plus 2 nun mal 4 ergibt. Es soll aber nicht verschwiegen werden, daß es gelegentlich einzelne gibt, die Formeln überhaupt erst begreifbar machen oder eine Atmosphäre schaffen, in der das Lösen der Gleichungen leichter zu bewerkstelligen ist. Diese Personen kann man ruhig beschreiben, interviewen oder nennen; man muß sich indes davor hüten, sich für ihre Egos zu interessieren, denn die sind genausowenig von Interesse und Aussagewert, wie die Lebensgewohnheiten eines

[1] Vilim Vasata, Kampagne für das Deutsche Krawatten-Institut, 1964, Creative Director, Team/BBDO, Düsseldorf [2] Feico Derschow, Kampagne für Pfanni-Kartoffelpuffer, 1975, Art Director, GGK, Düsseldorf [3] Helmut Schmitz, Kampagne für Volkswagen, 1964, Creative Director, DDB, Düsseldorf

guten Toiletten-Installateurs irgend etwas über eine gut installierte Toilette aussagen.

DIE AGENTUREN Ich habe ein paar Fotos aus dem „Who's who" des Art Directors Jahrbuchs von 1972 und aus der ADC-Publikation „Die Klassiker der deutschen Werbung" aus dem Jahr 1976 ausgesucht. Da sieht man, wie wir damals ausgesehen haben: Margot Müller wie Uschi Obermaier, Ludwig Steinmetz wie John Lennon, Otti Severin wie Abi Ofarim, Thomas Mang wie Jim Morrison, Monika Lang wie Twiggy, und ich hatte noch Haare.

Ich möchte einen kleinen Überblick über die Werbe-Highlights der vergangenen vier Jahrzehnte geben, wie ich sie zum Teil erlebt habe. Ich erzähle hier meine persönlichen Erfahrungen und ein paar Geschichten aus meiner Arbeit in den Agenturen, die in dieser Zeit Werbegeschichte geschrieben haben. Dabei kann man feststellen, daß die besten Agenturen einen kreativen Lebenszyklus haben, der bis zu zehn, zwölf Jahre dauert – nie länger. Und noch eins: Eine neue kreative Ära beginnt nie am Anfang eines neuen Jahrzehnts, sondern immer in der Mitte.

TEAM, MÜLHEIM Die erste kreative Agentur in Deutschland, die den Stil der Endfünfziger bis Mittsechziger prägte, war die Team in Mülheim an der Ruhr. 1962 hatte ich das Glück, für ein Jahr dort Werbung zu lernen. Scholz und Vasata waren meine Lehrer, Vasata hat mir das ABC der Werbung beigebracht: Ich mußte jeden Morgen zu ihm ins Büro, das er sich mit Scholz teilte. Er zeichnete mir einen Buchstaben des Alphabets mit der Schriftfeder auf ein Blatt, und ich mußte den ganzen Tag diesen Buchstaben zeichnen, und das Tag für Tag, Buchstabe für Buchstabe. In der heißesten Agentur des Landes arbeiteten damals nur ungefähr zwei Dutzend Leute. Sie schufen als Highlights den Krawattenmuffel, eine Erfindung von Vasata, und für Puschkin Vodka Frank S. Thorn und seinen Freund, den Bären. Später folgten die Königstreuen. Charles Wilp, der die Puschkin-Fotos machte, sorgte für das kreative Klima im Haus. Seine Kunstobjekte hingen an den Wänden der Büros: Das waren Grauverläufe, und auf die Rückseite der Bilder hatte er Goldbarren geklebt – damit die Fotos die nötige Erdenschwere hätten, wie er sagte.

Das Mittagessen wurde gemeinsam im Konferenzraum eingenommen, und dabei wurden die Annuals vom amerikanischen Art Directors Club durchgeblättert. Immer, wenn wir da eine tolle Kampagne sahen und lasen, wer sie gemacht hatte, stand da DDB. Keiner wußte, wer das war, aber solche Anzeigen wollte Team auch machen – und sie machten es.

YOUNG & RUBICAM, FRANKFURT Das nächste kreative Jahrzehnt – Mitte der 60er bis Mitte der 70er – kam, und zwei Agenturen teilten sich zu dieser Zeit den Spitzenplatz: DDB und Young & Rubicam.

Ich kam 1969 zu Young, und alle waren da, die heute Rang und Namen haben: Otti Severin, Ben Oyne, Walter Lürzer, Michael Conrad, Hansel Kastner, Fred Riemel, Gernot Wüschner, Hartmut Grün, Helmut

Sendlmeier. Und Uwe Ortstein. Er hatte eine Agentur in der Agentur, der es vorbehalten war, die besten Kampagnen dieser Epoche zu machen. Sie wurden zu Ikonen: Chiquita mit dem blauen Ding, MM mit dem gewissen Extra, Air France mit den charmanten Texten. Und Milka. Uwe Ortstein hat die lila Kuh erfunden. Übrigens gab es damals in der Kampagne nicht nur sie, sondern auch einen lila Weihnachtsbaum und einen lila Luftballon. Wie grandios Ortsteins Milka-Werbung war, sieht man, wenn man sie mit der Kampagne von heute vergleicht.

Das „Duo infernal" von Young waren Ben Oyne und ich. Wir hatten einen Heidenspaß an provozierenden Kampagnen, die Otti Severin oft nicht ganz geheuer waren. In unserer Tapetenkampagne mit dem 68er-Spruch „Jeder hat das Recht auf eine Tapete" tapezierten wir zum Beispiel Affenkäfige, Gefängniszellen, Gerichts- und Operationssäle mit den wildesten Tapeten. Und dann die Kampagne für Racke Rauchzart: die erste Kampagne, die den Effekt von Alkohol anhand von betrunkenen Pfarrern, Liebespaaren, Vorstandsvorsitzenden und so weiter zeigte. Stellen Sie sich das mal heute vor.

Das Erfolgsrezept von Young & Rubicam unter Pete Peabody – dem liebsten Chef, den ich kenne – war die Balance zwischen Kreation und Kontakt. Pete Peabody empfahl allen Textern, jeden Tag zwei Dinge zu lesen: die Bibel und die Bild-Zeitung. Letztere las ich täglich. Ich erinnere mich noch an die Headline zur Mondlandung: „Der Mond ist ein Amerikaner" mit der Abbildung des ersten menschlichen Fußabdrucks auf dem Mond. Diese Seite hängte ich mir an die Wand meines Büros. DDB schaltete gleichzeitig die historische VW-Anzeige mit der Mondfähre und der Zeile: „It's ugly but it gets you there." Die hing neben der Bild-Zeitungsseite.

DDB, DÜSSELDORF Aus den Vereinigten Staaten war DDB mit Helmut Schmitz und Volkswagen gekommen und setzte Bernbachs Werk mit der VW-Kampagne in Düsseldorf fort. Helmut Schmitz galt in der Branche als der belesenste Werbemann, und Werner Butter war der passionierte Schreiber (er schreibt ungefähr doppelt so gut wie ich). DDB war ein exklusiver Club für die Crème der Kreativen und die Crème de la crème (Nivea).

DDB war auch ein Paradies für Kreative. Jeder mußte nur für einen Etat arbeiten. Die Zeit für die Entwicklung einer Kampagne war endlos. Wettbewerbspräsentationen und Zigarettenkampagnen wurden abgelehnt. Damit die Kreativen nicht von Kunden irritiert wurden, mußten sie nie in lästige Meetings gehen. Und wenn ein Kunde Änderungen wollte, bekam er es mit Helmut Schmitz zu tun.

Der Geist der aufgeklärten Endsechziger/Frühsiebziger spricht aus den besten DDB-Kampagnen: der VW-Kampagne etwa mit Headlines, die in die deutsche Sprache eingingen: „Der VW läuft und läuft...", „Es gibt Formen, die man nicht verbessern kann", „Da weiß man, was man hat". Die Kampagnen für Mimosept und o.b. waren Aufklärung in

Reinkultur. Und mit dem Tchibo-Mann zeigte DDB, daß volkstümliche Werbung nicht unbedingt blöd sein muß.

GGK, DÜSSELDORF Mitte der 70er Jahre wurde es ruhiger um Young & Rubicam, und die Zeit der GGK begann. In den Jahren von 1974 bis 1984, als ich die GGK Düsseldorf leitete und das fortsetzte, was Paul Gredinger und Wolf Rogosky begonnen hatten, nahmen wir uns vor, die kreativste Agentur in Deutschland zu werden. Wir wollten die besten Kampagnen von Young & Rubicam und DDB übertreffen. Wir trieben das, was Bill Bernbach, Howard Gossage und Marshall McLuhan entwickelt hatten, auf die Spitze – „to the point of no return".

Wir hatten begriffen, daß nicht nur Bild und Text die Botschaft einer Werbung sind, sondern daß das Medium selbst eine starke Botschaft sein kann. Die besten unserer Ideen waren neue Media-Ideen: Rogoskys erste Unikatkampagne „Mehr erleben" für Peter Stuyvesant und die zweite Unikatkampagne für Jägermeister, deren Idee von Paul Gredinger stammte.

Art Director war Theophil Butz. Wolf Rogosky verkaufte die Kampagne Günter Mast, dem Chef von Jägermeister. Die meisten der 3.000 Sprüche machte Diethardt Nagel, andere die Texter und Sekretärinnen in der Agentur, und etliche bekamen wir auch vom Publikum zugeschickt. Herr Mast war so stolz auf seine Kampagne, daß er immer, wenn er eine andere Werbung sah, in der das Wörtchen „weil" vorkam, zornig wurde und die Firma wegen Plagiats verklagte. Er ging durch mehrere Instanzen, um sich das Wörtchen „weil" schützen zu lassen. Erfolg hatte er damit nicht, was sehr schade ist. Denn hätte er es geschafft, würde es heute in der deutschen Werbung keine Begründungen mehr geben.

Auch uns bezichtigte Herr Mast des Plagiats, sobald wir eine Kampagne für einen anderen Auftraggeber machten, auf der Menschen zu sehen waren. Ich verbot also allen Kreativen in der Agentur, Anzeigen mit Menschen zu machen. Viele schöne Kampagnen mit einfachen Abbildungen von Dingen, mit denen wir den Stil der Werbung in Deutschland prägten, verdanken wir also Herrn Mast. Es gibt noch eine Geschichte, in der es um einen Media-Einfall geht: Ende 1974 saßen Wolf Rogosky und ich mit Lutz Grüttke, dem Kommunikationschef der IBM, in Gredingers Sesseln. Wir versuchten, Lutz Grüttke davon zu überzeugen, daß das letzte Motiv der einzelseitigen Tageszeitungskampagne „Über Computer" eine Doppelseite sein sollte. Er winkte ab, IBM wolle nicht so großspurig auftreten. Wir ließen nicht locker, bis Grüttke plötzlich sagte: „Und wie wäre es, wenn wir eine 14seitige Anzeige machen würden?" Wolf verschlug es die Sprache. Ich stotterte: „Wenn Sie das tun, sind Sie der Größte." Die 14seitige Anzeige erschien 1975 in der Zeit. Was lernen wir daraus?

Die besten Ideen hat der Kunde. Vorausgesetzt, es ist einer wie Grüttke, also einer, der nicht einsehen mag, daß die Werbung in einer Zeitschrift blöder sein soll als die Artikel. Weil ja nicht einzusehen ist,

1

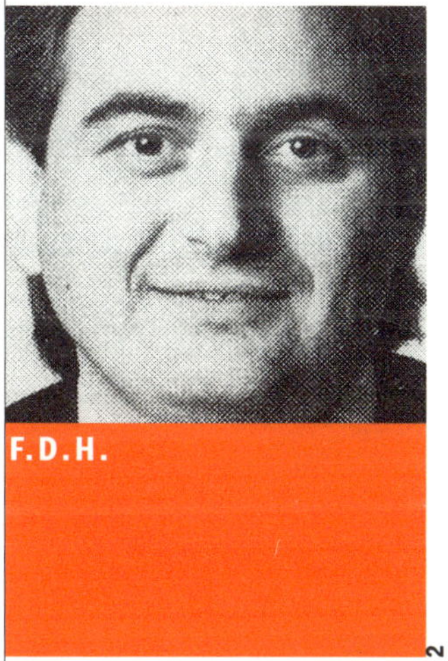

2

3

daß die Leser, die intelligent genug sind, die Artikel zu verstehen, ihre Intelligenz plötzlich herunterschrauben sollen, wenn sie die Anzeige daneben lesen.
So machten wir im Stern, in der Zeit, im SPIEGEL und in der FAZ Anzeigen, die dasselbe Niveau hatten wie die Leser – unser eigenes. Das Kluge an Grüttkes Vorschlag mit den mehrseitigen Anzeigen war: Durch die vielen Seiten wird Werbung zu einer Art Nichtwerbung. Quantität schlägt um in Qualität, aus Werbung wird Redaktion. So wurden die Anzeigenstrecken vom Publikum eher als Artikel verstanden und weniger als Werbung.

KUNSTSTÜCKE Einige Zeit später machte ich mit Franz Brauer, Michael Preiswerk, Carlos Obers, Helmut Rottke, Jürgen Mandel und Uli Leschak für IBM ein Konzeptkunststück nach dem anderen: die längste Anzeige der Welt mit 70 Seiten; die einfachste Kampagne der Welt mit einem einzigen Wort: „schreIBMaschinen"; die Anzeige mit den höchsten Lesewerten der Welt und mit dem Text: Qzllf Fox roxfxy usw. (Tausenden Lesern der fünfseitigen Anzeige der Werbeagentur PPM für die Computerfirma OTK fiel der Verschlüsselungsfehler im ersten Drittel des Textes auf.)
Wir suchten uns damals das unattraktivste Medium – Großflächenplakate – und inszenierten die Renaissance der Plakate: die Kampagne für Pfanni-Kartoffelpuffer (Text: Bertl Schmitt, Art: Feico Derschow), die Erfindung der dreidimensionalen, rundum gestalteten Plakatsäule durch Beat Nägeli für Conti (Text:

1 Werner Butter, Kampagne für Volkswagen, 1969, Creative Director, DDB, Düsseldorf 2 Michael Conrad, Kampagne für Halbarine, Margarine-Werke Walter Rau, 1971, Texter, TBWA, Frankfurt 3 Heinz Theophil Butz, Kampagne für die W. Mast KG, 1974, Art Director, GGK, Düsseldorf

Reinhold Scheer), die Imagekampagne für die Post (Text: Diethardt Nagel, Art: Holger Nicolai), die Kampagne für Photo Porst (Text: ich, Art: Axel Hinnen). Konstantin Jacoby war Texter der VW-Händlerkampagne, die so viel besser war als die VW-Produktkampagne von DDB, daß wir uns fragten, wie Herr Butzek, der Werbeleiter bei VW, zwei dermaßen unterschiedliche Kampagnen für sein Produkt gut finden konnte. Gredinger war der erste Agenturchef, der in mehreren deutschen Städten Agenturen gründete. Er sagte: Ich gründe mal vier, dann sieht es aus wie ein Konzept. GGK Hamburg mit Michael Klein und Beat Nägeli und dann Fred Baader und Wolfgang Behnken. GGK Frankfurt mit Uwe Ortstein und später Hartmut Grün. GGK Stuttgart mit Rulf Neigenfind und Bernd Kreuz. Und GGK München mit Gernot Wüschner. GGK bestimmte den Stil guter Werbung in Deutschland und gewann mehr Medaillen beim Art Directors Club als alle anderen Agenturen zusammen. Das GGK-Konzept: Man mache einen Kreativen zum Chef der Agentur, mache die Qualität einer Kampagne zum wichtigsten Ziel, sage den Kunden die Wahrheit – auch wenn es den Etat kostet – und kündige Kunden, die blöde Werbung wollen.

GGK-Geist und -Stil waren geprägt vom Ehrgeiz der Kreativen, die wie besessen nach der jeweils richtigen ästhetischen Methode suchten und Werbung machten, die nachvollziehbar und bis ins letzte Detail logisch klar war.

Fast jede GGK-Kampagne war eine kleine Bombe. Einige sagen, GGK starb Ende der 80er Jahre, und einige meinen, es lag daran, daß die Agentur zwar sehr kreativ war, aber nicht sehr lukrativ. Das ist Unsinn, denn GGK war sehr profitabel, sie war zwölf Jahre die kreative Nummer eins, bis Gredinger die Gruppe verkaufte. GGK ist nicht tot, sie lebt in den Agenturen der Kreativen weiter, mit denen ich damals bei GGK gearbeitet habe: Springer, Jacoby, Knopf, Nägeli, Baader, Behnken, Siemes, Nolte, Heinemann, Sendlmeier, Grün, Scheer, Obers, Rottke, Preiswerk, Brauer, Nicolai, Derschow, Schmitt, Weber und all der anderen.

Sie und alle, die ihren Arbeiten nacheifern, sind die GGK von heute. Was wir in den 70er und 80er Jahren entwickelten – einen neuen Stil der Werbung, der gegen alle bekannten Stile und Regeln verstieß –, wird in den kreativen Agenturen heute täglich weiterentwickelt. Einige Agenturen arbeiten nach den GGK-Prinzipien. Viele Agenturen haben auch den GGK-Präsentationsstil übernommen: von den Seiten in den Präsentationsbüchern, die oben einen Strich haben, bis zur Sprache und zu den schwarzen Präsentationskisten, die Karl Gerstner entworfen hatte. GGK war die kreativste Werbeschule der Nation.

DIE HAMBURGER AGENTUREN In der Ära von Mitte der 80er bis Mitte der 90er Jahre zeigte sich ein grundsätzlich neues Prinzip der Highlights in der Werbung: Waren es in den vergangenen Epochen ein bis zwei Agenturen, die die Spitze ausmachten,

1

2

3

sind es heute mindestens vier und alle in derselben Stadt: die Hamburger Agenturen, die Furore mit munteren, frechen, verrückten und abgedrehten Spots und Anzeigen machen. Jede der vier Agenturen hat eine starke Markenkampagne gemacht, die länger als nur ein paar Jährchen lief. Springer & Jacoby: Mercedes; Jung von Matt: die Sixt-Kampagne; Knopf, Nägeli, Schnakenberg: Lucky Strike; Baader, Lang, Behnken: die Kampagne für Die Zeit.
Was lernen wir daraus? Das Erfolgsrezept der Hamburger Agenturen wurde mir klar, als ich die Fotos durchsah. Es liegt im guten Aussehen der Inhaber: Jacoby strahlt wie Gottschalk, Springer ist Clark Kent, Jean-Remy von Matt tritt als Model in eigenen Kampagnen auf, Wolfgang Behnken hat die verwegenste Frisur und Beat Nägeli die schönsten Augen.
„Who is next"? Wo sind die Stars der nächsten zehn, zwölf Jahre? Könnte es nicht mal zur Abwechslung der Süden sein, vielleicht Start Advertising in München? Claudia Langers Miststück-Kampagne für MTV ist ein Meisterstück, und sie selbst sieht auch ziemlich gut aus.

1 Wolf D. Rogosky, Kampagne für die CMA, 1970, Creative Director, GGK, Düsseldorf
2 Fred Riemel, Kampagne für Alfa Romeo, 1974, Texter, Eiler & Riemel, München
3 Walter Lürzer, Kampagne für Wasa, 1972, Creative Director, Heumann, Ogilvy & Mather, Frankfurt

05 SPIRITUELLER MEHRWERT

DER SPIEGEL ALS
MEDIENMARKE
MEDIAQUALITÄT IN DER
WERBUNG
CROSS MEDIA
I HAVE A DREAM
ZAHLEN UND FAKTEN

PETER WIPPERMANN, STEFAN AUST, ANDREAS STEINLE/PETER WIPPERMANN, MICHAEL SCHIRNER, NORBERT BOLZ, PETER GLOTZ, CORDT SCHNIBBEN, CHRISTIAN BOROS/GUIDO HALFMANN, PETER WIPPERMANN, DOUGLAS RUSHKOFF, THOMAS HOLTROP, HANS-JOACHIM RICHTER, WERNER E. KLATTEN, JÜRGEN STRÖBEL, CHRISTIAN SCHLOTTAU

Norbert Bolz Geboren 1953. Professor für Kommunikationstheorie an der Universität GH Essen. Zahlreiche Buchveröffentlichungen, unter anderem „Das kontrollierte Chaos", Düsseldorf 1994, „Kultmarketing" (zusammen mit David Bosshart), Düsseldorf 1995, zuletzt „Die Sinngesellschaft", Düsseldorf 1997.

DER SPIEGEL

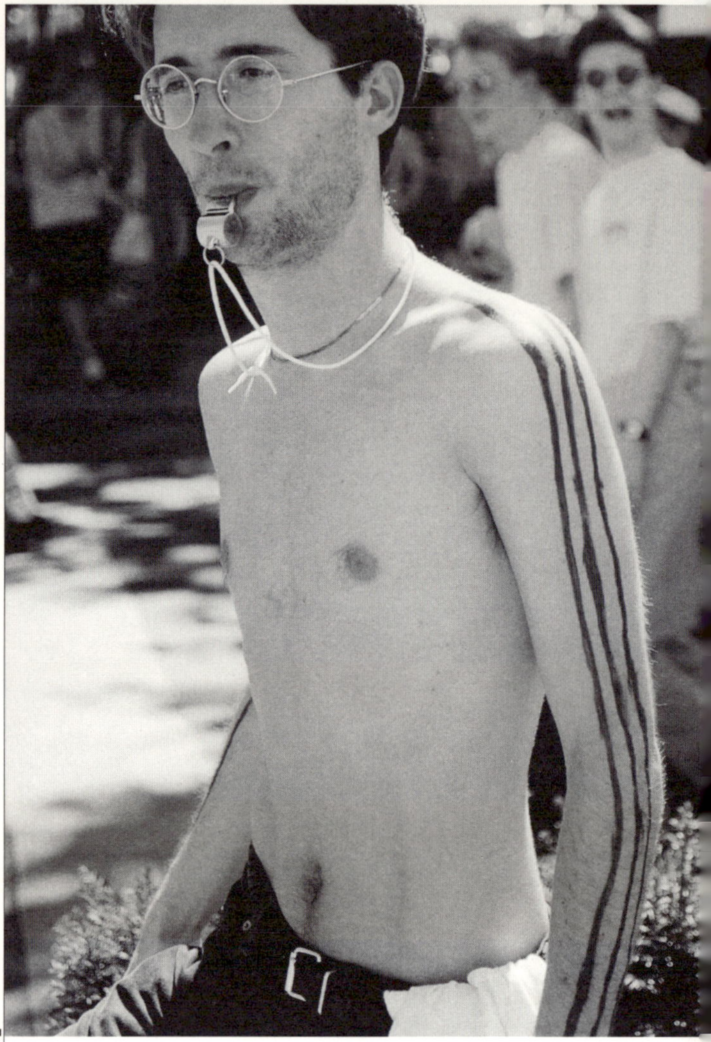

SPIRITUELLER MEHRWERT

KULTMARKETING STATT PRODUKTWERBUNG MARKEN DER ZUKUNFT MÜSSEN WELTEN KONSTRUIEREN UND CODES BEREITSTELLEN. KULTMARKETING IST DIE ÄSTHETISCHE WIEDERVERZAUBERUNG EINER WELT OHNE AURA.

1 Logo für die Niketowns von Nike 2 Raver mit Adidas-Streifen auf der Love Parade in Berlin 1995, Foto: Trendbüro/Claudia Simon

DER WERT DER MARKE Der aller Kulturaffirmation unverdächtige Philosoph Walter Benjamin schrieb in seinem Buch „Einbahnstraße“: „Der heute wesenhafteste, der merkantile Blick ins Herz der Dinge heißt Reklame. Echte Reklame kurbelt die Dinge heran und hat ein Tempo, das dem guten Film entspricht.“ Eine Beobachtung aus den 30er Jahren immerhin. Doch sie läßt sich leicht aktualisieren: Werbung ist heute die schlüssigste Selbstbeschreibung unserer Kultur. Dennoch hat sich Entscheidendes verändert. Von Reklame spricht längst niemand mehr. Die Werber verstehen sich heute vor allem als Kommunikationsdesigner. Daß damit nicht nur neue Etiketten auf alte Flaschen geklebt werden, zeigen die folgenden Beobachtungen.

Der amerikanische Soziologe Talcott Parsons hat einmal sehr schön definiert: „Jede Werbung beruht auf dem Prinzip, Aufmerksamkeit für Selektionsvorschläge zu kaufen.“ Man könnte sagen, Marketing ist der Kampf ums Dasein der Marken in den Köpfen anderer. Mit anderen Worten: Die Schlacht des Marketings wird im Kopf des Verbrauchers geschlagen. Man muß deshalb seine Wünsche und Träume, sein Glaubenssystem kennen, um dort Marketingwerte zu plazieren. In diesem Bewußtsein haben Don Schultz, Stanley Tannenbaum und Robert Lauterborn das Konzept der „Integrated Marketing Communications“ entwickelt. Ihr Fazit lautet:

Auf gesättigten Märkten gibt es nur ein wirklich unterscheidendes Merkmal, mit dem das Marketing den Verbraucher ansprechen kann – das innere Bild, die Ansichten, die der Konsument von der Firma und dem Produkt hat. Der Wert einer Marke existiert nur im Kopf des Kunden.

DER UNTERSCHIED MACHT DEN UNTERSCHIED Wie kommt man zu Unterscheidungen, die einen Unterschied machen? Was ist die Kunst der entscheidenden Differenz? Theodore Levitt hat das Marketing einmal als „die Suche nach der sinnvollen Unterscheidung“ definiert. Doch welche Unterscheidungen sind sinnvoll? Ganz offensichtlich nicht solche, die auf rationale Begründungen zielen. Denn das Problem ist ja: Wie fördert man die Treue zu Marken, die sich sachlich in nichts von Konkurrenzmarken unterscheiden?

Treue ist eben keine Sache der Logik, sondern der Liebe. Man muß den Kunden nicht mit guten Gründen, sondern mit unwiderstehlichen Gefühlen versorgen. Vance Packard hat das Marketing als Lehre vom „unvernünftigen Unterscheiden“ definiert. Erst vor diesem Hintergrund und der unlogischen Markentreue bekommen Vernunft und Logik ihre Marketingfunktion. Man kennt ja die Werbeformel: „Es gibt gute Gründe, XY zu kaufen.“ Nach dem bisher Gesagten ist klar, daß solche „vernünftigen“ Argumente in der Werbung nur Rationalisierungshilfen für den Verbraucher sind. Rationalisierung heißt, einer emotionalen Entscheidung nachträglich die Form eines logischen Arguments zu geben; auch das ist eine Art Kundendienst.

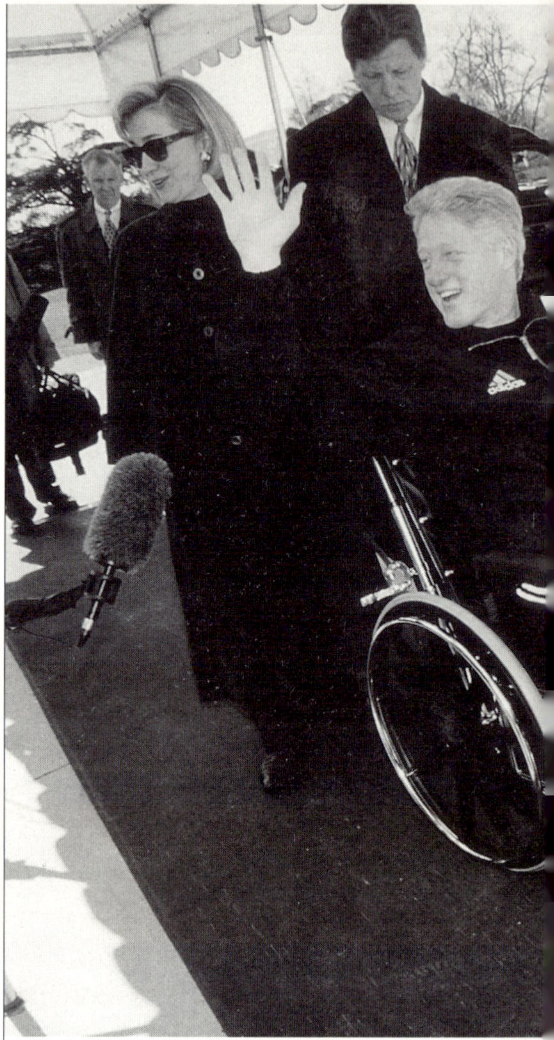

Früher war die Welt der Wirtschaft noch einfach: Der Kunde suchte Waren – und der Markt informierte. Heute sucht die Ware Kunden – und der Markt verführt. Aber wir wissen ja seit langem: Mundus vult decipi, die Welt will verführt und betrogen werden. Ein Psychoanalytiker könnte leicht nachweisen, daß gute Werbung mit der Liebesverblendung operiert. In ihrem Zentrum erfolgt die Offerte des Objekts, das uns zu unserem Glück fehlt. Nichts anderes aber geschieht in der Verblendung der Liebe. Was auf der Couch des Seelenklempners noch als Blockade analysiert wird, funktioniert auf dem Schauplatz des Marktes längst als Dynamo: Was Menschen wirklich begehren, läßt sich nicht kaufen. Doch man kann ihrem Begehren in einer Ware Anerkennung verschaffen – in einem gleichgültigen Ding, das im symbolischen System der Werbung organisiert ist. Die Elemente der Werbung und Unterhaltung – das Triviale und Vulgäre – sind Zeichenmaterial, mit dem unsagbare Wünsche ausgedrückt werden. Die Macht der Werbung liegt darin, daß sie die Dinge ernst nimmt, die Menschen wirklich bewegen: Freundschaft, Liebe, Sicherheit und Selbständigkeit. Der Marketingexperte wird zum Verpackungskünstler des Zwischenmenschlichen.

DIE CLANS Nike ist nicht Reebok ist nicht Adidas. Man will nicht Turnschuhe kaufen, sondern einem Clan angehören. Und es ist keine Frage der Ergonomie, sondern eine Glaubensfrage, ob man mit einem Schläger von Wilson oder einem von Prince spielt. Das erklärt auch die längst selbstverständlich gewordene Indiskretheit, den Firmennamen oder das Logo deutlich sichtbar auf die Textilien zu drucken. Ob man mit dem Lacoste-Krokodil, den Adidas-Streifen oder dem Vereinsschal von Schalke 04 herumläuft, macht keinen Unterschied – außer eben dem einen: verschiedenen Clans anzugehören. Die Marke funktioniert wie ein Totem: Sie markiert gleichermaßen die Unterscheidung von und die Zugehörigkeit zu einer Gemeinschaft. Nur wer das weiß und berück-

sichtigt, kann Massenartikel an Individuen verkaufen.

SPIRITUELLER KONSUM Mit der Wendung von der Produktwerbung zum Kultmarketing reagieren Firmen auf fundamental veränderte Konsumgewohnheiten. Das Genießen ist raffinierter, spiritueller geworden. Man muß nur einmal auf die Computermesse Cebit gehen, um zu sehen, daß neueste Technik einem überhaupt nichts mehr zu sehen gibt. Heute muß man Dinge verkaufen, die eigentlich unsichtbar sind – und die Kunden melden Bedürfnisse an, die man früher an die Kunst oder Religion adressierte. Die große Frage lautet deshalb: Wie macht man Werbung für das Immaterielle, das Unsichtbare und für die Black Box „Kunde"?

In diesem Zusammenhang versteht man, daß Werbung heute gerne von Natur, dem Puren, Elementaren, Reinen und Wesentlichen spricht. Es handelt sich um Wertezitate aus einer untergegangenen Welt der Unschuld. Dahinter steckt ein mächtiger Antitrend: Mode gegen den Strich der technischen Evolution. Das Unbehagen an einer hochkomplexen, „mediatisierten", durchtechnisierten Kultur schafft einen wachsenden Markt für den Kult des Einfachen, Wesentlichen und Persönlichen. Natürlichkeit ist ein geistiger Mehrwert des Marktes.

Generell gilt: Brands sind Signaturen von Added Value. Dieser Mehrwert besteht im allgemeinen darin, daß das konkrete Produkt in eine Hülle von Story, Mythos und Service verpackt wird. Ein Mythos unterscheidet sich von anderen Geschichten darin, daß er sich gleichsam von selbst erzählt; er operiert mit Archetypen, die keinen Autor haben. Daran versucht die Werbung heute anzuknüpfen. Unsere sachliche, rationale Wissenschaftskultur wollte den Mythos ausrotten, die Werbung richtet ihm eine Art mentalen Naturschutzpark ein. Es geht nicht mehr um Produktwerbung, sondern darum, ein nicht auf Begriffe zu reduzierendes Konzept zu verkaufen, einen Fetischcharakter zu entfalten.

Der spirituelle Mehrwert soll das Produkt aus dem

1 **US-Präsident Bill Clinton im Adidas-Trainingsanzug, 1997, Foto: SIPA**

Umfeld qualitativ gleichwertiger Konkurrenzprodukte herausheben und den Verdacht betäuben, es sei nutzlos und überflüssig. Die Werbung dringt so in den Bereich der Transzendenz vor: Postmoderne Werbung übernimmt die Funktion der Religion und entfaltet die Spiritualität des Konsums. Wie kann man in der Bilderflut der Fernsehreklame überhaupt noch eine Differenz markieren? Leslie Savan bemerkt sehr schön, es gehe für Werbung heute darum, heilige Löcher in den Bildschirm zu brennen. Der Konsum verliert sein schlechtes Gewissen, wenn es gelingt, den Akt des Einkaufens zu einer Form des Gebets zu stilisieren. Mit anderen Worten: Das Ideal des Marketings ist die religiöse Ikonenverehrung.

Werbung zielt heute auf ein Kultbild mit dem Imperativ, ein Ritual des Konsums zu vollziehen. Der Kunde soll nicht nur kaufen und verbrauchen, sondern eine rituelle Handlung vollziehen. Seit es Kultmarken und Kultprodukte gibt, ist ihm der Weg auf dem Schauplatz des Marktes vom passiven Konsum zur aktiven Devotion vorgezeichnet. So konnte man im Journal of Consumer Research im Juni 1989 lesen: Der Konsum kann eine transzendente Erfahrung transportieren, Konsumentenverhalten trägt gewisse Aspekte des Heiligen zur Schau.

Nicht die Kirchen, sondern die Konsumtempel sind der Ort moderner Religiosität. Der Theologieprofessor Harvey Cox vergleicht die Schaufenster der

1 Gemeinschaftswerbung von AEG und dem WWF, Anzeige 1997

Warenhäuser mit der Krippenszenerie, das Markenzeichen mit einer säkularisierten Hostie. Man kann auf diese deutlichen Thesen in Niketown in Chicago eine einfache Probe machen: Sport als reiner Kult, Schuhe als Fetische, Basketball-Stars als die Hohenpriester. Niketown ist nicht Shopping, sondern ritueller Vollzug.

GOTTESDIENST AM KUNDEN Wer den modernen Kunden nur als König sieht, macht es sich zu einfach. Marketing ist Gottesdienst am Kundein. Werbung – man ahnte schon immer, daß 50 Prozent verschwendet sind – erscheint aus dieser Perspektive als Opfer des Totemclans „Firma" an den Gott-Kunden, um ihn geneigt zu machen. Wenn sich also ein Unternehmenschef aufregt, daß die Werbeabteilung Unsummen verpulvert, ohne unmittelbaren Verkaufserfolg, verkennt er den Opfercharakter des Werbeaufwands. Er muß lernen: Nur die Opferhandlung macht die Gottheit geneigt.

Vor diesem Hintergrund wird auch deutlich, was es mit Kundennähe auf sich hat. Heute wird eine werbliche Kommunikation suggeriert, die sich zur Interaktion mit den Kunden verdichtet – interaktives Marketing. Man kann den „Philip Morris Minister for Tomorrow" kennenlernen, mit Marlboro im gleichnamigen Country Abenteuer erleben oder erhält doch wenigstens Camels Adventure Wear und einen persönlichen Neujahrswunsch von seiner Software-Firma. Ständig soll man anrufen, Coupons ausschneiden und an Wettbewerben teilnehmen.

Noch einmal in aller Deutlichkeit: Das neue Marketing inszeniert werbliche Kommunikation bewußt, als ob sie Interaktion mit den Kunden sei. Das Ideal ist die Firma als Clan. So bekommt der Begriff des Stammkunden eine ganz neue Bedeutung – der Kunde soll sich als Mitglied eines „Stammes" empfinden.

EMOTIONAL DESIGN Ja, Werbung verführt und manipuliert. Aber alle wissen und wollen es. Wer nur über geheime Verführer jammert, ignoriert, daß Werbung, ähnlich wie Kunst, der Wirklichkeit einiges voraushat. Ihre Bildwelt ist bewußtseinskonformer und optisch präziser als die Realität. Man könnte deshalb von einer geradezu biologischen Funktion sprechen: Grafische Embleme lagern sich in der Phantasie der Konsumenten ab, und mit diesen konstruieren sie ihre Welt. Die Embleme der Werbung steuern das Verhalten.

Das geht bis zum Grenzwert eines Absolutismus der Mode, denn es gibt eigentlich keinen Lebensbereich mehr, der ihrem Diktat nicht gehorcht. Mode ist nicht mehr nur eine Sphäre der Lebenswelt, sondern ihr Schematismus. Und das ist gut so. Längst sind in der westlichen Welt sogar die fundamentalsten gesellschaftlichen Umgangsformen zerfallen. Die große Kulturleistung guter Werbung knüpft hier an und ersetzt verlorene Lebensformen durch training in consumer taste (David Riesman). Werbung produziert die Symbole, die das Soziale strukturieren. Sie bearbeitet „religiöse" Fragen und schafft Weltvertrauen. Sogar die Gefühle werden gerettet. Nur Werbung und Hollywood schaffen noch Symbole, an denen sich große Affekte festmachen können. Werbung verschafft unseren objektlosen Emotionen einen Außenhalt und bietet Gefühlsformeln. Schon die deutsche Romantik war in diesem Sinne eine Art Emotional Design, dessen Aufgabe sich nicht prägnanter formulieren läßt als mit den Worten des Dichters Wilhelm Heinrich Wackenroder: „Verdichten der im wirklichen Leben verloren umherirrenden Gefühle“.

Emotional Design – die Formel ist erläuterungsbedürftig. Rationale Informationen über das, was jeweils verkauft werden soll, sind bei gesättigten Märkten, qualitativer Produktgleichheit und selbsterklärenden Produkten sinnlos. Der Gebrauchswert wird vorausgesetzt. Als Werbewerte und Kaufmotive bleiben nur noch Prestige und Erlebnis. Besonders auf den allgemeinen Erlebnishunger reagierten Kaufhäuser mit einem radikalen Trading-up: Aus Warentempeln wurden wie in Niketown Erlebniswelten. Man muß kein Prophet sein, um zu vermuten: Ware und Service der Zukunft werden zunehmend Medien für Erlebnisse sein. Der führende Konsum- und Verhaltensforscher Werner Kroeber-Riel spricht bereits vom „Erlebnisprofil einer Marke“.

DAS WAHRE UND DIE WARE Mit Sachlichkeit, Produktqualität und Produktinformation hat das nur noch herzlich wenig zu tun. Werbung schafft eine Welt, in der wir in magische Beziehung zu den Gütern treten. Markenartikel verschaffen Schlüssel zu Mode und Lifestyle. Die Welt des Marketings und der Werbung ist keine Welt der Zwecke, Bedürfnisse und Rechnungen, sondern der Magie, des Totemismus und des Fetischismus. Die Marke ist ein Totem-Emblem. Peter York schrieb in der Financial Times über den Luxus der 80er Jahre: Luxusmarken schienen magischen Status zu verleihen. Alles, was zählt, sei ihr Name. Der Grenzwert für diese Entwicklung von der Produktwerbung zum Kultmarketing läßt sich genau festlegen: Die Werbung befreit sich so weit vom Produkt, daß sie selbstbezüglich wird. Marken benennen dann nicht mehr primär Produkte, sondern besetzen Ideen und ersetzen sie schließlich. Ewigkeit, Himmel, Freiheit – das kann man heute kaufen.

Über solche Ideen kann sich eine Marke in ihrer Werbung immer wieder aktualisieren, ohne die Identität zu verlieren. Postmodernes Marketing ist Sache der Verpackungskünstler des Geistes. Das Wahre und die Ware werden identisch.

Um eine Zwischenbilanz zu ziehen: Die Ware der Zukunft ist der Fetisch einer Themenwelt, die von Marketingmanagern, Jugendszenen und „Prosumern“ (Alvin Toffler) gemeinsam erfunden wird. Ein gutes Produkt entführt in eine interessante Welt. Die Koppelung großer Hollywood-Filme an eine ganze Produktpalette ist dafür beispielhaft. Werbliche Kommunikation der Zukunft wird diesen Weg weitergehen: Welten konstruieren, Themen verketten, Ideen besetzen, Codes bereitstellen. Um ein gutes Wort von Joseph Beuys zu mißbrauchen: Werbung der Zukunft wird immer selbstbewußter als eine Art „öffentlicher Plastik“ funktionieren.

1 Niketown in New York, USA

NIKETOWN

DIE MARKEN ZUM SPRECHEN BRINGEN Klassische Werbung arbeitet vor allem an den semantischen Attributen eines Produkts. Werbung als Kommunikationsdesign hingegen zielt auf die Syntax des Waren-Kontexts. Das heißt: Sie versucht, mit aufeinander abgestimmten Produkten verständliche Sätze zu bilden. Wenn man mittlerweile von syntagmatischem Marketing spricht, ist ein Marketing gemeint, das nicht nur auf einzelne Waren, sondern auf die komplexen Konsumtionsmuster des Kunden zielt. Wenn zum Beispiel Boutiquen in Warenhäusern auftauchen, ist dies das deutlichste Symptom für syntagmatisches Marketing. Gemeinsame Werbung wie etwa von Bogner und American Express nimmt zu. Ein Lebensstil läßt sich am besten als Netzwerk von Konsumtionsmustern modellieren.

Am Marketing von Philip Morris oder Camel kann man beobachten, wie Marken virtuelle Realitäten entwerfen. Es geht nicht mehr um die Wirklichkeit des Produkts, sondern nur noch um die Möglichkeit der Kommunikation. Virtuelle Marken bilden um sich herum Kommunikationswelten – gleichgültig, über was geredet wird. Jeder, der einmal Kontakt zu protestantischen Pfarrern hatte, kennt diese Haltung: Das Faktum „Daß man miteinander spricht“ wird zum Fetisch. Heute nennt man das Relationship-Marketing: Beziehungen um der Beziehungen willen.

WELTKOMMUNIKATION Die Werber haben früher als die Soziologen verstanden: Es gibt heute eine Weltkommunikation. Nicht Gespräch, Verständigung, Diskussion, sondern eine globale Sprache der elektronischen Spiele und berühmten Marken, der Popmusik, des Sports und der Hollywood-Filme: Walkman, Super Mario, Handy, Marlboro, Coke, Nike, Spice Girls, Michael Jackson, Oasis, Jordan, Cantona, Schumacher, „Natural Born Killers“, „Toy Story“, „Independence Day“.

Wichtig für die Funktion der Werbung ist das Gefühl, in einer weltumspannenden Medienwirklichkeit zu leben. Weltkommunikation und die Öffentlichkeit der Werbung sind eins. Wir alle weben lustvoll mit an diesem Schleier. Der Romanist Rolf Kloepfer markiert das mit dem frühromantischen Begriff der Sympraxis: „Sie ist so etwas wie ein mediales Brauchtum der Moderne. Audiovisuelle Werbung entwickelt lustvoll das Bedürfnis nach einer immer ästhetischeren Kommunikationskultur. Das ist ihr autopoietischer Effekt.“ Werbung antwortet auf Werbung und knüpft an sich selbst an. Wer Werbung treibt, tritt als Spieler in eine ästhetische Welt ein, in der die Lebensstile der Zukunft eingeübt werden. Für das Kultmarketing ist noch ein weiterer Aspekt des Sympraxis-Begriffs bedeutungsvoll. Der Kunde ist nicht mehr nur passiver Empfänger einer Werbebotschaft, sondern wird von der Werbung zur eigenen Produktion von Bedeutsamkeit angeregt. Firma und Kunde treten in eine gemeinsame Zeichenpraxis ein, in der die Botschaft erst entsteht. Der Kunde wird Mitspieler im ästhetischen Spiel der Bedeutsamkeit. Vor allem mittelständische Unternehmer werden

nun zu Recht einwenden, daß sie nicht einsehen, warum man gewaltige Werbeetats aufbringen soll, wenn es gar nicht primär um die Anpreisung von Waren, sondern um ein großes ästhetisches Zeichenspiel geht. Richtig: Natürlich schaltet man Anzeigen und Werbespots, um Waren zu verkaufen, und das wird mit empirischer Marktforschung auch nachgewiesen. Ich will auch gar nicht leugnen, daß es Werbung gibt, die einen Kunden so anspricht, daß er daraufhin das Produkt kauft. Trotzdem muß man sich wohl mit dem Gedanken vertraut machen, daß Marketing eine eigene Systemdynamik hat und es weniger um die kausale Beziehung zwischen Werbung und Verkauf geht. Marketing als Kommunikationsdesign ist die Ausarbeitung einer kulturellen Metapher. Wer nicht teilnimmt, zahlt teuer: Er verschwindet vom Bildschirm des Kundenbewußtseins.

DIE BÖSE WELT IN DER SCHÖNEN WELT Wir haben von der Postmoderne gelernt, daß Kunst ein Geschäft ist. Wir müssen von der postmateriellen Gesellschaft lernen, daß das Geschäft eine Kunst ist: Business Art im Sinne von Andy Warhol. Marcel Reich-Ranicki definiert Werbung als Kunst der Wiederholung. Die Betonung liegt auf Kunst. Die Kunst, dem Immergleichen Aufmerksamkeit zu verschaffen. Jede Werbung hat nämlich das Problem, daß sie gute Nachrichten und deshalb keinen News Value verbreitet. Genial durchdacht war deshalb die berüchtigte Kampagne von Benetton. Sie versuchte erstmals Werbung mit „schlechten" Nachrichten – eben Nachrichten aus „unserer Welt": Aids, Bürgerkrieg, Umweltverschmutzung. Die Faszination des Schreckens für das Marketing wird immer wichtiger – man zitiert „Realität", die großen Weltprobleme. Werbung von Otto Kern oder Body Shop bis zu Greenpeace und den Grünen wendet sich an die Spaziergänger der Apokalypse.

Die Warenproduktion insgesamt wird also heute „publizistisch"; Idealgüter drängen auf den Markt. Der Produzent inszeniert sich als Publizist, der

1 Nestlé-Anzeige 1995 2 Chopard-Anzeige 1995

Unternehmer als Politiker. Unternehmen adressieren ihre Brands an den „mündigen Bürger“, und der Verbraucher kann mit dem Kauf Ideen signalisieren, so wie man eine Flagge hißt. Schon der Soziologe Emile Durkheim hat bemerkt: „Es gibt Formeln, die wie Fahnen wirken.“

NOCH EINMAL: BENETTON Massenmedien dienen dem Management des Massenkonsums. Das gilt für Werbespots wie für Nachrichten, Berichte und „gute Unterhaltung“. Man sollte das aber nicht gleich unter dem Stichwort Manipulation abhaken. Werbung war immer schon die Schule des demokratischen Geschmacks und lehrt die Brauchbarkeit des Schönen. Und mehr noch: Werbung trainiert die Konsumenten, sie ist das Pflegemittel für ihre Meinungen. Benetton geht noch einen Schritt weiter und signalisiert mit Werbung auch: Wir übernehmen soziale Verantwortung.

Propaganda fide: Die erste Werbekampagne großen Stils schließlich war Propaganda für den christlichen Glauben. Die Dokumentarfotos Benettons für Reklamezwecke verweisen auf dreierlei:

— Die für Unternehmen besonders wichtige Konsumentengeneration der Zehn- bis Achtzehnjährigen kennt die Medienwirklichkeit nur noch als Mischform fiktiver Fakten und faktengestützter Fiktionen.

— Werbung und Information lassen sich kaum mehr unterscheiden. Siehe auch die „Infomercials“ oder

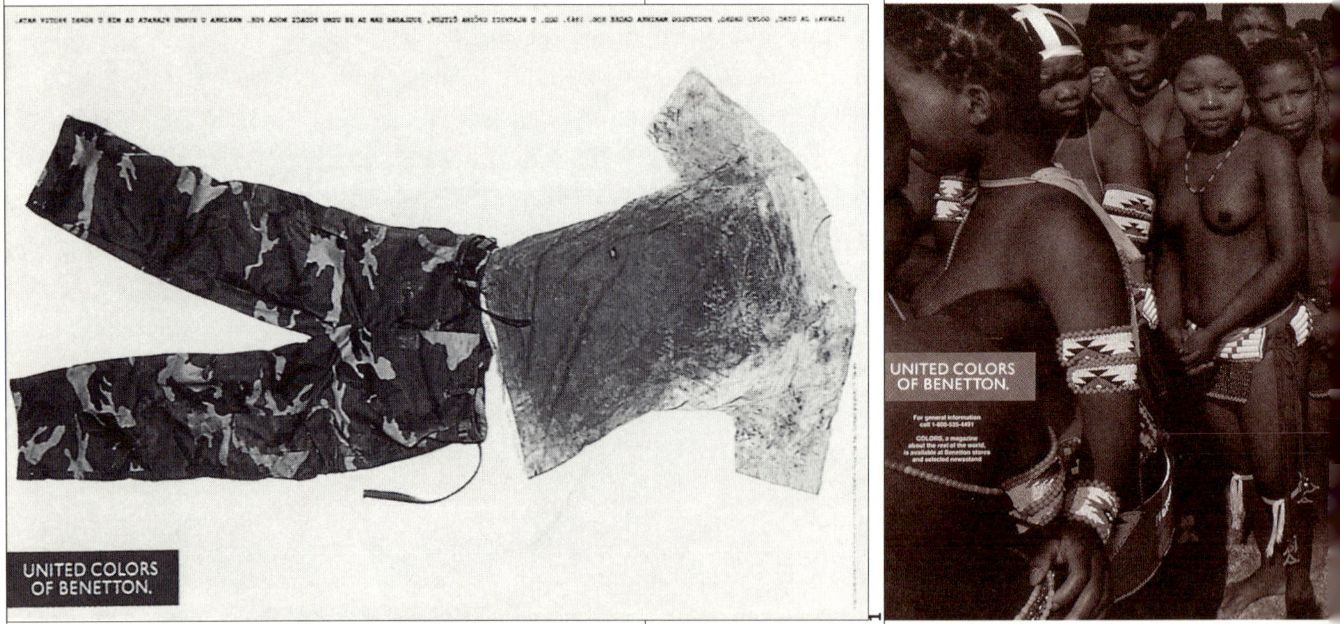

1 Benetton-Anzeige 1994, Foto: Oliviero Toscani

das Beispiel Computerpresse. „Unabhängige“ EDV-Zeitschriften sind nur noch schwer von firmengebundenen zu unterscheiden.

— Werbung nimmt sich bewußt der Themen an, die von der Politik nicht angepackt werden: Aids, Welthunger, Migration, Überbevölkerung, Fremdenhaß. Schockwerbung benutzt Skandaltechnik und zielt auf Publicity. In einem SPIEGEL-Gespräch sagte Luciano Benetton: „Mit unserer Werbung wollen wir Information bieten, und zwar nicht zu unseren Produkten. Unsere Werbung ist keine Werbung, die den Verkauf fördert. Wir machen eine neue Art der Kommunikation. Wir verbreiten keine Lügen. Wir sagen, in dieser Welt gibt es Krankheit, Krieg und Tod.“ Werbung predigt heute selbst in Umweltfragen eine neue Ethik; eine Rückwendung des Menschen aus dem futuristischen Weltall zur bedrohten Erde.

IDEALISMUS ALS VERKAUFSFÖRDERUNG Ethik ist in bezug auf Wirtschaft eine faszinierende Vokabel, weil sie Werte und Motive suggeriert, die sich nicht auf das Profitmotiv reduzieren lassen. Die Rotary-Parole von 1994, „Be a friend“, könnte schadlos gegen die Stuyvesant-Parole „Come together“ ausgetauscht werden. Und „United Colors“ besagt nicht nur, daß vor Benetton alle Farben gleich sind, sondern daß der antirassistische Kampf für „United Nations“ von der Mode schon gewonnen wurde. Viele Firmen werben damit, zugunsten der Natur auf

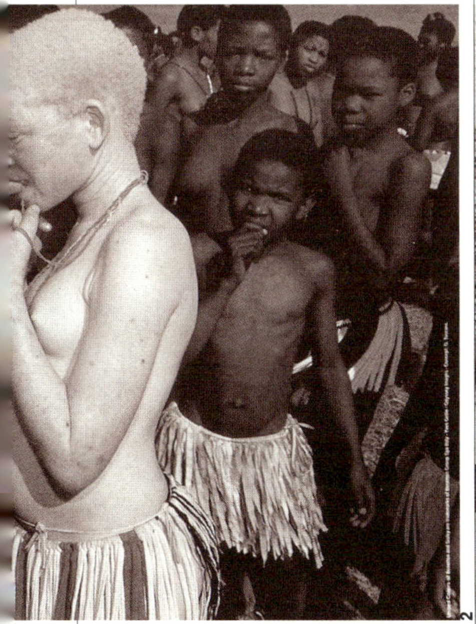
2

3

2 Benetton-Anzeige 1993, Foto: Oliviero Toscani 3 Benetton-Anzeige 1992, Foto: Oliviero Toscani

Sonderausstattung: Leichtmetallräder Orlando

Der erste Öko, den man kaufen ka

Umweltschutz geht uns alle an. Eine Einsicht, die sich immer weiter verbreitet. Zum Glück für uns alle.

Und für unsere Umwelt kann jeder etwas tun. Wir von Volkswagen haben jetzt zum Beispiel ein ganz besonderes Auto entwickelt. Ein Auto, auf das viele so lange gewartet haben. – Den neuen Golf Ecomatic. Der erste Öko den man kaufen kann.

Er hat alle Qualitäten, die ein Golf hat. Neu ist: Sein 1,9-l-Kat-Dieselmotor schaltet sich einfach ab, wenn er nicht gebraucht wird. Automatisch, sobald man den Fuß vom Gas nimmt. Und er schaltet sich automatisch wieder ein – durch Gasgeben.

So ist er im Stadtverkehr bis zu 60 % weniger in Betrieb. Der Schadstoffausstoß wird bis zu 36 % gesenkt. Sein

1 VW-Anzeige 1994

schnöden Profit zu verzichten. Andere beklagen öffentlich die kinderfeindliche Gesellschaft. Unternehmen betreten den Schauplatz des Marktes mit dem Pathos von Bürgerinitiativen. Und ein neutraler Beobachter könnte sich zuweilen besorgt fragen, ob diese ethisch beflaggten Firmen überhaupt noch an Gewinn denken. Die Sorge ist jedoch unbegründet: Idealismus verkauft sich gut. Das Vokabular der Political Correctness liefert einen hervorragenden Fundus für Public-Relations-Maßnahmen. Nichts ist werbewirksamer und imagefördernder als die Sorge um die Umwelt, Mitleid mit der Dritten Welt, Bekenntnisse gegen Ausländerhaß oder Plakate gegen Tierversuche. Gute Gesinnung verleiht dem Unternehmen eine Aura der Reinheit. Kapitalismus mit gutem Gewissen: Waschmittel sollen ethischen Standards entsprechen; Fair Trade mit Entwicklungsländern statt Ausbeutung. „Ethik-Marken" wie Body Shop verkaufen Philosophie, die uns das wahre Leben lehrt.

„Sozial verantwortliche" Werbung und das Umwerben des „bewußten, aktiven" Konsumenten sind zwei Seiten derselben Marketingstrategie. Das Design hat die Werbung ins Produkt hinein verlängert. Modernes Marketing verlängert die Werbung ins Moralbewußtsein der Konsumenten.

Im Moralbewußtsein des Kunden soll die Werbebotschaft sozialer Verantwortung an die Markentreue gekoppelt werden: ein neuartiges Modell der sichtbaren „Bewährung" – nicht mehr in der Produktion

wie einst im puritanischen Kapitalismus der Fall, sondern im Konsum.

DEKONSTRUKTION IN DER WERBUNG Konsumprozesse sind heute hoch komplex. Sie umfassen nicht nur den ironischen Konsum des Konsums – reflexiv und selbstbezüglich wie bei den Yuppies. Sie enthalten auch die Kritik des Konsums wie bei der Generation X – einer Zielgruppe, die sich dadurch definiert, daß sie keine sein will. Gerade wo ethisch-kritische Einstellungen oder Subkultur-Haltungen dominieren, muß die Wirtschaft eine Art Marketing des „Anti" entwickeln. Steve Jobs war darin bahnbrechend: Sein Apple Macintosh suggerierte dem Kunden gemeinsam mit der Firma eine Konspiration gegen den restlichen Markt (IBM).

An die Stelle der Kulturkritik ist aber auch bei Jugendlichen längst ein witziges Culture Jamming getreten. Adbusters heißen die Hacker der Werbewelt, die an der „Dekonstruktion" der Werbung arbeiten: „Come to Cancer Country". Oder das Bild

1 Adbuster-Anzeige Calvin Klein, 1994 2 Adbuster-Anzeige 1995

des verfetteten amerikanischen Touristenpaars mit der Kreditkarte und dem Slogan: „Members since birth“. Auf derartige Attacken reagiert aber der Markt längst mit dem Konzept des De-Marketing. So wird es immer schwieriger, zwischen subversiver Adbuster-Dekonstruktion und pfiffiger Marketing-Selbstironie zu unterscheiden. Auch Gesellschaftskritik und Nonkonformismus – etwa eine Zigarettenmarke namens Death – lassen sich heute hervorragend verkaufen.

AUSBLICK AUF DIE SINNGESELLSCHAFT Die seligen Zeiten, in denen es verbindliche Maßstäbe des Gestaltens gab, sind unwiderruflich vorbei. Der Mensch sei das Maß der Dinge; die Form folge der Funktion; Politik sei die Kunst des Möglichen – das sind Parolen eines vergangenen Weltalters.
Das Problem der Ding-Gestaltung, das Problem der politischen Gestaltung und das Problem der Selbstgestaltung können nur noch im Zusammenhang betrachtet werden. Stets handelt es sich um die Frage:

[3] Adbuster-Magazin, Kanada 1995

A Deeply Religious Experience
Rockport
FILA
ellesse
Reebok
adidas
KicKers®
foothold
THE CATHEDRAL OF SPORT
ST., MANCHESTER, LIVERPOOL, NEWCASTLE, WATFORD, BIRMINGHAM, GLASGOW, EDINBURGH &

Wie geht man mit einer Welt um, die extrem komplex ist – bis an die Grenze des Chaos? Komplexität heißt: Undurchsichtigkeit des Ganzen.

Wir alle sind heute durchdrungen von einer Sehnsucht nach Transparenz, Klarheit und Ehrlichkeit. Wir sind auf der Suche nach dem verlorenen Sinn. Das Leben hat kein Wertekorsett mehr, keinen Außenhalt in großen Ideen und Institutionen. Sinn wird zur Privatsache. Die moderne Welt ist entzaubert und entauratisiert. Das macht sie überraschungssicher und technisch beherrschbar. Modernisierung heißt aber auch: Verlust der Bedeutsamkeit. Es kommt nicht von ungefähr, daß geschickte Marketingstrategen die Bürger einer bedeutungsleeren Welt mit dem Heilsversprechen des Kultmarketing setzt gegen die Entzauberung der modernen Welt durch Wissenschaft und Technik auf Strategien der ästhetischen Wiederverzauberung. Die Götter, die aus dem Himmel der Religionen verschwunden sind, tauchen als Idole des Marktes wieder auf. Werbung und Marketing besetzen die vakant gewordenen Stellen des Ideenhimmels. Düfte heißen Eternity und Heaven, Zigaretten versprechen Freiheit und Abenteuer, Autos sichern Glück und Selbstfindung. Die Wiederkehr von Kulten und Ritualen ist nur zu verstehen durch ihre Funktion als „Heilmittel" gegen Chaos, Regellosigkeit und Unübersichtlichkeit unserer Welt.

Wir brauchen zum komplexen postmodernen Alltag einen Ausgleich der Einfachheit und Transparenz. Wir brauchen die Illusion des großen Ganzen, den Wahn der Einsicht in das, was die Welt im Innersten zusammenhält. Nach dem endgültigen Schiffbruch der politischen Utopien setzt unsere Kultur resolut auf Ästhetik. Man kann es auch so sagen: Nach der „Erlösung durch Gesellschaft" kommt jetzt die Selbsterlösung durch „Self-Fashioning".

[1] Foothold-Anzeige 1997

STREIT IM MÄDCHEN-PENSIONAT

DER SPIEGEL ALS
MEDIENMARKE
MEDIAQUALITÄT IN DER
WERBUNG
CROSS MEDIA
I HAVE A DREAM
ZAHLEN UND FAKTEN

PETER WIPPERMANN, STEFAN AUST, ANDREAS STEINLE/PETER WIPPERMANN, MICHAEL SCHIRNER, NORBERT BOLZ, PETER GLOTZ, CORDT SCHNIBBEN, CHRISTIAN BOROS/GUIDO HALFMANN, PETER WIPPERMANN, DOUGLAS RUSHKOFF, THOMAS HOLTROP, HANS-JOACHIM RICHTER, WERNER E. KLATTEN, JÜRGEN STRÖBEL, CHRISTIAN SCHLOTTAU

Peter Glotz Geboren 1939. Professor für Kommunikationswissenschaft und Rektor der Universität Erfurt. Von 1972 bis 1977 und von 1983 bis 1996 Mitglied des Deutschen Bundestages. Dazwischen (1977 bis 1981) Senator für Wissenschaft und Forschung in Berlin. Von 1981 bis 1987 Bundesgeschäftsführer der SPD.

DER SPIEGEL

[1]

STREIT IM MÄDCHENPENSIONAT

POLITISCHE WERBUNG SPIEGEL-LESER SIND OPINION LEADER, DOCH DIE DEUTSCHEN PARTEIZENTRALEN HAT DIESE ERKENNTNIS NIE ERREICHT. DER SPIEGEL IST PFLICHTLEKTÜRE IN BONN, ABER FÜR DIE PARTEIEN-WERBUNG WAR ER IMMER BELANGLOS. EIN INSIDER ZIEHT BILANZ ÜBER DEMOKRATISCHE KOMMUNIKATIONSKULTUR IN DEUTSCHLAND.

[1] CDU-Anzeige im SPIEGEL, Nr. 2/1987

LÜGEN UND WÜRDE Gut – daß Werbung Kommunikation ist, ist eine Banalität. Aber eine ziemlich umstrittene. In der Regel ist der deutsche Leitartikler bis in die letzten Gehirnwindungen (und bis in seine tiefsten Eingeweide) davon überzeugt, daß er etwas Würdigeres tue als der Werbungtreibende. Ich, so denkt der Publizist, bin ideell tätig, argumentiere frei und ohne Weisungen, publiziere auf Almende, auf unbezahltem Raum. Der Werber aber will nur jemanden herumkriegen, er folgt fremden Strategien, er muß den Platz für seine Argumente kaufen. Anzeigen, egal ob politische oder kommerzielle, sind keine Argumente.

Der Stolz hinter solchen Überzeugungen ist brüchig. In Leitartikeln wird nicht weniger gelogen als in der Werbung. Der Publizist ist von einer Mission oft tiefer durchdrungen als der Werber von einem Produkt; und also unbeugsamer, einsinniger, verbohrter, unzugänglicher. Schon richtig, daß Werbung Zweckkommunikation ist, strategische Kommunikation, ein Persuasionsversuch. Aber sind das die meisten Kommentare nicht genauso? Die Argumente – ja, Argumente – für Marc-O'Polo-T-Shirts sind gelegentlich stichhaltiger als die gegen die Serben oder für die Kroaten.

Es ist in Ordnung und notwendig, daß (direkt) bezahlte Kommunikation als solche gekennzeichnet wird. Der Rezipient soll wissen, von wem und in wessen Auftrag er angesprochen wird, die Verwischung der Spuren beim Product Placement und durch PR-Agenturen ist fragwürdig genug. Aber im Prinzip zündet (oder verglüht) der losgejagte Funke auf den Anzeigenseiten nach den gleichen Gesetzen wie auf den Kommentarseiten. Werbung ist Kommunikation. Es geht immer um die gleichen Fragen: Kennt der Ausgangspartner den Wissensstand und Gefühlsdruck seines Zielpartners gut genug? Wählt er das richtige Medium, um ihn zu erreichen? Stellt er die Gegenargumente in Rechnung? Weiß er, nach welchem System Information diffundiert? Ist die Botschaft glaubwürdig oder unglaubwürdig?

Natürlich gibt es einen Unterschied zwischen Aufklärung und Propaganda. Aber Publizistik ist nicht immer Aufklärung und Werbung nicht immer Propaganda. Das zeigt (zum Beispiel) die Geschichte der politischen Werbung in den 50 Jahresbänden des SPIEGEL, die bisher vorliegen.

VERNACHLÄSSIGTES SCHLÜSSELMEDIUM DER SPIEGEL spielt als Medium für politische Werbung eine bescheidene Rolle. Von Kontinuität keine Rede. Die CDU etwa hat zwar in den Wahlkämpfen in den 50er Jahren indirekt diesen Werbeträger genutzt, zum Beispiel über den Verein Die Waage e. V. 1957 war sie noch mit einem archaischen Adenauer-Porträt dabei; Salvador de Madariaga beschwor Europa, den letzten lebenden großen Staatsmann im Amt zu lassen. Das deutsche Volk tat ihm den Gefallen. Auch in den 70er Jahren versuchte es das Adenauer-Haus gelegentlich mit dem SPIEGEL. Dann aber setzte sich offenbar die Kohl-Linie durch:

keine Interviews, keine Anzeigen. Das letzte Geld von der Union bekam DER SPIEGEL 1979. Im Jahr 1987 beteiligte man sich zwar (clever) an einer Aktion aller Parteien, aber der Anzeigenraum war gesponsert. Einer der Gründe für die Vernachlässigung des mächtigen Hamburger Nachrichtenmagazins ist also ein politischer: Die Rechten betrachten dieses Blatt seit den Hahnenkämpfen zwischen Augstein und Adenauer als „links". Was davon zu halten ist, hat Hans Magnus Enzensberger bereits vor Jahrzehnten auf den Punkt gebracht: nichts. Die Verwechslung einer im Prinzip regierungskritischen, auf Investigation eingestellten und ein wenig zynischen Zeitungsformel mit der Kennzeichnung „links" aber prägte das Image des SPIEGEL.

Die SPD war im SPIEGEL regelmäßig dabei, wenn auch in zurückhaltender Dosierung – die FDP in sozialliberaler Zeit, die Grünen, seit es sie halt gibt und soweit sie überhaupt professionell werben.

Das liberalkonservative Lager gab sich stolz, ethisch und einfältig: Wir werden unseren Feinden doch nicht noch freiwillig Geld in den Rachen werfen. Das sympathische am Bonner Staat war seine anständige Beschränktheit.

Ein entscheidender Grund für die Parteizentralen bei der Zurückhaltung im Hinblick auf politische Werbung im SPIEGEL waren natürlich die Anzeigenpreise; DER SPIEGEL ist (oder scheint) teuer. Die Streupläne rechnen mit „Kontakten", die eine Anzeige stiftet. Das ist die Ideologie des Items:

Nur was man zählen kann, zählt; eine schwere Infektionskrankheit, die die meisten Sozialwissenschaften erfaßt hat. Zwar hatten schon in den 50er Jahren zwei berühmte Kommunikationsforscher namens Paul Lazarsfeld und Elihu Katz (in ihrem Werk „Personal Influence") den two-step-flow of communication beschworen. Einfach gesagt: Die gesellschaftliche Kommunikation vollzieht sich (zweistufig) über Meinungsführer, die sich auf bestimmten

In einer Zeit, in der wirkliche Staatsmänner erschreckend rar sind, hat Westdeutschland darüber zu entscheide ob der einzige lebende Staatsmann von Weltformat im Amte bleiben, oder die Opposition gehen soll.

Eines steht außer jedem Zweifel:

Wenn Adenauer geschlagen werden soll wäre nicht nur Deutschland, nicht nur Europa, sondern die ganze Welt der Verlierer.

SALVADOR DE MADARIAGA, Oxford

Ehrenpräsident der Liberalen Weltunion

in der Neuen Zürcher Zeitung vom 1. September 1957

1 Anzeige im SPIEGEL, Nr. 37/1957

(keineswegs allen) Feldern mit besonderer Anstrengung auf dem laufenden halten. Kein Zweifel, daß die SPIEGEL-Leser für verschiedene Kommunikationsthemen (Politik, Wirtschaft, Ausland, Affären und so weiter) Opinion Leader waren und sind. Die Parteizentralen, ihre Werbeagenturen und deren Mediaplaner hat diese (inzwischen vielfach verfeinerte) These aber nicht erreicht. DER SPIEGEL ist deswegen ein politisches Schlüsselmedium mit einem mächtig ausgreifenden und einem verkümmerten Flügel: in der politischen Publizistik einflußreich, in der politischen Werbung belanglos.

Ob sich diese Verkrüppelung unter dem Einfluß von Helmut Markworts Erfindung der „Info-Elite“ ausgleichen läßt, werden die Wahlkämpfe der „Berliner Republik“ zeigen.

Die politische Werbung im SPIEGEL hat die Republik – bisher – nicht bewegt. Aber selbst an ihr läßt sich demonstrieren, was „gekaufte Kommunikation“ vermag und was nicht. Eine Matrix. Die Koordinaten: Propaganda und Aufklärung.

PROPAGANDISTEN UND TESTIMONIALS Ein berühmter Experte formulierte schon in den 20er Jahren, was kommunikativen Erfolg garantiert: Entschiedenheit, Klarheit, zentrale Steuerung. „Die breite Masse eines Volkes besteht weder aus Professoren noch aus Diplomaten“, hebt die klassisch gewordene Analyse an. „Das geringe abstrakte Wissen, das sie besitzt, weist ihre Empfindungen mehr in die Welt des Gefühls. Dort ruht ihre entweder positive oder negative Einstellung. Sie ist nur empfänglich für eine Kraftäußerung in einer dieser beiden Richtungen und niemals für eine zwischen beiden schwebende Halbheit. Ihre gefühlsmäßige Einstellung aber bedingt zugleich ihre außerordentliche Stabilität. Der Glaube ist schwerer zu erschüttern als das Wissen. Liebe unterliegt weniger dem Wechsel als Achtung. Haß ist dauerhafter als Abneigung, und die Triebkraft zu den gewaltigsten Umwälzungen auf der Erde lag zu allen Zeiten weniger in einer wissenschaftlichen Erkenntnis als in einem sie beseelenden Fanatismus und manchmal einer sie vorwärts jagenden Hysterie. Wer die breite Masse gewinnen will, muß den Schlüssel kennen, der das Tor zu ihrem Herzen öffnet. Er heißt nicht Objektivität, also Schwäche, sondern Wille und Kraft."

Der Experte hieß Adolf Hitler. Ganz ähnliche Erkenntnisse gibt es bei Lenin (in „Was tun?"), bei Mao Tse-tung (im Geleitwort zu der Zeitschrift Kommunist) und natürlich bei Joseph Goebbels in den Tagebüchern. Man soll sich aber nicht täuschen: Die Lehre von „der Führung" der Massen hat sich überparteilich verfestigt. Selbst heute sitzen in den Wahlkampfstäben höchst demokratischer Parteien Zauberer, die immer noch nach den Rezepten der großen Köche kochen. Auch wenn ihnen keine zentral geleiteten Kommunikationssysteme zur Verfügung stehen, hängen sie an der Technologie der Propaganda. Die Übereinstimmung ist eine anthropologische.

Die Inhumanität von Propaganda beginnt mit der Verachtung der Massen – der Kunstlehre der „Massenpsychologie", wie Gustave Le Bon, Gabriel Tarde und José Ortega y Gasset sie geschaffen haben. Der Grundimpuls der Massenpsychologie ist die angstvolle Abwehr revolutionärer Aufstände in der modernen Großstadt, ihre Hypothese die ungegliederte Gesellschaft: reizbare, triebhafte, fließende Menschenmassen, die sozusagen Tag und Nacht auf Straßen und Plätzen existieren. Die Masse wird nur noch als „Hetzmasse" (Elias Canetti) wahrgenommen, und die Konsequenz aus der Existenz solcher Massen lautet: zentral gesteuerte „Führungsmittel". Die Angst vor den Massen und die Verachtung der Massen führt zur Idee der „publizistischen Führung" – Medien nicht als Kommunikationsapparate, sondern als einseitig bedienbare Führungsapparate.

Wer angefangen hat, die Menschen als Masse zu verachten, der wird von Aufklärung, Demokratie und Republik weggezogen, auch wenn er für eine demokratische „Familie", eine demokratische Sache ficht. Wem die Menschen nur als korrupt, feige, dumm, roh, triebhaft, vital, irrational, als „Gesocks" erscheinen, der ist aufklärungsunfähig.

Ihre erste dramatische Niederlage erlitten die Propagandisten dieser Schule an der Wende zu den 70er Jahren; das ist sogar in der SPIEGEL-Werbung nachvollziehbar. Von 1969 an erschienen erste „Testimonials" für die SPD, im SPIEGEL zum Beispiel die berühmte Anzeige des später politisch umgeschwenkten Nachrichtentechnikers Karl Steinbuch (SPIEGEL vom 7.7.1969). 1969 und 1972 ließ die Sozialdemokratische Wählerinitiative Doppelseiten mit bis zu 80 Köpfen publizieren: Prominente, Autoren, Schauspieler, Journalisten oder Kabarettisten erklärten sich für Willy Brandt und die SPD.

Der (damals) bekannteste „Propagandaexperte" Carl Hundhausen kommentierte diese politische Werbung fassungslos mit den Worten: „In bezahlten (aber auch in offenbar nicht vom Inserenten bezahlten) Anzeigen treten Bürgerinitiativen, Einzelpersonen oder Organisationen mit politischen Programmen auf, die sie in argumentativer Form offen vertreten. Solche Anzeigen haben im Wahlkampf 1972 für den Deutschen Bundestag eine große Rolle gespielt. Groteske Formen waren dabei festzustellen. Vielfach haben sich die Parteien von solchen Unterstützungskampagnen distanziert. In fast allen Fällen wurde aber gegen das unumstößliche Prinzip politischer Propaganda verstoßen, weil hier die zentrale Steuerung nicht gesichert war, wodurch grobe Fehler verursacht wurden" (Carl Hundhausen: „Propaganda, Grundlagen, Prinzipien, Materialien, Quellen", Essen 1975). Schon im Jahr 1969, vor allem aber 1972, wurde jenes „unumstößliche Prinzip" der „zentralen Steuerung" widerlegt. Albrecht Müller, der damals verantwortliche Wahlstratege des Ollenhauer-Hauses, setzte eine (begrenzte) Autonomie der Wählerinitiativen durch. Gegen die Übermacht der gegnerischen Pressehäuser und Verbände hülfe nur noch Widerspruch „von unten". So bekamen die Aktivisten um Günter Grass oder Klaus Staeck einen eigenen Etat und einen (immer umkämpften) Vertrauensvorschuß. Und obwohl die Bewegung sich verselbständigte – freche Bürger publizierten auf eigene Kosten (von Müller aber in zentralen „SPD-Informationen zur Bundestagswahl" dazu angehalten) höchst individuelle Wahlaufforderungen –, war die Öffnung der (Werbe-)Kommunikation ein gewaltiger Erfolg. In den 80er Jahren bestätigten die Grünen diese kopernikanische Wende der politischen Werbung. Nicht nur die autoritäre Weisung von oben, sondern vielfältige Formen zwischenmenschlichen Austausches sind in der politischen Werbung verwendbar.

BIS AN DIE GRENZE Was darf die politische Werbung? Diese Frage ist, oft mit moralisierendem Unterton, hin- und hergewendet worden. Richtig bleibt der oft wiederholte Satz: Die politische Demokratie ist kein Mädchenpensionat. Thematisieren, dramatisieren, markieren, Kampagnen zerstören: Die Arbeit der Zuspitzung ist ehrliche Arbeit. Anrüchig sind herrschende Kreise – gleichgültig, welcher Couleur –, die zu verhindern suchen, daß Tacheles geredet wird. Kampfbegriffe, die den nebelhaften Schleier anästhesierter Sprache zerreißen, sind unentbehrlich in der Auseinandersetzung um Interessen und Ideen. Es gibt Grenzen von Moral, Takt und Diplomatie beim Angriff von Person zu Person, aber eben auch eine politische Kultur der Polemik. Deutsche Wahlkämpfe sind (noch) vorsichtiger, zurückhaltender, kontrollierter als zum Beispiel amerikanische. Das hängt mit dem deutschen Wahlsystem (und der starken Stellung der Parteien und ihrer Zentralen) zusammen, aber auch mit den traumatisierenden Erfahrungen der Wahlauseinandersetzungen in der Weimarer Republik. Trotzdem wird in jedem deutschen Wahlkampf heute die Grenze touchiert, die nicht überschritten werden darf, wenn Konkurrenten nicht zu Feinden werden sollen. Gerade Routine-

1 SPD-Anzeige im SPIEGEL, Nr. 2/1987

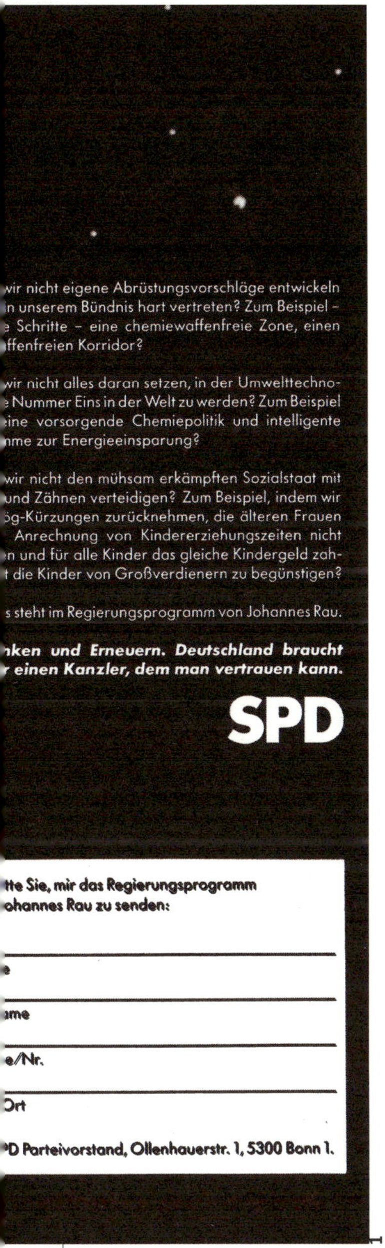

auseinandersetzungen kippen leicht. Wo Richtlinienentscheidungen zur Debatte stehen (zum Beispiel in den Jahren 1949, 1969, 1972), trägt allein die politische Kontroverse. Wenn aber emotional bewegende Anlässe künstlich geschaffen werden müssen, entsteht Kunstlicht, schwüle Atmosphäre. Ein gutes Beispiel war der Wahlkampf von 1976.
Helmut Schmidt versuchte es damals mit einem gouvernementalen Ansatz: Deutschland sei ein „Modell“. Er bot eine Arbeitsbilanz. Gegen die Staatsmannfigur setzte die Union eine Kampagne, die die Sozialdemokratie, die damals noch den Begriff des „demokratischen Sozialismus“ benutzte, mit dem Kommunismus in Beziehung bringen sollte. „Freiheit oder/statt Sozialismus“. Die Wende aus dem politischen Alltag in die Sphäre des Symbolischen zeitigte Erfolge. Kohl erhielt 48,6 Prozent der Wählerstimmen. Dabei benutzte die CDU Testimonials, die den sozialdemokratischen mit dem kommunistischen „Sozialismus“ identifizierten. So ließ sie unter der Überschrift „Warum CDU wählen?“ einen Dietrich Warthemann sagen: „... weil ich den Sozialismus drüben lange genug genossen habe“. Die SPD thematisierte diese Art Angriffe im SPIEGEL (27.9.1976). Die Identifikation der beiden „Sozialismen“ war ohne Zweifel eine Verletzung der ungeschriebenen und auch nicht schreibbaren Regeln. Am Ende dieses Wahlkampfs glaubte die SPD sich gezwungen, mit gleicher Munition zurückzuschießen. Der CSU-Abgeordnete Wittmann, damals ein Hinter-

bänkler, hatte – in einer Rede von nur lokaler Bedeutsamkeit – verlangt, bei Schüssen an der DDR-Grenze zurückzuschießen. Der SPD-Wahlmanager Volker Riegger brachte den Kanzler dazu, diese Entgleisung in jeder Rede aufzugreifen. Schmidt sagte hundertemal: „Was soll denn daraus werden, wenn die drüben schießen? Schlimm genug. Und wir dann wieder schießen und die dann wieder schießen … Ich sage hier im Namen von Millionen Deutschen auf beiden Seiten … Wir Deutschen sind des Schießens satt bis hier oben hin.“ Dabei machte er eine angeekelte, abschließende Bewegung mit beiden Händen. Riegger ließ Anzeigen, Plakate und andere Werbemittel mit dem Slogan „Den Frieden wählen“ drucken (zum Beispiel im SPIEGEL vom 20.9.1976). So riß er den fast verlorenen Wahlkampf (knapp) aus dem Feuer, unterstellte aber auch, daß nur Wähler der Sozialdemokratie den Frieden wählten.

1976 drohten weder totalitärer „Sozialismus“ noch Krieg. Die politische Werbung aber flüchtete sich in hektisch aufgebaute Kulissen.

Die Deutschen haben daran nicht Schaden genommen; sie dürften in ihrer großen Mehrheit den Slogans ihrer Parteien nicht geglaubt haben. Die Gewöhnung daran, daß politische Werbung Übertreibung ist, kann allerdings zu empfindlichen Vertrauensverlusten des Parteiensystems führen. Die sind mittlerweile eingetreten.

S-KURVEN IM WAHLKAMPF Natürlich gilt in der politischen Werbung das „Anchorman-Prinzip“. Die Vertrauen verströmende Zentralfigur kann auch kitzelige Thesen vermitteln, und zwar gerade – und nur –, wenn sie gelegentlich deutlich gegen die Parteilinie verstößt. Die geringste Sympathie haben demgegenüber die Generalsekretäre, weil sie die Verkörperung der Linie darstellen müssen.

Sie sollen sich als „Funktionäre“ opfern, damit Kanzler und Kanzlerkandidaten um so heller strahlen können: als unabhängige Geister, kluge Selbstdenker, souveräne Vaterfiguren.

Übertreiben darf die politische Werbung die Lonesome-Rider-Romantik allerdings nicht. Helmut Schmidt wurde von vielen Unionswählern verehrt, aber nur von wenigen gewählt, wie die Ergebnisse zeigten. Der Versuch der Wahlkampfmanager von Johannes Rau, ihn im Alleingang und abgehoben von der Partei („Versöhnen statt spalten. Deutschland braucht wieder einen Kanzler, dem man vertrauen kann“) durchzusetzen, mißlang. Das hing auch damit zusammen, daß deutsche Wahlkämpfe nicht so professionalisiert sind und ohne die Aktivbürgerschaft der Parteien nicht funktionieren; die (höchst publikumswirksame) Weltzugewandtheit, Fröhlichkeit und Vermittlungsbereitschaft von Johannes Rau, sein Zug zur „metaphysischen“ Mitte des Landes, ließen die SPD, die damals noch von der umwölkten Weltsicht der „neuen sozialen Bewegungen“ beeinflußt war, unbefriedigt.

Auch Gerhard Schröder wird sich, wenn er nominiert sein sollte, um „Anschlußfähigkeit“ an seine

Partei bemühen müssen. Die Wähler sind viel zu skeptisch und zu abgebrüht, um einer Partei, die seit 1925 die „Vereinigten Staaten von Europa" propagiert, plötzlich eine populistische Anti-Euro-Kampagne abzunehmen. Der SPD-Spitzenkandidat Dieter Spöri hat das in Baden-Württemberg deutlich zu spüren bekommen.

Und auch der Slogan „Law and order is a Labour issue" muß sorgfältig vorbereitet werden. Tony Blair hatte die britische Labour Party zwei Jahre lang darauf eingestellt. Die SPD konnte bisher mit Law and order ganz und gar nicht identifiziert werden. Sie trug zwar pragmatisch-einschränkende Gesetze mit, propagierte aber in ihrer Selbstdarstellung niemals Härte, sondern immer nur Liberalität, Zivilität und Toleranz. S-Kurven sind auf der kurzen Strecke von Wahlkämpfen nicht zu bewältigen. Wenn die politische Werbung sie zu durchfahren sucht, wird sie in aller Regel aus der Bahn geworfen.

VITALITÄT UND WARNSCHREIE Das ist auch der Grund für eine deftige Niederlage, welche die politische Werbung der SPD im Bundestagswahlkampf 1986/87 im SPIEGEL hinnehmen mußte. Das Nachrichtenmagazin hatte allen Bundestagsparteien kostenlos eine Doppelseite für eine politische Anzeige zur Verfügung gestellt.

Die CDU nutzte diese Doppelseite zur werbetechnisch brillanten, sozusagen kriegswissenschaftlichen Ausbeutung von Hoffnung und Optimismus.

Ihre Anzeige zeigte einen Helmut Kohl, der wollüstig in eine Birne biß. Die Überschrift dazu lautete: „Die Deutschen haben ein Recht zu lächeln". Der Text war ein Originalzitat aus der britischen Wirtschaftszeitung The Economist: „Away with angst". Als Kompliment an die gebildete Leserschaft des SPIEGEL war das Zitat auch noch in englischer Sprache eingerückt. Die Anzeige machte Mut.

Sie war bei weitem die geschickteste Umgarnung des Wählers dieser Anzeigenserie im Januar 1987.

Die SPD dagegen bot (unter der Federführung des Verfassers dieser Analyse) Bedenkenträgerei, Angstkommunikation, Warnschreie. Über einen blauen Planeten war der Titel des neoaristotelischen Wälzers „Das Prinzip Verantwortung" des Religionsphilosophen Hans Jonas gedruckt, ein damals vielzitierter (gegen Ernst Blochs „Prinzip Hoffnung" gerichteter) Slogan. Dazu war das Rau-Motto „Umdenken und Erneuern" gestellt. Der (lange) Text zitierte viele, durchaus seriös recherchierte und inzwischen oft genug als richtig erwiesene Befürchtungen zur Entwicklung der Arbeitslosigkeit, der Umweltgefährdung, der Überrüstung. Aber während die Union vitalitätsstrotzenden Aktivismus vorführte, wirkte die SPD im Vergleich dazu zögerlich und verstimmt.

Und verlor diese Konkurrenz.

Allerdings wäre der SPD des Jahres 1987 ein kräftig zubeißender Optimist nicht abgenommen worden.

Die Partei hatte ein Jahrzehnt lang gemeinsam mit Friedens-, Ökologie- und Frauenbewegung eine „sozialökologische Wende" propagiert. Die SPD hätte

1

zwar weniger apokalyptisch und grämlich auftreten können. Das „Recht zu lächeln" aber konnte ihre Losung nicht sein. Dessen Propagierung hätte das Durchfahren einer S-Kurve verlangt. Dabei landet man bekanntlich im Straßengraben.

Die Wahl wurde deutlich von der christlichliberalen Koalition und Helmut Kohl gewonnen.

AUFKLÄRUNG UND IDEALISMUS Politische Werbung transportiert oft Propaganda, also einsinnige Publizistik, die Kommunikationsbedürfnisse des potentiellen Partners mißachtet und den Adressaten oft nicht einmal als „Partner", sondern als Objekt versteht. Zweckkommunikation ist sie immer. Aber auch „Zwecke" können seriös verfolgt werden. Es gibt Verhandlungen um den Kauf oder Verkauf eines Hauses, die nicht von vornherein auf Betrug ausgelegt sind. Es gibt politische Werbung, also empathische Beschreibungen und darauf aufbauende Schlußfolgerungen, die nicht von vornherein Lüge sind.

In besonderen Situationen kann politische Werbung auch Aufklärung sein, also Lügen zerstören: Das gilt für die Sopade-Berichte der illegalen SPD im Dritten Reich ebenso wie für Wolf Biermanns Agitation gegen das Politbüro der SED, für Mario Vargas Llosas Wahlkampagne gegen Alberto Fujimori in Peru und die Internet-Botschaften serbischer Studenten gegen Slobodan Milošević.

„Aufklärung" kann allerdings aus gesellschaftlicher Kommunikation nur entstehen, wenn Kommunikation als zweiseitiger Prozeß verstanden wird, in dem Actio und Reactio, Give and Take möglich sind. Wer die Unterscheidung von Freund und Feind für die spezifisch politische Unterscheidung hält (Carl Schmitt), hat der „Aufklärung" abgeschworen. Für ihn sind die obersten Ziele der Menschen unverträglich, die „seinsmäßige Wirklichkeit" ist Kampf, und wer die Konflikte durch Argumente ausräumen will, ist ein Träumer. In der Außenpolitik führt diese Art von „Realismus" zur Theorie der Unver-

1/2 SPD-Anzeige 1997 über zwei Doppelseiten

2

meidbarkeit des Kriegs, im Inneren des Staates zur erbarmungslosen Konfrontation politischer Familien und zur permanenten inneren Ausgrenzung der „Reichsfeinde". Demokratie wird dann zur Perfektionierung der Rhetorik, der Stimmzettel zum Ersatz tödlicher Waffen. Die Folge ist ein labiler innerer Frieden – oder ein kalter Bürgerkrieg. Aufklärung heißt: daran zu glauben, daß vernünftiges Argumentieren zum Konsens führen kann. Es heißt nicht: sich die Schwachheit einzubilden, daß Konsens oft erreichbar wäre. Es heißt aber wohl: alles zu tun, daß es möglichst oft zum Kompromiß kommt.

Es kann keinem Zweifel unterliegen, daß viele Parteistrategen und „Werbefuzzis" solche Überlegungen für verachtenswerten Stuß und läppischen Idealismus halten. Deshalb sind viele (aber nicht alle) Wahlkämpfe in unserem Land (und vielen anderen Ländern), wie sie sind: ritualisierte Aggressionen, denen intelligente Menschen ausweichen, wo sie nur können.

Daß dies aber aufgrund irgendwelcher eherner Gesetze so sein müßte, ist ein Irrtum. Der Kern aller Aufklärung heißt seit Immanuel Kants Schrift „Zum ewigen Frieden": „Ich bleibe bereit, mit Dir zu streiten, bis wir einig sind." Auch politische Werbung ist Streit in diesem Sinne. Könnte Streit in diesem Sinne sein.

07 ÜBER WERBUNG UND JOURNALISMUS

DER SPIEGEL ALS MEDIENMARKE

MEDIAQUALITÄT IN DER WERBUNG

CROSS MEDIA

I HAVE A DREAM

ZAHLEN UND FAKTEN

PETER WIPPERMANN, STEFAN AUST, ANDREAS STEINLE/PETER WIPPERMANN, MICHAEL SCHIRNER, NORBERT BOLZ, PETER GLOTZ, CORDT SCHNIBBEN, CHRISTIAN BOROS/GUIDO HALFMANN, PETER WIPPERMANN, DOUGLAS RUSHKOFF, THOMAS HOLTROP, HANS-JOACHIM RICHTER, WERNER E. KLATTEN, JÜRGEN STRÖBEL, CHRISTIAN SCHLOTTAU

Cordt Schnibben Geboren 1952. Reporter beim SPIEGEL. Nach dem Studium der Wirtschaftswissenschaften zunächst Werbetexter, später Redakteur der Zeit. Zahlreiche Journalistenpreise, mehrere Buchveröffentlichungen.

DER SPIEGEL

ÜBER WERBUNG UND JOURNALISMUS

DICHTUNG UND WAHRHEIT „DA DIE WIRKLICHKEIT NICHT IN DER LAGE WAR, SO ZU SEIN, WIE SIE SEIN SOLLTE…“ WERBUNG UND JOURNALISMUS: SIE KÜSSEN UND SIE SCHLAGEN SICH.

1 Auf der Bühler Hochebene, Michael Sowa/Edition Inkognito

WERBUNG INTERN Einem Werber verdanken wir eine der wenigen Enthüllungsgeschichten über die deutsche Werbung; sie ist so schön, wie sie nur ein Werber schreiben kann; kein Journalist hätte sie erfahren. Die Geschichte geht so: „Die Kampagne war eine für eine deutsche Wochenzeitung. Die Anzeige, die wir uns ausdachten, sollte eine Kuh zeigen, die an den Folgen der Luftverschmutzung auf der Weide krepiert war. Heute die Kuh, morgen Du, hatte ich dazu gereimt. Für unser Anzeigenfoto suchten wir erstens nach einem Industriepanorama, das zweitens giftige Wolken spie, drittens an eine Weide grenzte, die viertens einem Bauern gehörte, der uns Werbeaufnahmen darauf machen ließ und fünftens eine Kuh besorgte, die er sechstens auch bereit war, uns notfalls zu opfern. Bald mußten wir die schmerzliche Erfahrung machen, daß die sechs Sachen, die wir für unsere Anzeige haben wollten, an keinem Ort der Welt gemeinsam zu haben waren. Da die Wirklichkeit nicht in der Lage war, so zu sein, wie sie sein sollte, halfen wir ihr ein bißchen dabei: Eine Kuh wurde herangekarrt. Ein Tierarzt wurde geholt. Eine riesige Spritze Betäubungsmittel wurde der Kuh verpaßt. Der Knecht des Bauern wurde daneben gestellt. Er sollte bei der dahingestreckten Kuh stehen und ihren Tod bedauern. Doch er fand keine Gelegenheit dazu. Die Kuh tat uns nicht den Gefallen. Sie wollte ums Verrecken nicht sterben. Sie graste statt dessen gemütlich weiter. Auch eine zweite Spritze half nicht. Die Kuh kaute völlig unbetäubt wieder. Der Abend kam näher. Verzweiflung breitete sich aus über die Kreatur, die einfach nicht totzukriegen war und uns zwang, sie mit ständig neuen Betäubungsspritzen zu peinigen. Als es dunkel wurde, sank sie schließlich hin: Der Fotograf schrie Action. Der Knecht stand ungerührt und unfähig, auch nur ein bißchen Verzweiflung auszudrücken. Er hatte ohnehin von diesem ganzen absurden Theater nichts begriffen! Der Fotograf drückte auf den Auslöser." Michael Schirner ist der Autor dieser Enthüllungsgeschichte, und sie wird noch besser durch die Fortsetzung: Beim nächsten Motiv der Kampagne, in dem es um das Verschwinden der Tante-Emma-Läden ging („Tante Emma ist tot"), entging das Modell nur knapp dem Tod. Der Fotograf hatte eine betagte Ladenbesitzerin in ein Hängekorsett gezwängt und sie von der Decke ihres Ladens baumeln lassen; das Korsett war zu eng und nahm ihr die Luft zum Atmen. Kein Journalist kann verlangen, daß ihm ein Werber solche Geschichten zum Fraß vorwirft. Das wäre selbstmörderisch. Aber was ist mit den vielen kleinen harmlosen Geschichten, die das Leben des Werbers so aufregend und unterhaltsam machen und die wir nirgends lesen?

WECHSELSEITIGE VEREHRUNG Werbung und Journalismus leben in einer zerrütteten Ehe. Die Kommunikationsbranche Werbung hält Journalismus in der Regel für die Fortsetzung der Werbung mit anderen Mitteln. Und die Kommunikationsbranche

Journalismus sieht in der Werbung in der Regel die Fortsetzung der Unzucht mit anderen Mitteln.
In den Zeitungen und Zeitschriften stehen Anzeigen und Artikel zwar einträchtig nebeneinander, doch diese Beziehung wird, wie so viele im Leben, nur durch Geld zusammengehalten. Die Journalisten würden ihre Werke lieber ohne das ganze reklamige Beiwerk veröffentlicht sehen; die Werber stört das Kleingedruckte zwischen ihren wunderschönen Anzeigen, das die Aufmerksamkeit des Lesers von ihren Doppelseiten lockt. Journalisten wissen, daß die Ergebnisse ihrer Arbeit ohne Werbung unerschwinglich sind; und den Leuten in der Werbung ist klar, daß die Produkte ihrer Genialität ohne redaktionelle Umrahmung unverkäuflich sind.
Seit die Leute ins Kino gehen, nur um die Cannes-Rolle und Werbung zu gucken, mag vielleicht mancher Grafiker von der artikelfreien Illustrierten träumen, doch bis „Lürzers Archiv“ die Millionenauflage erreicht, wird es wohl noch ein paar Jährchen dauern. Bis dahin bleiben Werbung und Journalismus wohl oder übel aufeinander angewiesen. Und es klingt hoffentlich nicht zu unbescheiden, wenn ein Journalist der Meinung ist, daß die Werber die Journalisten mehr brauchen als umgekehrt. Wie andere Berufsgruppen auch möchten die Werbeleute, daß nur Gutes über sie geschrieben wird. Das ist ganz natürlich, aber in ihrem besonderen Falle ziemlich dumm. Was im folgenden etwas weitschweifig begründet werden soll.

ABSTAND HALTEN Da die Verbraucher vorerst Zeitungen und Zeitschriften noch konsumieren, um in den Artikeln Informationen und Unterhaltung zu finden, bevorzugen sie solche Objekte, die ernsthaft informieren und kurzweilig unterhalten. Seriöse Information liefern Journalisten, die Distanz bewahren zu den Menschen und Dingen, für die sie sich interessieren und über die sie schreiben. Leser lieben es nicht besonders, von einem Kohl-Verehrer die Politik der Bundesregierung auseinandergesetzt zu bekommen.
Werber müßten gleich doppelt am „kritischen Journalismus“, nennen wir ihn einmal so, interessiert sein. Als Leser schätzen sie – wie alle anderen auch, aber vielleicht sogar noch mehr als viele andere, schließlich sind sie Kreative – das originelle Urteil, die genaue Beobachtung, das scharfe Wort. Und als Werber wissen sie (müßten sie wissen), daß ihre Werke in einem ernstzunehmenden Umfeld besser aufgehoben sind als in journalistischen Absteigen. Je glaubwürdiger eine Zeitung, eine Zeitschrift ist, desto wirksamer funktioniert sie als Werbeträger. Der Leser schließt – idiotischerweise – von der Hochachtung vor der Redaktion auf die Glaubwürdigkeit der Anzeigen. Dabei gibt es in deutschen Verlagen nicht einmal die Strenge, mit der etwa das Magazin New Yorker Anzeigen genehmigt oder ablehnt. Hierzulande wird auf den Anzeigenseiten (fast) alles gedruckt. Dennoch funktioniert dieser Wahrheitsbonus, zum Wohle der bescherten Verlage.

Redaktionen wiederum, die der Werbebranche gestatten, sich in ihre Arbeit einzumischen, oder auch nur im Geruch stehen, dies zu tun, sind miserable Werbemedien. Je mehr Einfluß die Werbetreibenden auf den redaktionellen Teil erlangen, desto unbrauchbarer wird eine Zeitung oder Zeitschrift für sie, desto mehr schaden sie sich selbst. Darum ist es auch kurzsichtig und ruinös, mit welchem blinden Eifer sich die Werber auf die neuen privaten Rundfunk- und Fernsehsender stürzen; Ratschläge geben, wie das Programm auszusehen habe; Werbeformen fordern, die auf eine enge Verzahnung von Redaktion und Werbung abzielen; die Radiosender mit Spots überschwemmen, die die Hörer zum Abschalten zwingen. Journalistische Kompetenz und Glaubwürdigkeit werden diese Sender wohl nie mehr erringen, so eindeutig sind sie inzwischen als Flüstertüten der Werbebranche abgestempelt.

WICHTIGE WERBUNG Besonders stolz ist der Werber auf die neuen Medien, wenn er in ihnen als wichtiger Mensch selbst zu Wort kommt. Das gesellschaftliche Gewicht der Werbung sei gestiegen, analysiert er dann, was an der zunehmenden Präsenz von Werbeleuten in den Medien abzulesen sei. Die Jahrzehnte der Ächtung seien nunmehr überwunden, die Werbung werde von manchen geliebt, von vielen respektiert, nur noch von wenigen gehaßt.

Tatsächlich hat sich das Bild geändert, das die Deutschen von der Werbung haben, was damit zusammenhängt, daß kein Volk mehr Angst vor der Werbung hatte als das deutsche (vom albanischen mal abgesehen). Seit Anfang der 60er Jahre jemandem das Mißgeschick unterlief, Vance Packards Buch „Die geheimen Verführer“ ins Deutsche zu übersetzen, hielt man hierzulande die Werbung für tiefenpsychologisches Teufelswerk. Damals glaubte jeder kritische Geist, für das Auge unsichtbare Botschaften – für Sekundenbruchteile eingestreut in Spielfilme – würden immer neue Konsumbedürfnisse der Menschen wecken. Werbung war Manipulation, Werbung war Kommerz, Werbung war das Gegenteil von Kultur. Werbung war das Letzte.

Die Kritik der 60er Jahre reagierte auf die neuartige Werbung dieser Jahre: auf die Anzeigen und Spots, die nicht mehr Produkte, sondern Leitbilder verkauften. „Dem neuen Typ das neue Wellaform“. „Moderne Menschen, modernes Leben – Marlboro“. Die Werbung begann, glückliche Menschen um die Waren zu gruppieren. Produkte als Ausdruck von Persönlichkeit darzustellen, die Marken mit Images aufzuladen. Stuyvesant hatte fortan den Duft der großen weiten Welt, Puschkin den Charme des harten Mannes, Coca-Cola den Geschmack von ewiger Jugend. Geboren war das, was die Branche „Werbung der dritten Art“ nennt. Nicht mehr Gezeichnetes und Gereimtes („Ob auf der Erde, ob im All – Isabella, klarer Fall“) lockte zum Kauf, sondern Fotos, Filme und Geschichten über das Leben vorbildlicher Konsumenten, die das Zähneputzen lieben und das Wäschewaschen genießen.

DER NEUE WEG Am Anfang war ein Ei. Ein Ei und ein Käfer. Der Käfer hatte einen Rückspiegel und zwei Rücklichter. „Es gibt Formen, die man nicht verbessern kann", stand unter dem Käfer, der aussah wie ein Ei, aber in Wirklichkeit ein Volkswagen war. Diese Anzeige erschien 1962 im SPIEGEL. Sie war so etwas wie der Urknall der modernen Werbung in Deutschland. Bis dahin hatte es Reklame gegeben, also Anzeigen, die nicht mehr sagten als: „Persil!" Oder: „Es gibt wieder Sunlicht-Seife". Oder: „Endlich wieder Nivea". Die deutsche Nachkriegswerbung hatte noch einmal – wie auch die deutsche Wirtschaft – ungefähr bei der Jahrhundertwende begonnen. Werbung wurde Anfang der 60er neu erfunden, als die gröbste Nachfrage befriedigt und der Konkurrenzkampf entbrannt war. „Dieses Produkt ist besser als die anderen. Es ist bügelfrei". „Neu! Machen Sie den Wangentest – Fewa". „Eterna – mit regulierbarer Kragenweite". „Loewe Opta mit der Zaubertaste". „Pril entspannt das Wasser".

Das war die Zeit, als die Amerikaner nach den Soldaten, nach dem Kaugummi und den Ringelsöckchen ihre Werbestrategien an die Konsumfront in Germany schickten. Die großen amerikanischen Agenturen gründeten Niederlassungen oder kauften deutsche Firmen auf. Schlagzeilen wie „Verdienen Sie zuviel, um sich einen Volkswagen leisten zu können?" widersprachen der bis dahin üblichen Aufschneiderei der Reklame, bei der immer nur das Größte, Beste, Schönste angesagt war.

Die harte Konkurrenz auf den US-Märkten hatte intelligente Anzeigen produziert. Überraschende Fotos, humorvolle Headlines und phrasenlose Texte ergaben einen neuen Reklamestil: Nicht mehr Gebrüll und schrille Übertreibung, sondern diskreter Charme und hintergründiger Spaß priesen die Waren an. „Bei 100 Stundenkilometern ist das lauteste Geräusch im Rolls-Royce das Ticken der elektrischen Uhr", so überschrieb David Ogilvy, einer der beiden wichtigsten Männer dieser Denkrichtung, eine Anzeige. Bill Bernbach, der andere, faßte sich kürzer. Mitten im Land der unbegrenzten Angeberei ließ er die Losung drucken: „Think small". Diese Provokation prangte unter einem Bild, das eine winzige bucklige „Mißgeburt" zeigte, einen Käfer.

WERBUNG UND JAZZ Von Jazz einmal abgesehen, sei die moderne Werbung die einzige Kunstform amerikanischen Ursprungs, behauptete Howard Gossage, der kritischste Kopf unter den amerikanischen Werbern. Tatsächlich aber waren die Anzeigen, die Anfang der 60er Jahre in den USA die Werbung der neuen Art begründeten und dann von den US-Agenturen exportiert wurden, ein Mischprodukt europäisch-amerikanischer Traditionen. In der Alten Welt war Werbung bis zur Mitte des Jahrhunderts vor allem die Plakatkunst in den Metropolen; in den USA war Reklame die Überredungskunst der Versandhauskataloge. Im Laufe der Zeit schmolzen Bild und Text in den amerikanischen Agenturen dann zu dem zusammen, was heute die Zeitschriften auch

in Deutschland so dick und billig macht.
Der Tchibo-Kaffee-Experte wurde geboren („Wer ist der Dicke neben dem Massai?"). Ein Abenteurer namens Frank S. Thorn führte absurde Dialoge mit einem Bären, während sie gemeinsam eine Flasche Puschkin leerten. Esso packte den Tiger in den Tank. Die öffentlich-rechtlichen Anstalten zierten sich noch, Werbespots für Klopapier zu senden. Der Krieg der Wasch- und Putzmittel entbrannte: Der Gilb und der Weiße Riese fielen über die Hausfrauen her, später der General und Klementine.
Die Krawattenmuffel wurden angeklagt, die Hutlosen geächtet, die Unterhosenschweine geoutet: „In einem Jahr gibt der Mann nur durchschnittlich 15,85 Mark für seine Unterwäsche aus." Die Werbung entblößte damals den Verbraucher, nur um ihn danach wieder anzuziehen. In der erfolgreichsten Parteikampagne der Bundesrepublik versprach die FDP: „Wir schaffen die alten Zöpfe ab".
Die lila Kuh kommt zur Welt. Der erste von über 3200 bekennenden Trinkern gesteht: „Ich trinke Jägermeister, weil…" Und die Propheten der Reduktion in der Werbung lassen sich die erste Anzeige der Welt mit nur einem einzigen Wort einfallen: „schreIBMaschinen".
In den vergangenen zehn Jahren ist die Zahl der Plakatanschlagstellen allein in der Bundesrepublik Deutschland um 50 Prozent gestiegen; rund 980.000 Hörfunkspots wurden im Jahr 1995 gesendet, fast dreimal so viele wie 1985; rund 860.000 Fernsehspots flimmerten über die Bildschirme der Nation, zehn Jahre zuvor waren es nur 153.000 gewesen.

ZUVIEL ERFOLG Das Problem der Werbung ist heute ihr Erfolg. Nach einem Jahrzehnt, das die Zahl der Zeitschriften in Deutschland verdoppelte, das die Zahl der Fernsehsender annähernd vervierfachte und die der Radiosender versechzehnfachte, stellen die Werber fest: Die Zielgruppen sind auf der Flucht. Vor allem vor der Fernsehwerbung: Wenn auf dem Bildschirm Herr Kaiser, der Melitta-Mann und die Knorr-Familie erscheinen, rennen vier von zehn Zuschauern aus dem Raum, und fünf schalten um. Unmittelbar nach dem Werbeblock fällt drei von zehn Reklameguckern kein einziger Spot mehr ein, sieben erinnern sich dunkel an eine Marke, aber drei von ihnen an eine falsche. Von hundert gesendeten Spots hinterlassen nur drei zufriedenstellende Produktbotschaften im Gedächtnis des Zuschauers. Die meßbare Markenerinnerung ist seit 1979 um 80 Prozent gefallen.
Das Mißtrauen gegenüber der Werbung ist mittlerweile dem Mitleid gewichen, welches jeder im Reklamefeuer Aufgewachsene diesem Handwerk der verzweifelten Annäherung gegenüber zu entwickeln gezwungen war. Nicht mehr Bedrohung und Manipulation empfindet die neue Konsumentengeneration nach Zehntausenden gesehener Anzeigen und Fernsehspots, sondern die Langeweile der unendlichen Wiederholung und nur gelegentlich den Reiz des amüsanten Neuen.

DIE VIER STUFEN Die vier Entwicklungsetappen in der Geschichte der Werbung sind, erstens, die Phase der schlichten Produktinformation, zweitens, das Werben mit dem Verbrauchernutzen, drittens, das Spekulieren auf die Suggestion und, viertens, die Werbung als Unterhaltungskunst. Diese vier Etappen der Werbeentwicklung durchlebt jeder Heranwachsende in der Rezeption von Werbung, bis er als ausgereifter Werbekonsument zum einen die vier Arten durchschauen gelernt hat und darum, zum anderen, die vierte Art für die erträglichste hält. Er will von Werbung unterhalten werden, dann ist er auch bereit, sich gnädigerweise mal das Produkt genauer anzusehen, das ihm da angepriesen wird. „Wer so tolle Werbung macht, der macht sicher auch gute Produkte." Die drei anderen Arten von Werbung dienen dem Verbraucher allenfalls noch als Material für Spott und Werbespiele. Sie langweilen ihn. Er weiß, daß Lux die Hände reinigt und zarte Haut macht. Er hat gelernt, daß Marlboro-Zigaretten seiner Männlichkeit nützen und Jacobs-Kaffee dem Familienleben dient. Und er hat begriffen, daß er Pepsi trinken soll, weil Außerirdische und Michael Jackson es auch trinken. All das ist in der Werbeabteilung seines Gehirns gespeichert und auch die Erkenntnis, daß schlaue Werbeleute wissen, daß er das alles weiß, und darum die Werbung der vierten Art erfunden haben. Im schlechtesten Fall – er ist die Regel – sind die Kreativen diebische Sammler, die aus dem Sperrmüll der gesellschaftlichen Kommunikation Attrappen bauen. Im besten Fall – er ist nicht selten, weil erfolgreiche Werbung mehr über die Konsumenten erzählen muß als über das Produkt – sind die Kreativen Detektive des Lebensgefühls und Reporter der Zeitläufte. „Mach mal Pause", hieß es in den 50er Jahren, „Im Afri-Cola-Rausch" in den 60ern, „Ich geh' meilenweit" in den 70ern und „Ich war eine Dose" in den 80ern.

Frech hat sich die Werbung im letzten Jahrzehnt aus der ökologischen Trickkiste bedient. Schlau hat sie den Action-Film kopiert, hat Autos von Flugzeugträgern starten und Wale durch Flugzeuge schwimmen lassen, von Michael Jackson bis Frank Zappa, von Madonna bis Steffi, von Gottschalk bis Kulenkampff hat sie so gut wie jede Berühmtheit zur Werbefigur erstarren lassen; Humphrey Bogart und Louis Armstrong hat sie post mortem zu Cola-Light-Trinkern gemacht; am Glied des hölzernen Christus hat sie die Kraft eines Sekundenklebers demonstriert; dem ehemaligen US-Präsidenten Bush hat sie nach seiner Herzattacke Kaffee Hag empfohlen. Die Werbung der letzten Jahre hat keine Provokation und keinen Prominenten ausgelassen, hat weder Geld noch Blödheit gescheut, hat ästhetisch geprotzt und gedanklich geprahlt. Und dennoch (oder eben deshalb) wirkt sie ratlos.

ENDE DER GLÜCKSELIGKEIT Der Pullover-Hersteller Benetton hat etwas Böses in die Werbung der vierten Art gebracht: die kaputte Welt. Die heile Welt war lange Zeit das einzige, was der Werbung heilig war:

Ihre Menschen lebten an Kaffeetafeln, an denen nur der Kaffee Sorgen machte; das bißchen Unglück, das ihnen zustoßen konnte, heilte der Allianz-Vertreter; und für jedes andere Problemchen gab es ein Produkt, das es löste. Benetton war lange sogar der Chefideologe dieser heilen Welt. Seine niedlichen bunten Babys verkörperten die Vision eines multikulturellen Planeten, auf dem die Menschen friedlich ihre Pullover tauschen. Daß Benetton nicht mehr mit Bildern von glücklichen Kinderaugen wirbt, sondern mit Aids-Kranken, elektrischen Stühlen, Mafia-Opfern, verteerten Vögeln und Friedhöfen, sagt nichts über seine Pullover, viel über Benetton und noch mehr über den Planeten.

Der Einbruch der häßlichen Wirklichkeit in die schöne Warenwelt ist zukunftsweisend. Moderne Produkte präsentieren sich gern als die Verkörperung großer gesellschaftlicher Ziele: Der Federhalter wird beworben als Garant des Individualismus, die Milchschnitte als ein Stück Gesundheit, die Bank als Hort der Menschlichkeit, der Pullover als Träger der Aufklärung. Indem er sein Produkt aus der Anzeige verbannt, treibt Benetton die Werbung der vierten Art auf die Spitze. Die Anzeige ist das Produkt, das die Kunden in die 7000 Geschäfte bringen soll, nicht der Pullover. Sein Traum sei, hat Benettons Werbechef verraten, „daß wir igendwann einmal kein Geld mehr für Werbung in Zeitungen und Zeitschriften ausgeben müssen“. Fast geschafft: Die Motive der neuen Kampagne wurden von den Medien weltweit präsentiert und rezensiert wie die neuen Werke eines Popstars. Das ist Werbung der fünften Art – Werbung, die so sehr zum Ereignis wird, daß sie nicht mehr nur auf den Anzeigenseiten, sondern auch im redaktionellen Teil wirkt.

LEAVE THE GHETTO Benettons Triumph ist der Traum jedes Markenartiklers. Beim Weltkongreß der Werbung 1992 in Barcelona wurde der Ausbruch aus dem Ghetto der Reklame propagiert. Allein mit Anzeige, Plakat und Werbefilm könne der Verbraucher nicht mehr befriedigend erreicht werden. Nicht nur die „Immunität der Beschossenen“, wie ein Referent klagte, auch das Waffenarsenal der Feuernden verhinderten eine hohe Trefferquote. Innerhalb von zehn Jahren hat sich das Medienangebot in Europa so vervielfältigt, daß die Werbenden dreimal so große Budgets brauchen, um noch dieselbe Anzahl Konsumenten zu erwischen. Weil die Werbung so ungenau trifft wie eine Schrotflinte, rufen diejenigen, die weltweit rund 200 Milliarden Dollar im Jahr für Werbung ausgeben, immer lauter nach Forschungen, die genauer als bisher klären sollen, was das viele Geld eigentlich im Gehirn der Weltbevölkerung anrichtet.

Die Werbeforscher sind allerdings zerstritten wie die Astrologen: Glauben die einen, daß viele Reklamebotschaften über das Unterbewußtsein das Gehirn erreichten und beim Kauf im Supermarkt aktiviert würden, sagen die anderen, nur fünf Prozent der Werbung nehme der Verbraucher bewußt wahr und nur dieser Bruchteil könne überhaupt wirken.

In Nordenhamm an der Unterweser starben Kühe durch die Abgase einer Bleihütte.

In Japan sterben Menschen an Quecksilbervergiftung.

Die Industrie verseucht die Fischgründe mit quecksilberhaltigen Abwässern.

Die Bundesrepublik ist neben Japan – das Land mit der stärksten Luftverunreinigung.

Häusliche Schornsteine, industrielle und gewerbliche Feuerungsanlagen und die Auspuffrohre von 20 Millionen westdeutschen Automobilen speien alljährlich Millionen Tonnen Abgase aus:

Acht Millionen Tonnen Kohlenmonoxid. In größerer Konzentration führt es zur Atemlähmung und zum Tod.

Vier Millionen Tonnen Schwefeldioxid. In Verbindung mit der Luftfeuchtigkeit bildet sich daraus ätzende Schwefelsäure.

Drei Millionen Tonnen Kohlenwasserstoffe. Sie lösen Krebs aus.

Zweieinhalb Millionen Tonnen Stickoxide. Sie zerstören das Lungengewebe.

Dreieinhalb Millionen Tonnen Ruß und Staub. Sie fördern die Bildung von Krebs.

Wie lange können wir noch atmen?

Wer über aktuelle Probleme informiert sein will, bedarf zahlreicher Fakten. Doch auch wer über zahlreiche Fakten verfügt, ist noch nicht vol

DIE
ständig.
Fakten,
auf den
Nachrich
Analysen
Wo
DIE ZEIT

1 Die-Zeit-Anzeige 1973

Der im Reklamefeuer gestählte Verbraucher, so schärft der Chef der Agenturkette WPP Group seiner Branche ein, müsse mehr als bisher mit allen Formen der Massenkommunikation bearbeitet werden. Heutzutage sei es möglich, mit globalen Kampagnen Markenartikel in die wichtigsten Nachrichtensendungen aller Kontinente zu drücken, versprach der Chef der PR-Agentur Hill & Knowlton in Barcelona den Werbern und zeigte Pepsi-Cola, begleitet von Michael Jackson, in über 300 News-Shows. Ein kleiner Fehler allerdings, so räumte er ein, könne angesichts dieser PR-Macht großen Schaden anrichten. Hill & Knowlton hatte auch im Auftrag der kuwaitischen Herrscher Nachrichten gemacht: Um die Kriegsstimmung der amerikanischen Bürger anzuheizen, setzte die Agentur die (inszenierte) Meldung vom Babymord durch irakische Invasoren in die Welt. Werbung ist zu einem Teil dessen geworden, was man „Öffentlichkeit" nennt. Sie beeinflußt den Menschen so, wie Elternhaus, Schule und Medien das tun. Werbung prägt das ästhetische Empfinden und wirkt auf das gesellschaftliche Denken. Der Reklamegeneration dient sie als Rohmaterial für eigene Kreativität. Die Kids zitieren, kopieren, verzerren und verzehren Reklame auf die gleiche Weise, wie ein Rapper alte Platten verbraucht.

Werbung als unerschöpfliches Reservoir von Bildern und Ideen kann Spielmaterial liefern für den Spot im eigenen Kopf. Eine leere Zigarettenschachtel, übersät mit Telefonnummern, Überschrift: „Oh, what a night". Werbung kann aber auch der Ort sein, an dem man sich selbst begegnet. Eine schwarze Doppelseite, rechts ein Schuppen-Shampoo, oben drüber die Zeile: „Der Test, über den ganz Deutschland den Kopf schüttelt".

DIE WERBETRÄUME Mit dem Gespür von Trendschweinen nutzen zum Beispiel die Modedesigner von Esprit die Erkenntnis, daß Werbung heute auch zu einem Medium der Konsumenten geworden ist. Sie ließen auf ihren Doppelseiten Käufer träumend werben. Was würdest du tun? fragte das Modehaus in den Anzeigen. Mehr als 10.000 Leser antworteten. Ich würde etwas gegen den Kaufrausch der Menschen tun – Yvonne Rüb, 15 Jahre. Ich würde den Papst heiraten, um ihm zu zeigen, wovon er spricht – Vera Lüke, 18 Jahre. Ich würde einen Orangensaft erfinden, der auch nach dem Zähneputzen schmeckt – Jean Theim, Arizona.

Esprits Werbung der fünften Art basiert auf dem Kalkül, daß Konsumenten heute nicht mehr nur fragen „Was kaufe ich?", sondern immer öfter: „Von wem kaufe ich?" Der Konsumismus der 60er und 70er Jahre, der sich darin befriedigte, selbst den bescheidensten Wohlstand durch demonstrativen Warenverbrauch zu beweisen, überlebt nur noch in den Gesellschaftsnischen ohne Wohlstand. Für den Konsum-Setter der 90er Jahre ist der Kauf Ausdruck von Weltanschauung geworden. In dem, was ich nicht kaufe, drückt sich aus, was ich denke; in dem, was ich kaufe, drückt sich aus, was die Leute denken sollen, was ich denke. Rauche ich Stuyvesant, bin ich multikulturell. Kaufe ich Spülmittel von Frosch, bin ich ökologisch. Trinke ich Kaffee aus Nicaragua, bin ich Antiimperialist. Fahre ich kein Auto, bin ich der Größte. Fahre ich Saab, hab' ich's nicht nötig. Trage ich Adidas, hab' ich's noch nicht gemerkt. Trage ich L.A. Gear, bin ich subversiv.

Weltanschauung hat Werbung immer vermittelt. Jede Anzeige, jedes Plakat, jeder Spot verbreitet – egal, ob für Autos, Klopapier oder Banken geworben wird – die Botschaft: Glück ist käuflich. Das konsumistische Manifest: Arbeite, kaufe, und du wirst so zufrieden sein wie die Milka-Kuh, die Knorr-Familie und die Menschen in der Punica-Oase. In den letzten Jahren hat die Werbung jedoch begonnen, dem Konsumenten mehr zu verkaufen als die Käuflichkeit von Glück. Sie ist politisch geworden: Sie propagiert Wege zum Glück. Sei ökologisch, fordert die Waschmittelwerbung: „Just do it", hämmert Nike den Kids ein, bis sie L. A. anzünden. Und den Frauen sagt der Turnschuh: „Du bist Erbin aller Frauen, die jemals lebten. Du bist Erbin ihrer Erfahrungen, ihrer Erkenntnisse und ihrer Eroberungen. Forme dein Leben."

BEOBACHTEN UND BEWERKSTELLIGEN Wie jeder gute Prediger saugen die Markenartikler Stimmungen, Anschauungen und Gefühle ihrer Kunden auf und spucken sie wieder aus. Aber sie erfinden sie auch, wenn nötig: die überzeugte Tiefkühlkost-Esserin, die Sehnsucht nach Batman, den Yuppie, die neue Bescheidenheit, die Euro-Frau, den Ultra, die neue Diva. Das Leben soll die Werbung imitieren. Deshalb füttern die Werber die Öffentlichkeit mit Studien, die das verwissenschaftlichen, was die Models in den Anzeigen und Spots vorleben. Im Trendjournalismus ist die Werbung zum Kronzeugen gesellschaftlicher Veränderung aufgestiegen; wenn in den Anzeigen ein neuer Typ von Mann auftaucht, muß es ihn auch in der Wirklichkeit geben. Selbst in soziologischen Fundamentalwerken wie Gerhard Schulzes „Die Erlebnisgesellschaft“ dient die Werbung als Beweismittel sozialen Wandels.

Die Reklamisierung der Gesellschaft ist dort am weitesten fortgeschritten, wo sie am heftigsten bekämpft werden müßte: im Journalismus. Was Mitte der 80er Jahre als schüchterne Betrachtung des Zeitgeistes begann, ist zum Reklamejournalismus degeneriert. Max läßt die Leser in jeder Nummer die schönste Anzeige wählen, Bunte porträtiert Werbemodels wie Hollywood-Stars, Prinz sucht frische Jungs für Levi's-Spots. Mittlerweile macht ein Dutzend Zeitschriften zwischen den Anzeigen Reklame für Werbung, Trends, Mode, Reisen und alles mögliche andere, was in einen Versandhauskatalog gehört. Solche Lifestyle-Blätter wurden statt für Leser für Werbetreibende erfunden – von freundlichen Verlegern, die für die Werbebranche zu Sammlern von Zielgruppen geworden sind.

WER BESTIMMT? Nicht nur diese hochwertigen Anzeigenblätter, sondern alle Zeitungen und Zeitschriften sind von Werbung abhängig. Wie dick der SPIEGEL ist, wieviel Seiten das Feuilleton der Zeit hat, ob Gala überlebt, entscheiden heute die Mediapläne der Werber. „In diesem Jahrhundert haben wir erlebt“, bedauert Gossage, „daß die wirkliche Gewalt über unsere Presse von der Leserschaft (für die sie angeblich besteht) auf den Werbungtreibenden übergegangen ist.“

Die Sprache des Reklamejournalismus ist von den Zeitgeistblättern übergeschwappt und ist mittlerweile in seriösen Tageszeitungen ebenso anzutreffen wie in angesehenen Wochenblättern. Sie bewirbt alles: Bücher, Filme, Stars. Sie liebt den Superlativ und sich selbst. Der Reklamejournalist verarbeitet die Wirklichkeit zu Werbetexten, die immer die gleiche Botschaft haben: Kauf mich!

Die Werbung ist aus dem Reklameghetto ausgebrochen und hat die Gesellschaft verändert – bis hin zum Kino. „Unsere Ästhetik wird geprägt vom Werbefilm“, sagt der Regisseur Volker Schlöndorff: „Der Spielfilm hinkt oft hinterher.“

Wer im Monat 1200 Spots sieht, also 1200 30-Sekunden-Dramen, der fängt irgendwann an, auch von Büchern, Filmen und dem Leben dieses Rauschen der Reize zu fordern. Er wird so wie die Werbung: hastig, verbrauchend und vergeßlich.

„Die Eighties, diese Strudel, die von ihrem Schaum weggetragen wurden“, analysiert der französische Werber Seguela, „waren gekennzeichnet von der Weigerung, der Realität ins Auge zu schauen: Arbeitslosigkeit, Hungersnöte, Kriege wurden von den Bildern der Werbespots unsichtbar gemacht.“ In den Nineties dringen Nachrichten aus Somalia, Bosnien, Kambodscha oder Angola nur dann wirklich bis zum Verbraucher, wenn die Katastrophe als Spenden-Spot über den Bildschirm ins Haus kommt.

Reklame ist ein Geisteszustand. Je schneller die Ideologien im „Gloria-von-Thurn-und-Taxis-Jahrzehnt“ (Agenturchef Michael Schirner) zerfielen, desto mehr füllten sich die Köpfe mit Reklame, hüpfenden Bildern, mit netten Einfällen. Der Wirbel der Stile und der Tanz der Moden steigerten sich, bis ein Zustand eintrat, der getrost Gedankenlosigkeit genannt werden kann.

WEG OHNE WIEDERKEHR? Und wie finden wir Schlafwandler zurück in die Wirklichkeit? Nur durch Reklame, was sonst. „Wo Politiker keine Argumente mehr finden, wo die Kluft zwischen Ossi und Wessi nicht kleiner wird, da muß die Werbung Verständnis schaffen“, antwortete ein Frankfurter Kreativdirektor, als das Fachblatt Werben & Verkaufen die deutschen Werber nach den Trends in diesem Jahrzehnt fragte.

Auch in den späten 20ern und frühen 60ern, als die Politik nichts mehr zu sagen hatte, stieß die Werbung in das kommunikative Vakuum. Jetzt, in den 90ern, agieren Unternehmen wie Parteien: „Your right, your choice, your chance – Vote“, annoncierte Esprit zur amerikanischen Präsidentenwahl.

In Peru laufen im Fernsehen Spots von Kaufleuten, die zehn Millionen Dollar investierten und (erfolgreich) Kopfgelder auf gesuchte Terroristen aussetzten. Er habe die Mittel, „an einem bestimmten Tag mit ein und demselben Bild auf die Umschlagseiten aller Zeitschriften der Welt zu gehen“, behauptet Benettons Chefagitator zu Recht. „Kein Journalist hat diese Möglichkeit.“ Der amerikanische Soziologe Neil Postman, in einem Streitgespräch des SZ-Magazins sein Gegenüber, kritisiert: „Die Werbeleute sind die unlegitimierten Herrscher in unserer Kultur. Aber wer kontrolliert sie?“

ECHT ODER EKLIG? Intelligente Werber verbreiten gern: Man dürfe den Verbraucher nicht für dumm halten, wenn man darüber nachdenke, welche Anzeigen und Spots für dieses und jenes Produkt angemessen seien. Löblich. Aber jedes Kind weiß heute schon, daß zum Beispiel die leckeren goldgelben Kartoffelhäppchen eines Nahrungsmittelherstellers, die im Spot in Zeitlupe um die Pfanne schweben, im wirklichen Leben ganz anders aussehen.

Das Kind ist ja nicht dumm, denn es hat schließlich seine Lektionen Werbewissen gelernt. Auch Werbefernsehen bildet. Aber das Kind möchte gerne wissen, wie die das hinkriegen, und schaut sich eine Fernsehdokumentation über Werbefilmproduktion an. Es erfährt das Rezept, nach dem Pfanni, wie andere auch, zu solch beeindruckenden Bildern kommt. Man öffne die Originalpackung und erkläre den unappetitlichen Brei für nicht filmreif. Man besorge sich daraufhin besonders ansehnliche Kartoffeln aus dem

Reformhaus, brate zwar das Fertiggericht wie vorgeschrieben an, lasse es dann aber links liegen und fritiere statt dessen die Ersatzware. Man schneide leckeren Schinken zu, der nicht gar so fett ist wie der Schinken aus der Fertigfolie. Den handgefertigten Hüttenschmaus nehme man für den weiteren Verlauf der Dreharbeiten, nicht ohne noch mal einen triumphierenden Blick auf die Fließbandware zu werfen, um danach um so fröhlicher die neuen rechteckigen Stars agieren zu lassen.

Nach wiederholtem freiem Fall, in Zeitlupe eingefangen, ist die Arbeit vollendet und das Fertiggericht endgültig in die Pfanne gehauen. Guten Appetit!

Das Kind vorm Bildschirm freut sich über diesen Nachhilfeunterricht, ist zwar nicht besonders überrascht, aber doch beglückt über die aufschlußreichen Details. Pfanni allerdings packt Entsetzen ob der Aufklärung, und die Firma läßt die Rechtsanwälte des renommierten Werbefilmers Drohbriefe an den Fernsehsender schreiben. Jedes andere Unternehmen hätte wahrscheinlich genauso gehandelt. Und genau das ist das Problem.

Kaum ein Werbetreibender und kaum ein Werbemacher hat bisher die nötige Konsequenz daraus gezogen, daß die Leute heute anders über Werbung denken als vor zwei Jahrzehnten. Die Illusionen von jugendspendendem Schaum, von gewinnendem Zigarettenduft, von einzigartigem Weiß, von handgebrautem Bier sind längst zerplatzt. Gewachsen sind die Lust auf den werblichen Gedankenblitz und das Interesse an der Werbung. Nur wenige sehen in ihr eine Kunst, aber viele zumindest ein spannendes Handwerk. Informationen über die Werbung sind gefragt. Doch die Branche liegt noch in den Schützengräben der Packard-Ära hinter Sandsäcken und schmeißt verängstigt Nebelbomben.

VERHÄRTETE FRONTEN Die wenigen Journalisten, die sich durch die Nebelschwaden hindurchkämpfen, treffen bei den Werbern in der Regel jedoch nicht auf die Mitteilsamkeit einer Kommunikationsbranche, sondern auf die Verschwiegenheit eines Geheimdienstes. Die wenigen Desperados unter den Werbeleuten, die das Schweigen – nicht ohne mehrfache Rückversicherung – brechen, geben Informationen über Tricks und Kniffe der Branche ähnlich konspirativ weiter wie Dealer die Heroinpreise. Die Entscheidung darüber, ob ein Journalist an Dreharbeiten für einen Fernsehspot teilnehmen darf, durchläuft mehr Befehlsebenen als die Entscheidung über den Beginn des dritten Weltkrieges.

Ein TV-Feature über deutsche Fernsehwerbung etwa erfordert eine längere Vorbereitung, zähere Verhandlungen und größere List als ein Film über Homosexualität in der Roten Armee. Die Dokumentarfilmer wollten dabeisein, als Helmut Dietl einen deutschen Qualitätshonig in Szene setzte. Die Filmproduktion war begeistert, wollte jedoch zur Sicherheit die Werbeagentur fragen. Die Werbeagentur war entsetzt, wollte jedoch zur Sicherheit den Auftraggeber fragen. Nach Wochen hartnäckigen

Nachfragens und der Übersendung einiger journalistischer Arbeitsproben zum Beweis der Lauterkeit der Absichten kam die Auskunft, der Kunde fürchte, daß der Fernsehzuschauer angesichts des im Filmstudio getriebenen Aufwands die Honigfirma für verschwenderisch halten könne. Da die Journalisten versprachen, sich nicht für den im Studio errichteten künstlichen Wald, also nicht für den Aufwand, sondern für den Regisseur zu interessieren, der den Wildwechsel zwischen Spielfilm und Werbefilm personifizierte, wurde eine Überprüfung der Absage in Aussicht gestellt. Schließlich kam ein telefonisch erzwungener Zwischenbescheid, ein Interview mit Helmut Dietl sei eventuell möglich, allerdings wahrscheinlich nicht in den Kulissen des Kunstwaldes. Für einen Artikel die Entstehungsgeschichte eines Tiefkühlgerichts und seiner Werbekonzeption zu recherchieren war vielversprechender. Bis, ja bis der Produktmanager die fertige, aber noch nicht gedruckte Story – vollkommen unüblich, aber die einzige Möglichkeit, sie überhaupt zu bekommen – dem Marketingdirektor zeigte und der entdeckte, daß darin nicht er, sondern der Produktmanager die Hauptrolle spielte. Der Weltkonzern versuchte, die Veröffentlichung des Artikels mit der ganzen Verbissenheit zu verhindern, zu der ein Multi fähig ist, wenn ihm sein Zusammenbruch droht. Der Produktmanager werde entlassen, hieß es als äußerste Drohung, falls der Artikel erschiene. Natürlich wurde der Bericht gedruckt. Der Mann ist bei guter Gesundheit.

1 Milka-Kühe, Trendarchiv 1995

Die PR-Abteilung bestellte später kleinlaut einige tausend Nachdrucke.

DURCHSICHTIGE ILLUSIONEN Was ist gefährlich daran, wenn die Konsumenten und Leser Einblicke bekommen in die Werbewelt? Die Illusionen, die ihnen die fürsorglichen Werbeleute gern erhalten möchten, haben sie sowieso längst nicht mehr. Aber sie möchten gern wissen, wie diese Illusionen geschaffen werden. Die Werbeleute hingegen sehen immer noch statt der Wahrheit lieber Halbwahrheiten veröffentlicht. Journalismus ist für sie, wenn es um die Werbung geht, eine Einrichtung zur Verbreitung von guten Nachrichten – von Nachrichten über die steigende Akzeptanz von Werbung in der Bevölkerung, über die führenden Persönlichkeiten der Branche, über internationale Erfolge der deutschen Werbung, über atemberaubende neue Kampagnen. Kritisches darf allenfalls in den eigenen Branchenblättern auftauchen, in Maßen.

Angriffe auf die Werbung, egal, von wem sie kommen, wem sie gelten und was sie zum Inhalt haben, führen automatisch zum kollektiven Gegenschlag. Von außen betrachtet, bietet die Branche das Bild einer Sekte, die sich um das Glaubensbekenntnis „Werbung ist das Herz der Freiheit" schart. Die ökonomische Abhängigkeit der Werber von ihren Auftraggebern führt aber zu einer ideologischen Hörigkeit, die Zivilcourage und Mut zur Selbständigkeit ersticken läßt. Der mutigste Kopf der gesamten Branche, Howard Gossage, sah nur einen Ausweg: „Soll die Werbung je zu einem Beruf oder Gewerbe werden, auf das man stolz sein darf, muß man die schrecklichen Hindernisse aus dem Weg räumen. Wir müssen uns und unsere Zuhörerschaft anders ansehen: als Mittel zur Erfüllung eines öffentlichen Bedürfnisses."

KEINE MACHT OHNE KONTROLLE Nicht jeder muß in der Werbung Kunst sehen, aber tatsächlich ist sie etwas Fundamentales, nach Gossage „die größte Propagandawaffe der Weltgeschichte". Und weil sie das ist, braucht Werbung journalistischen Beschuß, also öffentliche Kontrolle. Die Macht der Werbung ist groß, sie beherrscht mittelbar, gelegentlich auch unmittelbar die Massenmedien. In der Bundesrepublik wird ihre Verfügungsgewalt in den nächsten Jahren weiter anwachsen.

Die Werbung ist längst nicht mehr nur ein Vehikel des Konsums. Immer mehr wird sie in den Dienst der Aufklärung gestellt, trommelt gegen Drogen, Trunksucht, Aids, Streß und andere unangenehme Dinge, nicht selten auch für Konsumverweigerung. Werbung ist nicht länger ausschließlich eine privatwirtschaftliche Veranstaltung, darum bedarf sie der Zuwendung und des Interesses der Öffentlichkeit. Und darum bedarf die Branche einer Öffentlichkeitsarbeit, die Verbraucher nicht für Idioten und Journalisten nicht für nützliche Idioten hält.

ANZEIGENTRENDS

VOM LESEN UND BETRACHTEN

ES STAND IM SPIEGEL

ZEITGEIST WERBUNG

[illegible]

SPIRITUELLER MEHRWERT

STREIT IM MÄDCHEN-PENSIONAT

ÜBER WERBUNG UND JOURNALISMUS

DRAMATISCH NORMAL

DIE SPRACHE DER BILDER

VIRTUELLES WERBEN

GLOBAL DENKEN

KAL ERLE

MEDIENMARKE

MEDIAQUALITÄT IN DER WERBUNG

CROSS MEDIA

I HAVE A DREAM

ZAHLEN UND FAKTEN

PETER WIPPERMANN, STEFAN AUST, ANDREAS STEINLE/PETER WIPPERMANN, MICHAEL SCHIRNER, NORBERT BOLZ, PETER GLOTZ, CORDT SCHNIBBEN, CHRISTIAN BOROS/GUIDO HALFMANN, PETER WIPPERMANN, DOUGLAS RUSHKOFF, THOMAS HOLTROP, HANS-JOACHIM RICHTER, WERNER E. KLATTEN, JÜRGEN STRÖBEL, CHRISTIAN SCHLOTTAU

Christian Boros Geboren 1965. Inhaber der Boros Agentur für Kommunikation, die unter anderem den Werbeetat der Fernsehsender Viva und Viva Zwei betreut.
Guido Halfmann Geboren 1965. Texter und Musikjournalist.

DER SPIEGEL

DRAMATISCH NORMAL

DAS IST DAS WAHRE LEBEN DIE KAMPAGNEN FÜR DIE FERNSEHSENDER VIVA UND VIVA ZWEI SIND SPIEGELBILDER DER LEBENSWELT IHRER ADRESSATEN. DIE AUTHENTIZITÄT GEHT SO WEIT, DASS SICH WERBUNG UND WIRKLICHKEIT ZU ÜBERSCHNEIDEN BEGINNEN.

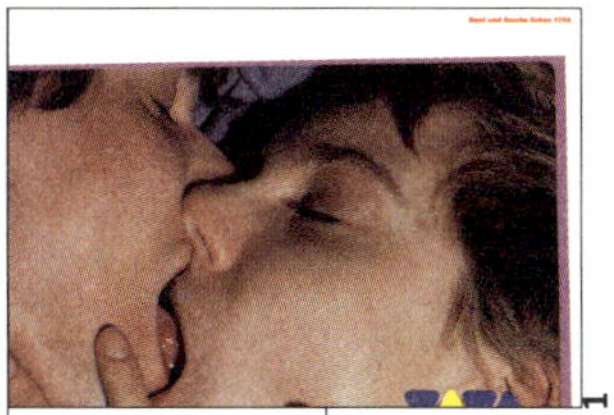

EKEL! Angewidert von der „schmutzigen, porentiefen Geilheit“ der Viva-Kuß-Kampagne soll der Anzeigenleiter einer deutschen Publikumszeitschrift gewesen sein. Nun ja… Es soll auch Leute geben, die beim Küssen die Augen schließen, weil sie den Anblick von erregter, schweißfeuchter Haut nicht ertragen können. Die Kids sehen die Dinge anders. Einer ihrer Kultfilme ist „Kids“ von Larry Clark, und eine ihrer Ikonen ist dessen Hauptdarstellerin, Chloe Sevigny.

Chloe Sevigny sieht nicht besonders gut aus. Sie hat Pickel, Leberflecken und schielt. Wenn sie küßt, schmatzt es. Chloe Sevigny kann nicht schauspielern. In „Kids“ sehen wir nicht Jennie, wir sehen Chloe. Auch in Steve Buscemis „Trees Lounge“ sehen wir nicht Debbie, wir sehen Chloe. Chloe kann auch nicht modeln. In ihren Fashion-Fotos sehen wir kein überhöhtes, erstrebens- oder begehrenswertes Frauenideal, wir sehen Chloe. Chloe kann uns nichts vormachen. Chloe ist authentisch. Wir lieben Chloe.

ZITAT aus einem Gespräch zwischen Jürgen Teller (Fotograf), Venetia Scott (Art-Direktorin, die mit Teller zusammenarbeitet) und Neville Wakefield (Autor, Kritiker), abgedruckt in Jürgen Tellers „Fashion“-Fotobuch*:

Teller: „(…) als ich anfing, mich für Mädchen zu interessieren, hatten meine Freundinnen in Deutschland alle Achselhöhlen…“

Wakefield: „Das haben die meisten Mädchen…“

Teller: „…nein – behaarte Achselhöhlen, muß es wohl heißen. Genauso die Beine. In England war das ganz anders, und jetzt möchte ich zu dieser Art von Ursprünglichkeit zurück.“

Wakefield: „Du hast also die behaarte Ursprünglichkeit deiner Jugend vermißt?“

Teller: „Ich mag behaarte Achselhöhlen, aber ich vermisse sie nicht. Rasierte Beine mag ich zum Beispiel manchmal sehr gern. Das gefällt mir genauso.“

Scott: „Aber den Geruch behaarter Achselhöhlen magst du.“

Teller: „Ja, den Geruch mag ich auch. Als ich anfing, mit Christy Turlington zu arbeiten,

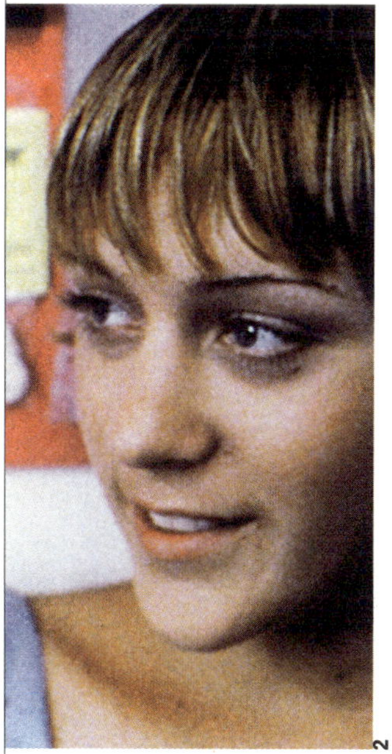

1 Viva-Anzeige, Publikumskampagne 1997, Foto: Sascha Kleis 2 Chloe Sevigny

*„Jürgen Teller“, Benedikt Taschen Verlag, Köln 1996

versuchte ich ihr in einem Gespräch zu erklären, wie die Fotos meiner Meinung nach werden sollten. Ich sagte ihr, ich möchte die Bilder riechen können, aber sie hat das erst absolut nicht verstanden. Aber im Grunde geht es genau darum."

KEEP IT REAL! „Die Wahrheit ist so bitter", titelte die Bild-Zeitung, nachdem sie erfolgreich in der „dunklen" Vergangenheit von Lee, einer der drei Rapperinnen der Popgruppe Tic Tac Toe, gewühlt hatte. Die Wahrheit war auch für manche Teenie-Magazine untragbar genug, um die zuvor heftig gehypte Band erst einmal fallenzulassen. Die Blätter erwiesen sich damit als die letzten Apologeten des alten Starsystems, in dem Stars eben Stars sein müssen – und keine Fehler machenden „Menschen wie du und ich" sind. Die Kids sind da schon einen Schritt weiter. Die Mutation der jungen Rapperinnen vom Kunstprodukt mit branchenüblich gefälschter Biographie zu normalen, authentischen Menschen mit „realem" Background hat die Beliebtheit von Tic Tac Toe noch gesteigert. Authentizität ist in den 90ern popfähig geworden.

TRENNE UND ZAHLE... Die Trennung von Redaktion und Werbung ist den Deutschen heilig – das beweisen die hitzigen Diskussionen um Sonderwerbe(misch)-formen immer wieder. Auch inhaltlich sind die Rollen klar verteilt: Hier haben wir den Redaktionsteil – die autonome Bastion des Authentischen, Echten und Wahren. Und dort die Werbung – das Reich des Irrealen, der Wunschwelten, der Lüge, Manipulation, der permanenten rosa Brille – mit dem einzigen Ziel: Waren verkaufen. Pikant ist diese Trennung deshalb, weil „Wahrheit" in den Medien natürlich auch eine Ware ist, von deren Verkauf alleine allerdings keine Zeitschrift existieren kann. Die „echte Welt" des Redaktionsteils wird letztlich durch die Scheinwelt der Werbung bezahlt.

Deutlich getrennt sind auch die ästhetischen Erwartungshaltungen an Werbung und Redaktion: Im Redaktionsteil darf und muß alles gezeigt werden – wenn es denn der Wahrheitsfindung (oder Auflagensteigerung?) dient: Leid, Lust, Laster, Blut, Schweiß, Tränen – hautnah und ungeschönt. Von der Werbung hingegen erwartet man keine ernsthaften Aussagen über die „reale" Welt – und somit keine „realistischen" Darstellungsformen.

Das gilt insbesondere für die Fotografie: Annelie Lütgens schreibt im Vorwort zum Katalog des deutschen Foto-Shooting-Stars Wolfgang Tillmans*, daß die gängige Unterscheidung von „Künstlerfotografie" und angewandter, sprich: Mode- und Dokumentarfotografie, durch Arbeiten von Fotografen wie Tillmans zunehmend obsolet werde. Außer acht gelassen wird dabei, daß auch an die Genres der „angewandten Fotografie" – wozu die Werbefotografie zählt – traditionell unterschiedliche Erwartungen gestellt werden. Die der Redaktion zugeordnete Dokumentarfotografie soll dokumentieren: abbilden, was da ist. Die traditionelle Werbefotografie soll hingegen etwas zeigen, was nicht da ist: Träume, Wünsche, Ideale. Sie muß dazu

1 „Alex & Alex" von Wolfgang Tillmans, in „Wolfgang Tillmans", Benedikt Taschen Verlag, Köln 1995; Bildleihgeber: Galerie Daniel Buchholz, Köln

*Wolfgang Tillmans: „Wer Liebe wagt, lebt morgen", Kunststiftung Volkswagen im Kunstmuseum Wolfsburg, Wolfsburg 1996, S. VI bis VIII

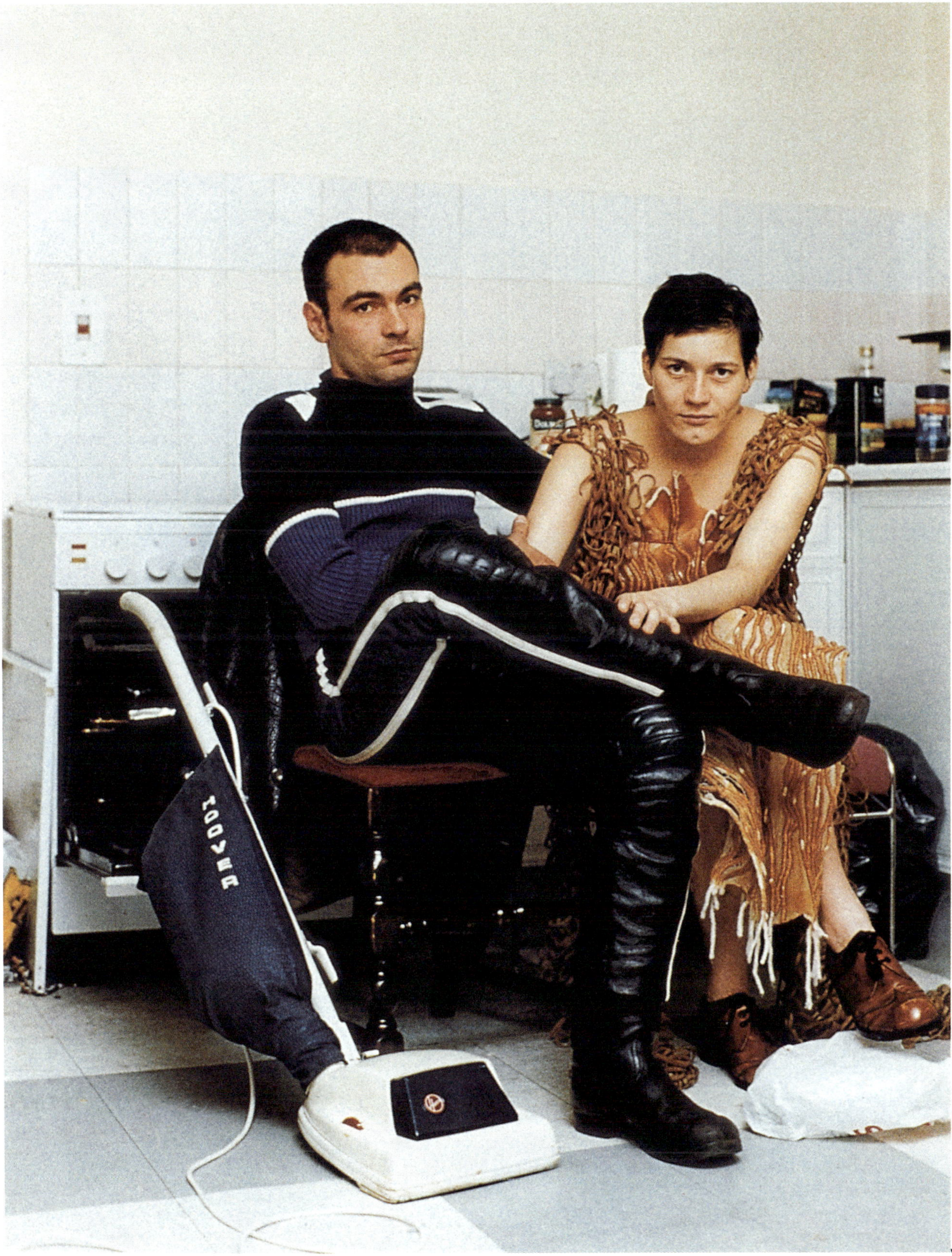

1

das, was da ist, überhöhen, idealisieren, fälschen. Doch das Dogma Redaktion = Wahrheit und Werbung = Lüge ist ins Wanken geraten. Und das beidseitig: So manche Redaktion hat sich, womöglich frustriert vom Stand der Dinge am Ende des Jahrtausends, freiwillig aus dem Reich der Realität verabschiedet und es sich in bunten, werbekompatiblen, vermeintlich agenturfreundlichen Scheinwelten gemütlich gemacht. Interessanter aber ist die Entwicklung der Werbung, die das Wahrheitsmonopol der Presse zunehmend bedroht: Die Leitbilder der „neuen Werbung" heißen Authentizität, Glaubwürdigkeit, Wahrheit.

Die Menschen – vor allem die Jugendlichen – sind desillusioniert, lautet ein beliebtes Schlagwort am Ende des Jahrtausends. Man läßt sich nichts mehr vormachen – von der Kirche nicht, von der Politik nicht und von der Werbung erst recht nicht.

Jahrzehntelang hat uns die Werbung das Paradies versprochen: Kaufe unser Produkt, und du wirst errettet werden. Inzwischen weiß jeder, daß der Genuß einer Flasche Rum nicht auf eine einsame Insel führt, wo willige, leichtbekleidete Schönheiten dem Morgen entgegentanzen – eher schon auf die Herrentoilette, wo wir mit letzter Kraft das Waschbecken vollkotzen.

Die allgemeine Desillusionierung schlägt sich auch in der Werbung nieder: Mit Heilsversprechen macht man sich heute nur noch lächerlich. Die künstlichen, farbenfrohen, rundum positiven Wunschtraum-Werbewelten haben ausgedient. Dümmlich grinsende Hab-mich-lieb-Fratzen will keiner mehr sehen.

„WAHR NEHMEN" Man spricht viel vom Infosmog, der uns angeblich einlullt und um den Verstand bringt. Ganz abgesehen davon, daß 1. grundsätzlich ja immer die Möglichkeit besteht, die Pipeline zuzustopfen und sich auf die grüne Wiese zu setzen (Dieter Gorny*), und 2. die Jugendlichen der 90er mit massenhaft sendenden Medien aufgewachsen und somit visuell hoch trainiert sind, hat der menschliche Verstand längst ein geeignetes Mittel zur Abwehr von allzu vielen, nicht mehr zu verarbeitenden Informationen entwickelt: die selektive Wahrnehmung. Man verarbeitet aufgrund bestimmter, subjektiver Kriterien nur eine bestimmte Anzahl von Informationen.

Der Rest ist Hintergrundrauschen. Für die Werbetreibenden ist das menschliche Unvermögen, die Tausende von Botschaften wahrzunehmen und zu speichern, die tagtäglich auf die „Zielgruppen" abgefeuert werden, eine Katastrophe. Es bedeutet, ein nicht abzuschätzender Prozentsatz der Werbebotschaften bleibt irgendwo auf dem Weg zum Empfänger in der Pipeline stecken, kommt nicht an. Je mehr Zeitschriften und Sender auf den Markt drängen, je größer das Angebot an potentiell nutzbaren Informationen ist, desto verzweifelter muß die Werbung nach Wegen zu ihren Zielgruppen suchen. Den Gipfel der Verzweiflung markieren manche Formen von Werbung im Internet: Einige Websites bezahlen den Rezipienten dafür, daß er sich Online-Anzeigen anschaut. Jeder Klick bringt eine Gutschrift. Jegliche

*Dieter Gorny im Katalog zur komm.96, Wuppertal 1996, S. 11

Hoffnung, irgend jemand könne freiwillig Werbung anschauen, ist hier bereits aufgegeben. Die Menschen lassen sich aber nicht so einfach bestechen. Ihr Wahrnehmungsverhalten läßt sich auch nicht nach Belieben ändern. Was man ändern kann, ist die Werbung selbst. Ihren Inhalt, ihre Aussage, ihre Präsentation. Ein Grundsatz der selektiven Wahrnehmung lautet: Man sieht nur, was man kennt. Auf die Werbung übertragen, heißt das: Am besten wahrgenommen wird, was der Rezipient gut kennt. Am besten kennt er in der Regel sich selbst. Die größten Chancen auf Wahrnehmung hat also Werbung, die den Rezipienten selbst abbildet. Paradoxerweise hat das auch den größten Überraschungseffekt: Sich selbst – das normale, authentische, reale Ich – ausgerechnet in der Werbung, dem Reich des Irrealen, zu sehen, erwartet wirklich keiner.

BILDER „Mit den schonungslos realistisch fotografierten Motiven der Viva-Kampagne kommt eine neue Bildästhetik in die Werbung", haben wir einmal in einer Pressemitteilung geschrieben. Doch so großspurig und „werblich", wie dieser Satz zunächst klingen mag, ist er nicht. Schließlich sprechen wir nicht von einer absolut neuen, sondern lediglich von einer in der Werbung neuen Ästhetik. Würde man die real-life-Fotos in einem privaten Fotoalbum sehen, fielen sie einem wahrscheinlich kaum auf. Nur die Tatsache, daß man in der Werbung solche ungeschönten, ungekünstelten, authentischen, „dokumentarischen" Fotos nicht erwartet, irritiert und provoziert. Was in einem anderen Kontext einfach ein intimer Schnappschuß wäre, ist im Kontext Werbung auf einmal – um noch einmal den Anzeigenleiter der deutschen Publikumszeitschrift zu zitieren – „schmutzige, porentiefe Geilheit".

Im Kino, in der Modefotografie und auch in der Popmusik ist der Paradigmenwechsel von Künstlichkeit und Lüge zu Authentizismus und Wahrheit längst vollzogen. Auch der Erfolg der Sender Viva und Viva Zwei beruht zum großen Teil auf der authentisch-

[1] Viva-Anzeige, Publikumskampagne 1996, Foto: Susan Volzer

ungekünstelten Wirkung ihrer Moderatoren, die auch mal deutlich gezeichnet von der letzten Nacht vor die Kamera treten. Ausgerechnet die Werbung dümpelt ästhetisch vielfach noch in den 80ern, manchmal gar in den voraufklärerischen 50ern herum.
Unsere nüchtern-realistischen Viva-Kampagnen sind ein bewußter Gegenentwurf zu diesen überkommenen Wunderwelten der Werbung. Schockieren wollten wir damit nicht. Daß wir es anscheinend doch getan haben, schockiert uns.

LIFE IN PROGRESS Medien sind nicht übersetzbar. Was man in einem Medium sagt, kann man in einem anderen niemals ohne Verlust oder Verschiebung der Bedeutung wiedergeben. Das Medium gehört zur Botschaft.
„Man kann für Musikfernsehen keine Werbung machen", sagt Viva-Chef Dieter Gorny.
Musik ist Rhythmus. Bewegung. Dynamik. Musikfernsehen ist andauernder Vierviertelttakt, nie enden wollendes Bilderrauschen. Musikfernsehen steht niemals still. Musikfernsehen ist life in progress.
Eine Printanzeige hingegen ist ein unveränderliches, statisches Faktum: Cyan, Magenta, Gelb und Schwarz auf Weiß. Sie kann all das nicht vermitteln, was Musikfernsehen ausmacht: Rhythmus, Bewegung, Dynamik. Wer mit einer Printanzeige die sinnliche Kraft von Musikfernsehen vermitteln will, scheitert. Wer auf Überzeugung durch Argumente setzt, allerdings auch. Keiner schaut einen Musiksender, weil er rational überzeugt ist, er sei besser als alle anderen. Man schaut ihn, weil man ihn geil, cool (oder was immer) findet. Versuche, das Publikum rational zu überzeugen, den einen Sender den anderen vorzuziehen, sind daher mehr als problematisch.
Deshalb haben wir für Viva Zwei auch keine Werbung gemacht – jedenfalls nicht im klassischen Sinne.
Das Credo der „alten" Werbung war: Keep it simple. Fernsehspots werden nach Storyboards gedreht, die noch der einfältigste Zuschauer zwischen den „0190-Ruf-an"-Clips verstehen kann. Man sieht ein glückliches Paar im Auto und weiß sofort, was die Werber von uns wollen: Wir sollen glauben, mit dem Autokauf kämen zugleich auch Liebe und Glück. Glauben wir aber nicht. Wir sind ja nicht blöd.
„Neue Werbung" vereinfacht die Dinge nicht. Sie hat verstanden: So komplex und kompliziert wie das Leben muß auch die Werbung sein. Deshalb verkompliziert sie bisweilen gar – durch Verschlüsselung.
Man hat uns oft auf die Motive der Viva-Zwei-Kampagne angesprochen: „Was soll das?" Man vermutete hinter den Anzeigen Bilderrätsel, zwei auf den ersten Blick nicht zueinander passende Fotos, die sich dann doch zu einer erzählbaren Geschichte formen könnten. Aber es war nicht unsere Intention, Geschichten zu erzählen. Auch wenn die Motive kryptisch scheinen, die Kombination der Bilder ist alles andere als beliebig: Sie entstammt dem privaten Bereich.
Eine Anzeige zeigt neben dem Porträt eines Babys einen Mann mit einer langen Narbe am Unterleib. Stefan. In der Woche, in der er erfahren hat, daß

1 Viva-Zwei-Anzeige, Publikumskampagne 1996, Foto: Andreas Jung

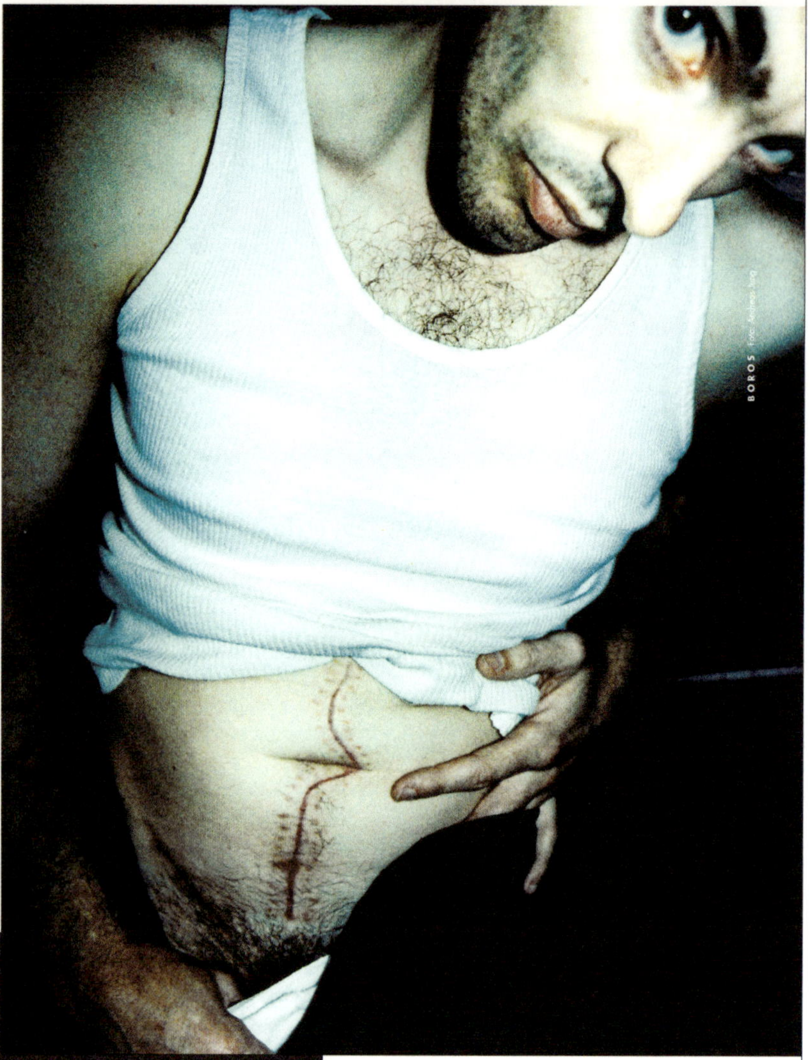

seine Freundin schwanger ist, wurde bei ihm Hodenkrebs diagnostiziert. Stoff genug für einen Roman über die Generation der Noch-nicht-Vierziger zwischen Lust und Leiden, über die ewig währende Spannung von Leben und Tod.

Doch diese Geschichte läßt sich aus der Anzeige nicht herauslesen. Die Fakten werden nicht logisch zusammengefügt und erklärt, sondern verschlüsselt. Der Betrachter soll seine eigene Geschichte daraus machen. Mit dem „wahren" Hintergrund muß sie nicht unbedingt etwas zu tun haben. Die Anzeige zielt nicht auf Verständnis ab, sondern auf Unverständnis – und gerade darin liegt ihre Kraft: Man muß sich länger als die berühmten drei Sekunden mit ihr beschäftigen.

WAS WILL DAS BILD UNS SAGEN? Der ein oder andere Leser wird die Frage vielleicht noch aus dem Kunstunterricht kennen. Dahinter steckt der Irrglaube, Künstler wollten mit einem Kunstwerk formulierbare Erkenntnisse ausdrücken. Wäre das der Fall, könnte sich etwa ein Damien Hirst das mühsame Häuten von

1 Viva-Zwei-Anzeige, Publikumskampagne 1996, Foto: Andreas Jung
2 Damien Hirst: „John/The Twelve Disciples" (White Cube Gallery, London)

Rinderschädeln sparen und statt dessen gleich die ausformulierte Botschaft unter die Leute bringen – in Form von Printanzeigen zum Beispiel.
An die Kunst werden solche Fragen mittlerweile kaum mehr gestellt. Man hat akzeptiert, daß ein Kunstwerk nicht für etwas anderes steht. Werbung hingegen wird immer noch als für etwas anderes Stehendes verstanden – als Stellvertreter für das Produkt, das sie verkaufen soll, als Medium zum Zweck.
In den letzten Jahren hat sich die Werbung aber zunehmend verselbständigt. Sie löst sich von ihrer „Stellvertreterrolle". Werbefilme und Anzeigen werden zum eigenständigen Werk (ob Kunst oder nicht, soll hier nicht diskutiert werden). Hierin liegen natürlich auch Gefahren: Bei der sogenannten „unterhaltenden" Werbung liegt der Schwerpunkt oft so sehr auf Unterhaltung, daß der Bezug zum Produkt komplett verlorengeht und das Produkt austauschbar wird.
Unsere Viva-Zwei-Kampagne will kein Stellvertreter für die damit „beworbenen" Fernsehprogramme sein. Sie ist aber auch kein absolutes, für sich und aus sich existierendes Artefakt. Sie bildet vielmehr ein Paralleluniversum, das es ohne das Universum Viva Zwei nicht gäbe. Unsere Anzeigen zeigen nicht, wie Viva Zwei als Musikfernsehen ist. Sie zeigen, wie Viva Zwei als Printanzeige wäre.

WIE WAHR! Manche Werber trauern den „goldenen" Zeiten hinterher, als es noch einen breiten Mainstream gab, den man mit seinen hedonistisch-fröhlichen Kampagnen treffsicher bearbeiten konnte.
Die paar Rocker, Hippies oder Punks, die sich zu Sub- oder Gegenkulturen vergemeinschafteten, konnte man getrost unter den Tisch fallen lassen. Die hatten sowieso nur Unsinn im Kopf – und kein Geld in der Tasche! Heute befindet sich der Mainstream in einem Auflösungsprozeß. Es entstehen immer mehr nebeneinander existierende Nischen mit immer weniger Mitgliedern. Und selbst die sind nicht von Dauer. Wie soll man an die Bewohner rankommen? Mit „fraktalen" Kampagnen?

1 Viva-Anzeige, Publikumskampagne 1996, Foto: Susan Volzer

Vielleicht. Wenn die Ausdifferenzierungs- und Individualisierungsprozesse in unserer postmodernen „Kultur der Gleichzeitigkeit" weiter anhalten, wird man allerdings alleine für Deutschland irgendwann 84 Millionen Kampagnen entwickeln müssen. Effizienter scheint der Rückgriff auf Übergeordnetes, allgemein Menschliches, auf die großen gemeinsamen Nenner. Auf Emotion, Intimität, Liebe.

LASS DAS! Eltern und Pädagogen wissen es seit langem: Die jungen Menschen heutzutage wollen einfach nicht mehr zuhören. Man sagt ihnen: „Tu dies" – und sie tun's nicht. Man sagt ihnen: „Laß das" – und sie tun's erst recht. Die besten Begründungen ziehen nicht: Man kann einem Teenager noch so oft sagen, daß er nicht rauchen soll, weil man davon Krebs bekommen kann, er wird's trotzdem – oder gerade deswegen – tun. Weil er's cool findet. Weil's die anderen auch tun. Oder weil es die Eltern ärgert.

Bei den vergleichsweise antiautoritär erzogenen, auf- und abgeklärten Jugendlichen der 90er greifen Befehls- und Aufforderungsmechanismen, wie sie die Werbung oft verwendet hat, nicht mehr. Die Generation Nix! hat ihren eigenen Kopf – und sie will ihn auch benutzen. Werbung, die ihr etwas vorschreiben will, steht auf verlorenem Posten. Werbung muß heute Angebote machen, einen Dialog beginnen, Kommunikation ermöglichen. Unsere Kampagnen für Viva – bei den 14- bis 29jährigen der beliebteste Fernsehsender – heben nicht den pädagogisch-autoritären Zeigefinger. Sie sagen nicht: „Du mußt Viva gucken, sonst bist du uncool, und deine Freunde mögen dich nicht mehr." Sie sagen auch nicht: „Du mußt Viva gucken, weil Viva besser ist als die anderen Musiksender." Die Botschaft ist vielmehr: „Wir haben ein Angebot für dich – und du kannst es nutzen, wenn du willst. Es ist deine freie Entscheidung." Der entscheidende Faktor in diesen Kampagnen ist also der Rezipient. Der „Hero" ist er. Nicht das Produkt.

GUCK MAL! „Tom und Julia gucken Viva", lautet die Headline einer unserer Anzeigen für Viva: Im Bild

2 Viva-Anzeige, Publikumskampagne 1996, Foto: Susan Volzer

sieht man ein Paar, das unter einer Decke kuschelt. Ganz offensichtlich sehen sie nicht fern, jedenfalls nicht im herkömmlichen Sinne: Sie sitzen nicht konzentriert vor dem Fernseher und starren gebannt auf die Mattscheibe. Dies ist aber auch nicht das Rezeptionsverhalten beim Musikfernsehen: Es funktioniert eher wie Radio mit Bildern, ein ständiger Begleiter, mit unterschiedlicher Wichtigkeit im Tagesverlauf. Man guckt „richtig“ hin, wenn einen etwas besonders interessiert, man macht den Fernseher lauter,

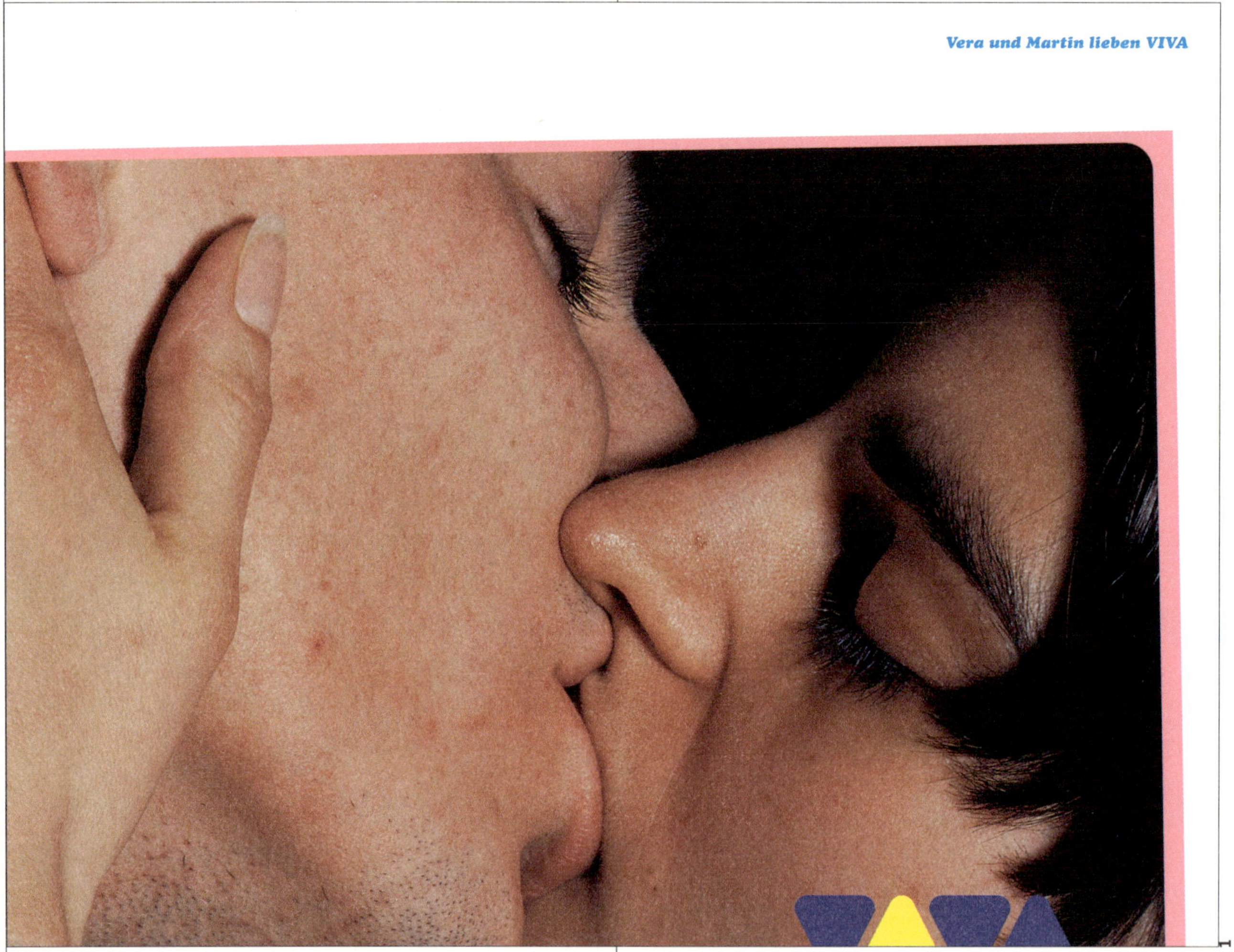

1 Viva-Anzeige, Publikumskampagne 1997, Foto: Sascha Kleis

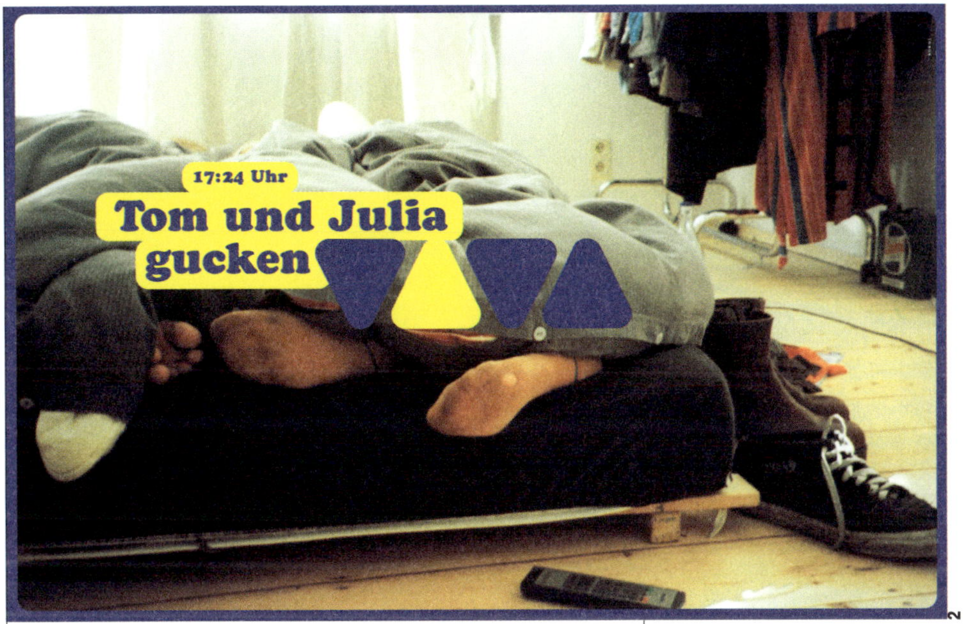

wenn gerade das aktuelle Lieblingsstück kommt, und wieder leiser, wenn jemand anruft. Und wenn die Freundin kuscheln will, wird er zur beiläufigen Hintergrundatmo.

Die Viva-Kampagne stellt die Lebenswelt der heutigen Jugendlichen bewußt authentisch dar. Wir bilden keine gecasteten Models ab, sondern private Bekannte in ihrem tatsächlichen privaten Umfeld. Die Paare sind tatsächlich Paare (die teilweise beim Shooting mit dem Knutschen gar nicht mehr aufhören wollten). Die Viva-Kampagne rief erstaunliche Reaktionen hervor. Nachdem die ersten – von Profifotografen gemachten – Motive veröffentlicht waren, schickten Kids reihenweise private Fotos ein, mit denen die Kampagne fortgesetzt wurde. Also keine authentisch fotografierten Motive, sondern authentische Dokumente. Die Wirklichkeit hat die Viva-Kampagne eingeholt.

SNIPING „Sniping" bezeichnet eine konsumkritische Praxis linker Kommunikationsguerilleros, die „Werbebotschaften durch geeignete Eingriffe als Verführer impotent" machen wollen. Billboard Bandits verfremden Werbeplakate durch Überkleben oder Überschreiben, um hinter den Oberflächen vermutete geheime Botschaften zu entlarven. Ein Antrieb für Sniping ist nach den Autoren des „Handbuchs der Kommunikationsguerilla"* der „Widerwille gegen allzu glatt gestylte Menschen auf den Werbeplakaten: Hautunreinheiten haben die meisten Menschen – außer den stilisierten Werbe- und Politikervisagen. Erste Gehversuche von Billboard Bandits sind oft das Anbringen von Pickeln oder Mitessern, die die künstlichen Gesichter wieder in ihre ‚natürliche' Ordnung bringen."

Doch die Billboard Bandits werden sich bald neue Subversionsstrategien einfallen lassen müssen…

2 Viva-Anzeige, Publikumskampagne 1996, Foto: Susan Volzer

*autonome a.f.r.i.k.a gruppe/Luther Blisset/Sonja Brünzels: „Handbuch der Kommunikationsguerilla", Hamburg o. J., S. 94-100

ANZEIGENTRENDS
VOM LESEN UND BETRACHTEN

ES STAND IM SPIEGEL
ZEITGEIST WERBUNG
ALLE REDEN VOM WETTER
[illegible]
STREIT IM MÄDCHEN-PENSIONAT
ÜBER WERBUNG UND JOURNALISMUS
DRAMATISCH NORMAL

DIE SPRACHE DER BILDER

MEDIENMARKE

MEDIAQUALITÄT IN DER WERBUNG

CROSS MEDIA

I HAVE A DREAM

ZAHLEN UND FAKTEN

PETER WIPPERMANN, STEFAN AUST, ANDREAS STEINLE/PETER WIPPERMANN, MICHAEL SCHIRNER, NORBERT BOLZ, PETER GLOTZ, CORDT SCHNIBBEN, CHRISTIAN BOROS/GUIDO HALFMANN, PETER WIPPERMANN, DOUGLAS RUSHKOFF, THOMAS HOLTROP, HANS-JOACHIM RICHTER, WERNER E. KLATTEN, JÜRGEN STRÖBEL, CHRISTIAN SCHLOTTAU

Peter Wippermann Geboren 1949. Professor für Kommunikationsdesign an der Universität GH Essen und Gründer von Trendbüro. Projektleiter Lead-Magazine des Arbeitskreises Bildsprache. Mitherausgeber mehrerer Bücher über Trendforschung, unter anderem „Markenkult – Kultmarken“, Düsseldorf 1995.

DER SPIEGEL

DIE SPRACHE DER BILDER

FEEDBACK DIE HALBWERTSZEITEN VON BILD UND WORT HABEN SICH IN DER MODERNEN MEDIENWELT DRASTISCH VERKÜRZT. SCHLECHTE ZEITEN FÜR WERBUNG. DAMIT SICH IHRE PRODUKTE DENNOCH IM BEWUSSTSEIN DES KONSUMENTEN VERANKERN, ENTWICKELN WERBEBILDER IHREN EIGENEN MYTHOS. EINE NEUE, SELBSTBEZÜGLICHE BILDSPRACHE ENTSTEHT.

1 Ausschnitt Mercedes-Anzeige 1997

BILDERSTURM Das Bild spielte in der abendländischen Gesellschaft – anders etwa als im Islam und in anderen Kulturen – schon immer eine bedeutsame Rolle. Sein Status war allerdings seit jeher umstritten; seine Macht oft gefürchtet. Postulierte doch schon die Bibel: „Am Anfang war das Wort." Die Kritik an und die Entrüstung gegenüber ausschweifenden, zügellosen Bildwelten rissen niemals ab und führten nicht selten zu gewalttätigen Übergriffen und zur massenhaften Vernichtung von Bildern.

Bernhard von Clairvaux, der Gründer des asketischen Zisterzienserordens, geißelte zum Beispiel in einer ganz Europa beeinflussenden Suada den figurativen Kapitell-Schmuck des mittelalterlichen Kreuzgangs im französischen Kloster Cluny. Martin Luther – und nach ihm auch die gegenreformatorischen Jesuiten – verbannte die ausufernden Bildprogramme aus den Kirchen.

In der Französischen und der Russischen Revolution wurden Unmengen jahrhundertealter klerikaler Bilderschätze vernichtet. Und die Nationalsozialisten erteilten kategorische Bilder- und Malverbote für eine Kunst, die in ihren Augen als pervertiert und „entartet" galt.

Trotz der radikalen Bilderstürme in allen Jahrhunderten ließen sich die Bilder aus der abendländischen Welt nicht verbannen: Immer wurden neue Bilder an die Stelle der alten gesetzt und belegen so die große Attraktivität und Faszination von Bildern für den westlichen Menschen. Vielleicht faszinieren uns Bilder deshalb so, weil wir nicht in Buchstaben, sondern in Bildern träumen.

BILDER BRAUCHEN TECHNIK Wie das Wort sind die Bilder seit jeher – seit der griechischen Antike – eng mit dem technischen Fortschritt verbunden.

Sie präsentieren ihre Inhalte in immer neuen Formen: von der Marmorplastik und der Ölmalerei bis hin zu Video und zum Interface. Jede technische Revolution vermehrte immer zugleich auch die Zahl der Reproduktionen und die Schnelligkeit der Bilderverbreitung.

Manche Autoren vertreten die Auffassung, diese Vermehrung der Bilder – mehrere Dutzend TV-Programme kommen heute bereits in unsere Wohnzimmer – überfordere schon längst unsere Aufnahmekapazität. Ein neuer Bildersturm sei notwendig. Der Germanist Uwe Pörkens etwa meint in seiner Studie „Weltmarkt der Bilder" (Klett Cotta, Stuttgart 1997), immer mehr Diagramme, Piktogramme, Signets und Logos – er spricht von „Visiotypen" – ließen die Menschheit zunehmend verblöden. Schon bald nehme der Mensch nur noch wahr, verstehe aber nichts mehr. Präzise Dialektik und kritische Herleitung von Gedanken über Worte verschwänden langsam aus unserer Geisteswelt.

WIR WOLLEN BILDER Der leichte, freiere Umgang mit Bildern, der sich heute in den Medien und vor allem im Internet breitmacht, ist aber nicht einfach ein Nebeneffekt des technischen Fortschritts. Erst der Wunsch nach Bildern schuf die neuen Medien.

Zunehmend verselbständigen sie sich und machen es heute schon möglich, ein Programm oder Gerät über Interfaces ganz ohne Text zu benutzen.
Unter der Devise „Plug and play“ könnte sich der Schwerpunkt des modernen Menschen vielleicht doch noch vom Homo faber zum Homo ludens verschieben. Im Wissenschaftsdiskurs spricht man davon, die Phänomenologie der Kommunikation sei an die Stelle der Phänomenologie des Seins getreten.
Nicht mehr die Wirklichkeit ist also wichtig, sondern das Bild der Wirklichkeit, auf das man sich allgemein geeinigt hat.
Die Bilder in den Medien funktionieren in diesem Kontext anders als früher: Sie präsentieren nicht mehr eine Wirklichkeit, sondern beziehen sich zunehmend auf sich selbst und schaffen aus sich heraus eine Kette von immer neuen Bildern und Wahrnehmungen. Anhand der Werbung läßt sich diese bildliche Selbstreflexion besonders gut verfolgen. Sie hat sich inzwischen – um mit dem Soziologen Niklas Luhmann zu sprechen – autopoietisch ein eigenes, selbstbezügliches System geschaffen, das sie immer weiter ausbaut.

WERBEBILDER, AUTOBILDER Vergleicht und analysiert man zum Beispiel die konträren Kampagnenstrategien der Automobilhersteller Mercedes und Volkswagen, wird die Neuheit der Bildpräsentation in der Werbung deutlich. Zunächst kommt man

1 VW-Anzeige 1997

zu einem überraschenden Ergebnis: Bei Mercedes wie auch bei Volkswagen klaffen das über die Jahre im Kopf des Verbrauchers verankerte Image und die Bildkommunikation auffallend weit auseinander. Während die als konservativ wahrgenommene Marke Mercedes eine fraktale, äußerst postmoderne Werbestrategie verfolgt, entpuppt sich die Kampagne für die tendenziell volksnähere, weltoffenere Marke Volkswagen als eher wertkonservativ und kontinuitätsbewußt.

Allgemein versuchen die Kampagnen eigentlich aller Autohersteller, der Kritik am Auto ironisch oder vernunftorientiert den Wind aus den Segeln zu nehmen. Offensichtlich mit Erfolg: Allein im Jahr 1996 steigerte sich die Zulassung deutscher Pkws – 1500 verschiedene Modelle sind am Markt – um 5,5 Prozent auf 3,5 Millionen, obwohl die Deutschen nach einer Studie von Esso mit ihren neuen Autos im Jahr immer weniger Kilometer fahren. Während der Absatz von Luxusautos wie auch Sparwagen stagniert, stürzen sich die Deutschen insbesondere auf die sogenannten Fun Cars: Sport- und Geländewagen sowie Cabriolets.

Die Aufwendungen in diesem Verdrängungswettbewerb sind allerdings enorm: Die Autohersteller pumpen mit 2,56 Milliarden Mark die größte Menge an Geldern in den deutschen Werbemarkt (1996 gesamt: 54 Milliarden Mark). In ihren Kampagnen verfolgen

2

2 Peugeot-Anzeige 1997

1

alle Marken ähnliche Grundstrategien: In erster Linie singen sie das Loblied der Mobilität und locken den Verbraucher paradoxerweise mit dem Traumbild, er könne mit seinem Auto ins Grüne fahren und ausgerechnet auf diese Weise dem infernalisch stressigen Verkehr entfliehen (beispielsweise VW Passat oder Peugeot). Als weiteres Verkaufsargument folgt die Sicherheit des Wagens, die oft durch Analogien mit Mutter und Kind belegt wird. Gemäß den Aussagen, die in dieser Kategorie von Werbung gemacht werden, ist Autofahren in der Marke xy so sicher, als ob man gar nicht erst in ein Auto eingestiegen sei. In der dritten Variante schließlich wird die Potenz in PS ausgemalt, und darüber werden Kraft, Macht und Dynamik versprochen.

MERCEDES C(L)K Die Printkampagne für das prestigeträchtige CLK-Coupé aus Sindelfingen läßt diese Werbestrategien weit hinter sich und ist deshalb ein hervorragendes Beispiel für eine neue, postmoderne Werbestrategie in einer Welt der veränderten Medienwahrnehmung. In der CLK-Kampagne werden jeweils zwei Anzeigen geschaltet, die das Auto als „CLK – Sportswear for men and women“ ankündigen. Im ersten Bild sieht man das Auto und ein Paar, das in paradiesischer Nacktheit den Betrachter auffordernd anschaut. Adam und Eva – glücklich und unsterblich im Garten Eden, neben ihnen das Automobil als „Baum der Erkenntnis“, sprich: Sünde. Das zweite Bild zeigt dann den Sündenfall: Der Mann schaut weiter den Betrachter an, während

1 Mercedes-Anzeige 1997

2

3

sich die Frau zum Auto hindreht, um es zu benutzen. Die Anzeige der Agentur Springer & Jacoby aus Hamburg gibt Rätsel auf. „Endlich gibt es sie, die Haute Couture für die Straße“, steht da zum Beispiel. Was hat das zu bedeuten? Und wieso Adam und Eva? Ein Hinweis des Mercedes-Werbechefs Jochen Pläcking hilft kaum weiter: „Das soll nicht sexy sein, sondern ästhetisch.“ Gegenüber einer ästhetisch orientierten Stilgruppe will man vermutlich geschmackvoll auftreten.

Doch wieso rekrutieren sich dabei die benutzten Stilmittel aus der Modewerbung? Mercedes kopiert – das ist des Rätsels Lösung – die Calvin-Klein-Kampagne „to be – or not to be – just be“. Dabei gehen die Sindelfinger bis zur Imitation des Schriftzugs (wobei das C in CLK eigentlich für die Baureihe und LK für leicht und kurz steht). In der Headline der CLK-Anzeige wird das Mercedes-Coupé als „Sportswear“ avisiert, in der Unterzeile als „Haute Couture für die Straße“. Die Motive sind allerdings nicht heimlich von Calvin Klein abgekupfert, sondern ein bewußtes Zitat, was auch dem Betrachter klarwerden soll. Automatisch wird er sich fragen, ob Mercedes vielleicht für ein cK-Parfüm wirbt und was überhaupt das Auto in dieser Anzeige soll. Er wird verknüpfen, nachdenken.

Die Calvin-Klein-Ästhetik im Zusammenhang mit einem Auto wirkt für den Konsumenten zunächst einmal ungewohnt. Sie ist allerdings besonders eingängig. Die cK-Kampagnen – sie werden in den

2/3 Auszug Calvin-Klein-Anzeigenstrecke 1996

1

2

Magazinen parallel zu den CLK-Anzeigen geschaltet – kommunizieren gekonnt und sympathisch das Thema der Einfachheit und Authentizität. Sie verzichten auf herkömmliche Formen der Produktrepräsentation (etwa die Darstellung eines silbernen Mercedes) und setzen statt dessen auf die individuelle Ausstrahlung ihrer Fotomodelle.

In Anlehnung an die Fotoserien August Sanders aus den 20er und 30er Jahren steht der Mensch im Zentrum der Kampagne, den der Fotograf Richard Avedon zumeist in klassischen Brustbildern präsentiert. In der Calvin-Klein-Werbung werden keine sozialen oder ethnischen „Zielgruppen“ dargestellt, sondern authentische, in sich ruhende Persönlichkeiten. Kunsthistorisch zitiert man damit die christliche Auffassung, jeder Mensch sei ein Abbild Gottes. Eines der Calvin-Klein-Modelle ist in diesem Sinne sogar mit geschlossenen Augen streng en face zu sehen – eine Weiterführung der Christusdarstellung, wie sie seit dem legendären Christusbild auf dem Schweißtuch der heiligen Veronika Tradition hat. Avedons Porträts für Calvin Klein zeigen den Menschen – in grundlegendem Unterschied zum Beispiel zu den zeitgenössischen Arbeiten von Nan Goldin und Wolfgang Tillmans – immer isoliert, anonym und ohne erkennbare Herkunft, Lebenssituation oder einen Darstellungsanlaß. Ob er Kate Moss oder unbekannte Jugendliche fotografiert, stets vermitteln seine Bilder den Eindruck, in diesem Pantheon könne jeder stehen und sähe auch noch gut aus.

1/2 Auszug Calvin-Klein-Anzeigenstrecke 1996

3

GLEICHE FORM, ANDERER INHALT Die CLK-Kampagne von Mercedes benutzt diese stilistische Form der Avedon-Bilder, der Sinn jedoch wird komplett verändert. Das dargestellte Paar benutzt zwar noch dieselbe Gestik wie die Modelle in der cK-Kampagne, doch Avedons Ansatz, Menschen in ihrer individuellen Schönheit abzubilden, wird unterlaufen. Nicht nur der Hintergrund ist anonym auf diesen Bildern, sondern auch die nackten Fotomodelle. Sie werden anonymisiert und zu idealisierten Stereotypen stilisiert.

Mercedes präsentiert sich rein formal, nicht aber inhaltlich als Satellit der puristischen Calvin-Klein-Gruppe – wissend, daß sich Werbebilder zunächst über ihre Form und erst dann über ihren Sinn in unser Bewußtsein einprägen. Mit einem solchen fraktalen Werbeauftritt differenziert Mercedes vordergründig sein Markenimage. Verschiedene Produkte werden in verschiedenen Zeitschriften für verschiedene Konsumentengruppen verschieden gepriesen. Die Kampagne für das neue Coupé richtet sich gezielt an Singles und kinderlose Paare, die in einem Auto Eleganz und Ästhetik suchen und damit ähnliche Wertpräferenzen haben wie Calvin-Klein-Kunden. Die Botschaft lautet: Wem die Werbung von Calvin Klein gefällt, dem sollte auch das Mercedes-Coupé zusagen. Das ist alles.

DAS TEMPO DER BILDER Warum kopiert die Kultmarke Mercedes schnöde eine fremde Bildästhetik und verzichtet auf eine eigene Bildsprache? Der tiefer

3 Mercedes-Anzeige 1997

1

liegende, weniger offensichtliche Grund für die Kampagne ist sicher in der Erkenntnis einer sich beschleunigenden Erneuerung der Medienbilder zu suchen, die in den vergangenen Jahren immer klarer zutage trat. Für die Modebranche ist es wesentlich einfacher, diese höhere Taktfrequenz der Wahrnehmung zu übernehmen: Immerhin ändern sich ihre Produkte selbst in halbjährlichem Rhythmus. Die Produktlaufzeiten eines Automobilherstellers hingegen sind viel zu lang, als daß sie sich einfach dem immer schneller werdenden Aufmerksamkeitsrhythmus anpassen ließen (selbst wenn sich die Modell-Laufzeiten der Automobile inzwischen schon von durchschnittlich zehn auf acht Jahre verkürzt haben). Mercedes löste das Dilemma durch einen raffinierten Kniff: Wenn man das Auto nicht ständig liften und den Moden anpassen kann, dann muß man eben sein Abbild permanent aktualisieren. In der Mercedes-Kampagne kommt nicht das Gesetz des Produktes zum Tragen, sondern das Gesetz der schnellebigen Medienbilder, die alles von Mode bis Autos repräsentieren können. Das entspricht einem der Kernsätze der Systemtheorie: Sich schnell wandelnde, hochmobile Systeme sind am besten dazu geeignet, trägere Systeme zu steuern.

VOM WORT ZUM BILD Von den Mercedes-Anzeigen im SPIEGEL der 50er Jahre mit ihren langen Texten und erklärenden Skizzen hat sich die CLK-Werbung also weit entfernt. Noch bis in die 80er Jahre lag der Schwerpunkt der Mercedes-Kampagnen auf erklä-

1 Mercedes-Anzeige 1954

rendern Texten, die trotz ästhetischer Produktfotografie oft zwei Drittel der Anzeigenfläche einnahmen. Wenn damals Menschen in den Bildern zu sehen waren, schauten sie als Randfiguren magisch angezogen auf ihr Kultobjekt „Auto".

Heute wäre das undenkbar: Das Prestigeprodukt Mercedes wurde spätestens in der CLK-Kampagne vom Podest gehoben und dem Menschen untergeordnet. Die Bühne hat sich gedreht: Der Zuschauer ist nicht mehr anonym, die Darsteller schauen auf ihn. Die Anzeigen werben nicht mehr für Mercedes, sondern Mercedes für die Anzeigen.

VW LÄUFT UND LÄUFT UND LÄUFT... Im Gegensatz zu Mercedes setzt Volkswagen nicht auf zunehmende Dynamik sich schnell ablösender Medienbilder, sondern auf Kontinuität. Die Anzeigen für den VW Golf gehören inzwischen zu den wichtigsten Konstanten im schnellebigen deutschen Kampagnengeschäft. Stilistisch leiten sie sich noch aus den Käfer-Anzeigen ab, die bereits in den 50er Jahren für den amerikanischen Markt entwickelt wurden und weiterhin von der New Yorker Agentur DDB Needham betreut werden. Das geht so weit, daß man als Betrachter den Eindruck gewinnen könnte, die Printwerbung für den VW Golf aus den 70er Jahren ließe sich von der heutigen nur durch die abgebildeten älteren Wagenmodelle unterscheiden.

Bei VW hielt man weitgehend am Ursprungskonzept fest: die leichte Untersicht auf das monumental ins Bild gesetzte Auto. Die Schlagzeile darunter mit einer

2 Mercedes-Anzeige 1983

1

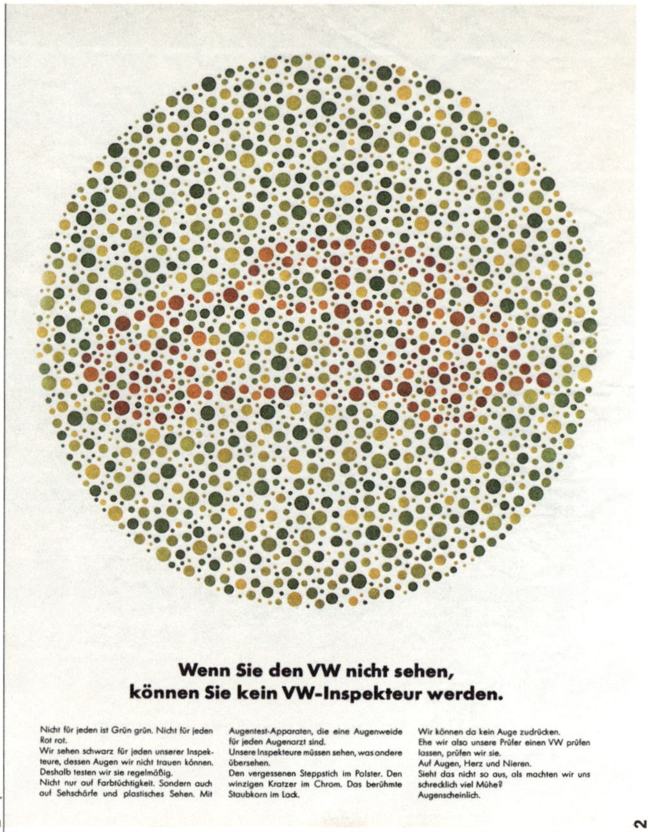

2

erklärenden Bildunterschrift. VW schuf mit einem starren, firmentypischen Layout eine Pathosform, die den in einer Anzeige präsentierten Dingen einen Kultstatus mit der Aura der Wirtschaftswunderjahre gab. Sicher, manchmal lancierte Volkswagen neben der klassischen Standardanzeige auch experimentellere Entwürfe wie das „Käfer-Ei" und den Op-art-Farbkreis für Farbenblinde. Die Anzeigenserie „VW fand den Weg" nahm sogar Motive zeitgenössischer abstrakter Kunst auf, plazierte sie souverän an die Stelle des sonst üblichen Autos und behielt jeweils nur die untere Textzeile und das Firmenemblem bei. Formal blieb aber alles beim alten. Das soll sich erst jetzt ändern. Im August 1997 berichtete der SPIEGEL von Plänen der VW-Firmenleitung, die Kampagne moderner, erzählerischer und emotionaler zu machen, weil sie in ihrer jetzigen Form nicht mehr das gewünschte Image transportiere.

GLEICH IST NICHT GLEICH Aber auch wenn die Kampagne als solche von Kontinuität geprägt ist, heißt das noch nicht, alles sei stets gleich geblieben. Die Rezeption der VW-Anzeigen hat sich natürlich, dem Gesetz der Medien gehorchend, über die Jahre hinweg erheblich verändert. Wer im Jahr 1974 die erste Golf-Anzeige aufschlug, sah dabei mit Sicherheit etwas anderes als der golferprobte Betrachter heute. Ständige Werbemotive auf Plakaten, in Wurfsendungen, im SPIEGEL, im Online-Service und zwischen den TV-Seifenopern haben die Wahrnehmung und Sichtweise des Betrachters von Werbung über

1 VW-Anzeige 1962 2 VW-Anzeige 1964 3 VW-Anzeige 1969

Da weiß man, was man hat.

1

die Jahrzehnte hinweg grundlegend verschoben. Die klassische, seit Kindertagen bekannte VW-Anzeige kann so heute kein staunendes Publikum mehr mit einem neuen Auto überraschen, sondern kommuniziert nur noch das Thema „Werbung für das Auto“. Der Wagen – wie ein Denkmal in einem abstrakten Lichtraum stehend – negiert seine Zweckbestimmung. Einst suchte man mit diesem Bild den Kontext zur bildenden Kunst. Heute ist die Anzeige in ihrer Selbstreflexivität bereits selbst zu Kunst geworden.

BILDER ERZEUGEN BILDER ERZEUGEN BILDER Die Funktionsweisen medialer Bilder und ihre Selbstbezogenheit werden in den Kampagnen von Mercedes und Volkswagen auf unterschiedliche Weise deutlich. Die Anzeigen kommunizieren, überspitzt gesagt, nur noch sich selbst. Sie heben die Assoziation zum Auto auf, indem ihr inhaltlicher Bezug zur wertfreien Kunst wird. Bei Mercedes wie bei VW illustriert das Produkt das Bild und nicht umgekehrt. Die Quintessenz der neuen Werbung heißt: Bilder erzeugen neue Bilder, die einander weiter fortschreiben. Dies zu verinnerlichen ist heute die wichtigste Voraussetzung, wenn man in der allgegenwärtigen Bilderflut noch eine nachhaltige Wirkung mit modernem Kommunikationsdesign erzielen will. Marshall McLuhans Satz „The medium is the message“ hat eine neue Wertigkeit bekommen: Kultmarketing verdrängt die Reklame, der Markenmythos ersetzt den tatsächlichen Wert des Produktes.

1 VW-Anzeige 1974 2 VW-Anzeige 1994 3 VW-Anzeige 1991

Erst 20 und schon eine Legende.

Der GTI feiert Geburtstag. Aber die Geburtstagsüberraschung ist für Sie. Der Jubiläums-GTI. Mit 7J×16-BBS-Leichtmetallrädern, rot lackierten Bremssätteln, Frontspoiler, schwarz-roter Innenausstattung, Aluminium-Schalthebelknauf im Golfballdesign und, und, und. Sie starten mit 85 kW (115 PS), 110 kW (150 PS) oder, ganz neu, mit dem 81 kW (110 PS)-TDI-Motor. Schon ab DM 36.000*. **Der Golf GTI.**

Der neue Golf. Neue Maßstäbe in Sachen Qualität.

Die unendliche Geschichte.

Die Geschichte, um die es hier geht, beginnt im Jahr 1974. Es ist die Geschichte eines Autos. Nicht irgendeines, sondern die des Golf.

Schon als er noch sehr jung war, wußte man, daß aus ihm mal etwas Besonderes werden sollte.

Eigentlich war das nicht sehr verwunderlich. Denn der Golf stammte aus gutem Hause: Er war ein Volkswagen. Und – woran die meisten Leute dachten und es heute immer noch tun, wenn sie den Namen hören, ist die fast schon sprichwörtliche Qualität, die den Autos aus Wolfsburg zu eigen ist.

Darauf sind wir natürlich besonders stolz; und fühlen uns stets verpflichtet, in genau diesem Punkt anderen immer und immer wieder ein Vorbild zu sein.

Deshalb wurde auch der Golf Nr. 2 auf der ganzen Welt wieder geliebt und hochgeachtet.

Wer aber denkt, damit sei die Golf-Geschichte zu Ende, sieht sich getäuscht. Denn jetzt gibt es den neuen Golf der dritten Generation.

Er wird die gute Tradition seiner beiden Vorgänger fortsetzen. Und zwar so, daß man sich auch in vielen, vielen Jahren noch die Golf-Geschichte erzählen wird. Eine vielleicht unendliche Geschichte.

Der neue Golf.
Das Original setzt neue Maßstäbe.

ZEITGEIST WERBUNG

ALLE REDEN VOM WETTER

SPIRITUELLER MEHRWERT

STREIT IM MÄDCHEN.

MEDIAQUALITÄT IN DER WERBUNG

CROSS MEDIA

I HAVE A DREAM

ZAHLEN UND FAKTEN

PETER WIPPERMANN, STEFAN AUST, ANDREAS STEINLE/PETER WIPPERMANN, MICHAEL SCHIRNER, NORBERT BOLZ, PETER GLOTZ, CORDT SCHNIBBEN, CHRISTIAN BOROS/GUIDO HALFMANN, PETER WIPPERMANN, DOUGLAS RUSHKOFF, THOMAS HOLTROP, HANS-JOACHIM RICHTER, WERNER E. KLATTEN, JÜRGEN STRÖBEL, CHRISTIAN SCHLOTTAU

Douglas Rushkoff Geboren 1961. Sozialtheoretiker. Buchveröffentlichungen zur Cyberkultur („Cyberia“, „Media Virus“). Kolumnist für The New York Times, The Guardian und The Australian. Berater der UN-Kommission für Weltkultur.

DER SPIEGEL

[1]

MEDIENVIREN

SCREENAGER DIE GENERATION, DIE MIT DER FERNBEDIENUNG AUFGEWACHSEN IST, LÄSST SICH VON MEDIENBOTSCHAFTEN NICHT MEHR MANIPULIEREN. HERKÖMMLICHE WERBUNG VERLIERT SICH IN DER INFOFLUT. WER IN ZUKUNFT BOTSCHAFTEN VERBREITEN WILL, MUSS MEDIENVIREN ALS KOMMUNIKATIONSMITTEL EINSETZEN.

1 Medienviren als Informationsträger, Illustration: Birgit Eggers

WERBEKUNST Die Arbeit von Werbeleuten läßt sich vermutlich am wenigsten zynisch definieren, wenn man sie als eine Form von Kunst sieht – eine Erforschung der menschlichen Psyche. Kürzlich saß ich zum Beispiel mit einigen Werbemanagern beim Abendessen in einem Restaurant, und sie waren völlig hingerissen von unseren Interaktionen mit der Speisekarte. Welches Hauptgericht war uns als erstes ins Auge gesprungen? Welches hatte den verführerischsten Namen? In welcher Reihenfolge trafen wir unsere Wahl? Hatte uns der Kellner dazu gebracht, mehr zu bestellen, als wir wollten? Alle Frauen und Männer an unserem Tisch waren fasziniert von der Funktionsweise des menschlichen Bewußtseins und interessierten sich als Verfechter der qualitativen Analyse intensiv für Teenager-Kleiderschränke, bäuerliche Autofahrstile und hausfrauliche Hautpflege. Sie sezierten ihre eigenen und fremde Lebensgewohnheiten so verzückt wie ein Weinliebhaber einen alten Bordeaux. Die Vorgänge im Gehirn und die Beziehungen zwischen dem Bewußtsein des einzelnen und dem der Gesellschaft waren ihre Leidenschaft.

KULTURANTHROPOLOGEN Neben dieser Episode gibt es aber auch weitaus zynischere – und womöglich treffendere – Arten, den derzeitigen Stand der Werbekunst zu betrachten. In den Vereinigten Staaten zum Beispiel ist Account Planning der neuste Hit, eine aus Großbritannien stammende Philosophie und Berufsbezeichnung. Gebildete Kulturanthropologen – zuvor haben sie vermutlich im Dienst der Königin gearbeitet – werden hier von Werbeagenturen zur Analyse des Konsumentenbewußtseins eingesetzt. Zu anderen Zeiten wären diese Anthropologen im Auftrag von Handelsunternehmen wie der British East India Company in entlegene Weltgegenden gereist und hätten die Kultur von Ceylon mit quantitativen und qualitativen Methoden studiert. Ihre Arbeitgeber und auch das britische Empire hätten ihre Informationen und Erkenntnisse genutzt, um kulturelle, wirtschaftliche oder sogar militärische Macht auszuüben. Zwei extreme Betrachtungsweisen: Irgendwo dazwischen ist der gegenwärtige Stand der Werbung zu orten. Sie ist nicht wirklich gutartig, aber auch nicht unbedingt böswillig. Werber und Marketingfachleute suchen die Unstimmigkeiten in unserem kulturellen Selbstverständnis und nutzen die ironischen Widersprüche in unserer Weltanschauung. Sie zielen auf die Bereiche von Mythos und Aberglauben, auf irrationale Sehnsüchte und sogar Neurosen. Sie beuten unsere emotionalen, unlogischen Gedanken und Verhaltensweisen aus, die so viele unserer täglichen Entscheidungen bestimmen.

REICH DER GEFÜHLE Einem Marketingfachmann nutzen unsere rationalen, deduktiven, faktengestützten Denkprozesse wenig, denn wenn wir einer klaren Logik folgen, können die Sozialprogrammierer unsere Entscheidungen kaum durch kognitive Tricks beeinflussen. Kein Wunder, daß sie sich lieber in den vielschichtigen Rissen unserer Psyche einnisten: unseren Gefühlen für Gott, Gemeinschaft, Konformität, Individualität und Sexualität. Sobald der Anthropologe die Unstimmigkeiten unserer kulturellen Mythologien und Verhaltensweisen analysiert und identifiziert hat, kann er auch unsere Geschichten und Handlungsweisen ansprechen und verändern. Vor einem Jahrtausend ersetzte man so zum Beispiel die lokalen, heidnischen Gottheiten durch die Jungfrau Maria. Heute kann man auf diese Weise mit Pepsi gesellschaftliche Grundängste austreiben. Immer wird mit den gleichen Techniken gearbeitet.

Der Künstler zielt wie der Werber auf unsere emotionale, soziale und logische Konfusion, aber er verfolgt ein anderes Ziel. Er will die Kultur in die seiner Ansicht nach beste Richtung drängen, während der Werber sie so verändern will, daß sein Kunde mehr Geld verdient. Letztlich machen erfolgreiche Werber aber wahrscheinlich ziemlich das gleiche wie Künstler, und wenn ihre Arbeit tatsächlich unsere kulturellen Normen in Frage stellt, nutzt sie uns in jedem Falle.

NEUE MEDIENSPRACHE Zur Zeit befinden sich die Marketingleute allerdings in einem Wettlauf mit ihrem Publikum, denn Neue Medien und Jugendkultur entmystifizieren gemeinsam einen Großteil der traditionellen Öffentlichkeitsarbeit. Die Teilnehmer im TV-Publikum gehören heute mehrheitlich zu den Ohrensessel-Dekonstruktivisten: Sie sind in der Semiotik des Programmierens zu Hause und nehmen ankommende Botschaften mühelos auseinander.

Die Werbungtreibenden kennen die neue Mediensprache ihrer Adressaten sehr wohl und versuchen sie verzweifelt zu entschlüsseln, um neue Programmiertricks für das veränderte Umfeld zu entwickeln.

Sie verpflichten zum Beispiel Leute wie mich als Veranstaltungsredner, denn sie glauben, Theoretiker der Cyberkultur könnten bei der Anpassung an das neue, chaotische Medienumfeld weiterhelfen.

Wer die Absicht hat, Lebensgewohnheiten im eigenen Interesse zu verbiegen, für den habe ich allerdings schlechte Neuigkeiten. Ich habe aber hervorragende Nachrichten für all jene, die der Kultur dienen und sie nicht ausbeuten wollen, denn sie tragen zum Prozeß der kulturellen Entwicklung bei, statt ihn zu beeinträchtigen. Das hat sie vermutlich sowieso zu ihrer Berufswahl motiviert.

MEDIENEVOLUTION Unsere Medien entwickeln sich immer mehr zu einem chaotischen, naturgleichen Umfeld. Früher war das nicht so: Technik wurde eingesetzt, um Naturrhythmen zu überwinden. Elektrisches Licht sollte die Schwärze der Nacht und den Tagesrhythmus verdrängen. Heizung und Klimaanlagen erlaubten uns, die saisonalen Klimawechsel zu leugnen. Mit künstlicher Bewässerung wurden Wetterschwankungen besiegt und mit Chemikalien die Eigenheiten von Landschaften verändert. Wir brachen im Flugzeug die Gesetze der Entfernung, durchreisten in wenigen Stunden die verschiedenen Zeitzonen und warfen unsere Körper aus ihrem natürlichen Tagesrhythmus. Wir fanden Stoffe wie Melatonin, um unsere Körperfunktionen neu einzustellen. Und jetzt wundern wir uns, warum wir uns so von der

Wirklichkeit abgehoben fühlen. Im Szenario der Vergangenheit ist die Natur immer der Feind, den die menschliche Technologie in Schach halten muß.

Wie die menschliche Kultur Ausdruck der Natur ist, sind die Medien ein Produkt der Technik. Als die Zivilisation und Kultur aus dem natürlichen Stadium einer reinen Menschenansammlung hinauswuchsen, erfanden die Machthaber über die Völker die Medien, um unsere freien Bewegungen zu steuern und unseren tief verwurzelten kollektiven Willen einzuschränken. So, wie Technik die Natur überwindet, verneinen die klassischen Medien die Humanität.

In jeder kommunikationswissenschaftlichen Universitätsfakultät kann man das beobachten: Das Fach ist nicht dazu da, den Menschen zum Gespräch miteinander zu verhelfen. Es geht nur darum, daß Regierungen ihre Untertanen oder Bürger und Unternehmen ihre Kunden oder Mitarbeiter manipulieren können. Das Studium der Kommunikation ist eher als Erforschung und Entwicklung der Möglichkeiten sozialen Programmierens zu bezeichnen.

PROGRAMMIERUNG Medien wurden erfunden, um die natürlichen Bewegungen innerhalb einer Gesellschaft zu kontrollieren. Um unser Verhalten besser vorhersagen und beeinflussen zu können, unterteilten die Sozialwissenschaftler amorphe Populationen in handhabbare Marktsegmente und Interessengruppen. Fernsehen und andere hierarchische Medien entstanden, um die Massen untertänig zu machen. Warum, glauben Sie, spricht man in den Fernsehsendern von „Programmabteilungen"? Nicht, weil die TV-Geräte programmiert werden sollen, sondern die Zuschauer.

„Media Programming" aber funktioniert nur, wenn der Programm-Macher über den Luxus eines konzentrierten, isolierten Publikums verfügt. Wie jede Form der Hypnose ist die Programmierung von der ungeteilten Aufmerksamkeit des Zuschauers abhängig. Dieser läßt zu, daß seine Gedanken vom Programm-Macher gelenkt und bestimmt werden und sein natürliches, frei schweifendes, holistisches Bewußtsein auf eine Linie gebracht wird. Er lernt dem Meinungsmacher zu folgen – Schritt für Schritt.

GESCHICHTEN ERZÄHLEN Das Fernsehen arbeitete früher perfekt in diesem Sinne. Der Zuschauer saß alleine in seinem Sessel und ließ sich in Trance versetzen. Der Part des Programm-Machers war einfach: Er mußte Geschichten erzählen und verwandelte so – wie schon Aristoteles und die Bibel – das Publikum in eine passive Gefolgschaft. Bei den Urvölkern dienten Geschichten dazu, heilige Ideen und Traditionen über die Generationen hinweg zu erhalten und weiterzureichen. In der modernen westlichen Kultur wurde die Technik des Geschichtenerzählens dazu mißbraucht, Kaufentscheidungen und Ideologien durchzusetzen. Die Widersprüchlichkeiten vorhandener Mythen wurden umfunktioniert, um die beabsichtigten Denk- und Verhaltensweisen auszulösen. Die traditionelle Geschichte wirkt, indem sie die Zuhörer in Spannung hält. Der programmierende

Geschichtenerzähler erfindet eine Figur, die wir gerne haben und mit deren Schicksal wir uns identifizieren. Irgendwann gerät der Held in Gefahr. Wir folgen ihm auf seiner abschüssigen Bahn in die Krise, verinnerlichen seine Ängste und durchleiden mit ihm hilflos Bedrängnis, Krankheit und Einsamkeit, bis wir beinahe platzen vor Spannung. Genau dann findet der Held einen Ausweg. Er entdeckt eine Moral, ein Produkt, einen Plan oder eine Strategie, die ihn – und mit ihm auch uns – von der fürchterlichen Angst erlöst. Je höher das Spannungsniveau, desto verrückter windet sich der Held meist aus der Situation. Das Publikum schluckt die absurdesten Lösungen und Absichten des Sponsors oder Senders, um nur von seinen Ängsten befreit zu werden.

Genau diesen Prozeß versinnbildlicht die wörtliche Bedeutung des englischen Ausdrucks to entertain: etwas drinnen behalten. In der guten alten Fernsehzeit bedurfte es einer erheblichen Kalorienzahl menschlicher Anstrengung, bis sich ein Zuschauer oder eine Zuschauerin zum TV-Gerät schleppte, um den Sender zu wechseln und den scheußlichen Ängsten um den bedrohten Helden zu entfliehen. Das Publikum war gefangen. Solange der Programm-Macher die Wagnisse nicht zu abrupt steigerte, blieb es in seinen Ohrensesseln kleben und ließ sich mitreißen.

ZAPPING Mit der Fernbedienung ist alles anders geworden. Heute befreit sich der verängstigte Zuschauer mit einem Aufwand von vielleicht 0,001 Kalorien aus seiner qualvollen Gefangenschaft. Obwohl sich die meisten wohlerzogenen Erwachsenen noch immer tapfer durch eine Geschichte kämpfen, haben ihre mit der Fernbedienung aufgewachsenen Kinder die Ehrfurcht vor kunstvoll errichteten Spannungsbögen längst verloren. Sie zappen, ohne eine Sekunde zu zögern. Sie schauen nicht ein Programm an, sondern fliegen gleichzeitig über zehn. Sie sehen nicht fern, sondern schauen das Fernsehen an und suchen eigene Pfade durch das Medienspektrum, ohne sich um die vorgezeichneten Wege einzelner Programmgestalter zu scheren.

Auch wenn wir über die kurzen Aufmerksamkeitsspannen unserer Kinder klagen, hat ihre Fähigkeit, Programmvorgaben zu mißachten, sie von der Verzauberung gewiefter Fernseh-Hypnotiseure befreit. Der Nintendo-Joystick gibt ihnen Macht. Früher war das TV-Bild nicht veränderbar, und die Botschaften aus irgendeinem Glaswolkenkratzer strömten mit dem Wahrheitsanspruch eines Evangeliums in die Wohnzimmer. Heute wissen Kinder ganz genau, wie man den Bildschirm manipuliert. Ihre Wahrnehmung und ihre Einstellung zum Fernsehbild haben sich grundlegend geändert. Dank Computer-Maus und Internet nutzen sie den Bildschirm als Zugang zu neuen Orten und Ideen, statt sich passiv programmieren zu lassen. Kinder mit Videokameras schauen sich längst keine vorfabrizierten Programme mehr an. Sie machen ihre eigenen.

SCREENAGER Ich nenne die Generation, die bereits mit interaktiven Geräten im Medienarsenal aufge-

wachsen ist, „Screenager“. Eingeborene eines Medienraums, in dem selbst der beste Programmgestalter nur zugereister Fremdling ist. Screenager sprechen eine eigene Sprache und durchschauen sofort jeden plumpen Versuch, sie gefügig zu machen. Sie vergessen keine Sekunde, daß sie Medien anschauen, und ärgern sich über Leute, die ihnen irgend etwas aufschwätzen und verkaufen wollen. Wir halten ihre ironische Distanz oft für kulturelle Apathie, aber das ist falsch. Sie können mitfühlen, aber sie weigern sich, die Ängste eines TV-Helden zu verinnerlichen und damit irgendeine versteckte Botschaft zu schlucken. Screenager schätzen Shows, in denen die inhärenten Brüche des Fernsehmediums – und unserer Welt – nicht wegretuschiert, sondern akzeptiert werden. Die meisten herkömmlichen Programme übermalen Unstimmigkeiten, um keine Zuschauer zu verlieren. Vor dem Werbeblock versuchen sie uns zum Beispiel mit einer besonders spannenden Szene bei der Stange zu halten. Regisseure studieren oft jahrelang die hohe Kunst, wie man harte Schnitte übertüncht. Doch die geglätteten Brüche wirken immer verlogen.
Während abrupte Schnitte Erwachsene häufig noch immer überfordern, kommen die mit den Neuen Medien aufgewachsenen Jugendlichen damit bestens klar. Wie beim erfahrenen Skiläufer und dem kleinen Bub auf dem Snowboard: Der Vater hält seine Skier zusammen und sucht sich den sanftesten Puderschneehügel aus. Der Bub liebt Huckel, Steine und Eisplatten. Er fühlt sich auf schwierigem Gelände wohl, weil er unbewußt spürt, daß es echt und natürlich ist.

LUST AUF CHAOS Was man gemeinhin als „Aufmerksamkeitsstörung“ bezeichnet, ist in Wirklichkeit nur eine Reaktion gegen die Übermacht des Programmierens. Wenn man überall auf Plakate und Reklamen schaut, die uns in eine bestimmte Richtung zwängen wollen, ist die Verweigerung jeglicher Aufmerksamkeit wahrscheinlich die einzig wirksame

1 Programming, Illustration: Birgit Eggers 2 Zapping, Illustration: Birgit Eggers

Gegenstrategie. Mit dem Rückzug und der Weigerung, sich auf irgendein bestimmtes Bild zu konzentrieren, macht sich der Mensch mit „Aufmerksamkeitsstörungen“ immun gegen die Vereinnahmetechniken der Programmierer.

Programm-Macher, die cool sein wollen, reagieren heute auf die natürliche Chaos-Lust manchmal mit völlig überflüssigen holprigen Schnitten und schlingernden Kamerafahrten. Dokumentarfilme wirken nämlich nur deshalb „wirklich“, weil sie die Kameraführung und die Produktionsbedingungen mit häufig nur einer einzigen Kamera nicht vertuschen können.

Eine einfältige Filmtechnik, die diesen Dokumentar-Realismus mit wildem Herumschlenkern der Kamera vortäuschen will, beeindruckt allerdings nur Erwachsene. Kinder durchschauen die primitiven Imitationen von Low-Budget-Dokumentationen sofort und verlachen sie.

Junge Menschen erleben Medien und Technik anders, denn sie stehen bereits am Ende einer evolutionären Umstellung, die meiner Meinung nach in einer Veränderung der Erzähltechniken besteht.

KULTURELLE EVOLUTION Die Evolution des Geschichtenerzählens, die ich in meinem Buch „Chaos-Kids“*

1 Evolutionsstadium der Rekapitulation, Illustration: Birgit Eggers

*Douglas Rushkoff: „Chaos-Kids“, Knaur Taschenbuch Verlag, München 1997

schildere, folgt den drei Hauptschritten beinahe jeder kulturellen Erfindung. Am Anfang steht die Phase der tatsächlichen Beschreibungen. Geld ist noch Gold – mit einem wirklichen Wert. Die westliche Religion verkündet die Zehn Gebote: Tue dies und jenes nicht. Alles folgt einfachen, geraden Linien und funktioniert nur, weil die Erfahrungen der Menschen sehr begrenzt sind.

Das zweite Stadium definiert sich aus der Metapher. Beim Gold verkörpert jetzt das Goldzertifikat, ein Papiergeld, den wirklichen Wert des Goldes. In der Religion taucht Jesus mit seinen Gleichnissen auf. Lehrreiche Geschichten wie die von der Ehebrecherin, die gesteinigt werden soll, stehen als Metaphern für unsere eigenen Lebenssituationen. Anders als ein direktes Gebot kann ein Gleichnis auf tausenderlei mögliche Lebenskonflikte angewendet werden, solange wir uns alle mit seinem Protagonisten identifizieren. Man nennt Gleichnisse auch Parabeln: Kurven, die das Verhältnis eines Punktes zur Gesamtlinie beschreiben. Solange wir in einer linearen Welt leben und alle in einer Reihe stehen, verstehen auch alle die Botschaft einer Geschichte, deren Helden auf Überwesen, Hierarchien und Treuepflichten verweisen.

REKAPITULATION Aber unsere Welt und besonders die unserer Kinder ist zu chaotisch geworden, um noch in einer Reihe zu stehen und einer Autorität zu folgen. Unsere Kinder gehen nicht einmal mehr zu Rock-Konzerten, sondern zu Rave-Parties ohne sexy Sänger vorne auf der Bühne. Der Rave – eine spirituelle Veranstaltung – ist ein hervorragendes Beispiel für unsere dritte kulturelle Phase, die ich „Rekapitulation" nenne. Anstatt sich auf die spirituellen Geschichten anderer einzulassen, schafft man sich lieber seine eigenen. Der Rave faßt eine spirituelle Wahrheit zusammen und ist Spiritualität. Darum waren so viele Menschen berührt, als Shirley MacLaine am Strand ausrief: „Ich bin Gott." Sie erklärte sich nicht zum Herrscher des Himmels, sondern fühlte einfach, daß sie auf eine kleine, aber großartige Weise das Wesen Gottes erfaßt hatte. Sie sah sich als Teil des „großen Fraktals". Das ist neuere Mathematik: die diskontinuierliche Gleichung.

Auf der Ebene des Geldes entspricht die Phase der „Rekapitulation" einer modernen Währung, bei der das Bargeld nicht mehr durch den Wert tatsächlicher Metallreserven gedeckt ist. Der Dollar faßt die Originalfunktion von Geld zusammen. Er ist Geld! (Bezeichnenderweise druckte das US-Schatzamt erst nach der Abschaffung des Silberstandards „In God we trust – wir vertrauen auf Gott" auf die Rückseiten seiner Banknoten.)

SCHIRM IM SCHIRM Wie aber werden Fernsehen und das Erzählen von Geschichten „rekapitulierend"? Nehmen Sie „Beavis and Butthead", die beiden Comichelden von MTV. Die Erlebnisse dieser zwei kleinen Trickfiguren rekapitulieren die Erlebnisse der Kinder, die MTV anschauen – ein Bildschirm im Bildschirm. Der Zuschauer schaut Zuschauern beim Zuschauen zu. Mit „Beavis and

Butthead" bleiben Screenager auf Distanz zum Programm: Ein hübsches Mädchen mit großem Busen spaziert durch das Fenster des MTV-Videos, und der männliche Zuschauer versinkt in Trance. Doch noch bevor er völlig hypnotisiert ist, grölt Beavis: „Geile Titten!" Der Zuschauer wird dem Bild entfremdet. Er wird gezwungen, Abstand zu halten. Was Bertolt Brecht auf der Bühne vollbrachte, machen „Beavis and Butthead" im Fernsehen. Der Schirm im Schirm macht das Programmierwerkzeug zu einem Fenster – zu einer Tür nach draußen statt zu einer Lehrstunde.

Die Witze in dieser Art Show spielen immer auf die Medienwelt an, wobei das Vergnügen aus der Verknüpfung scheinbar weit entfernter Orte im Medienraum resultiert. Dieser Komödienstil hält zum Beispiel auch die Simpsons so lange am Leben. Die vielen Anspielungen zu verstehen macht ihren Witz aus.

In den „rekapitulierenden" Medien und Erzählungen erhält das Publikum seine Befriedigung über die eigene Fähigkeit, sich in einem zunehmend komplexen Medienraum zu orientieren. Statt die spannende Erlösung des Helden – mit unterschwelliger Botschaft – stellvertretend mitzuerleben und zu verinnerlichen, vergnügt sich der Screenager lieber an flüchtigen Sinnzusammenhängen in einem chaotischen Medienumfeld. Er bekommt dabei seine Belohnung in einer – wie ich meine – naturähnlichen Welt.

VERNETZUNG Die Technik wurde zwar zur Unterdrückung der Natur und die Medien wurden zur Unterordnung der Menschen erfunden, inzwischen aber sind sie selbst kaum mehr beherrschbar. Unsere technisch-mediale Infrastruktur ist so komplex geworden, daß sie nicht einmal mehr ein Rupert Murdoch oder Bill Gates kontrollieren kann. Die Leute am Schalthebel legten die Kabel als Programm-Einbahnstraßen aus und übersahen, daß wir sie auch verknüpfen und über sie kommunizieren können. Elektronen ist es egal, in welcher Richtung sie durch ein Kabel flitzen. Für sie gibt es kein Oben und Unten, keine Hierarchien und keine Einseitigkeiten.

Die Medienwelt zeigt inzwischen die ersten Anzeichen eines Chaossystems. Wie ein Fraktal – das Wetter, ein Ozean – hat sie Selbstähnlichkeiten, verborgene Strukturen und aus der Entfernung wirkende Hebelkräfte. Selbstähnlichkeiten sind Formen der Rekapitulation, bei denen jedes Videobild die gesamte Medienwelt widerspiegelt – wie zum Beispiel der Schirm im Schirm bei MTV. Hebelkräfte aus großer Distanz zeigen sich in einem Fall wie dem Amateurvideo über Rodney King: Die kurze Filmsequenz dokumentierte, wie die Polizei von Los Angeles den Farbigen verprügelte. Sie wurde überall ausgestrahlt und löste in einem Dutzend amerikanischer Städte Rassenunruhen aus – wie der Flügelschlag eines brasilianischen Schmetterlings zum Hurrikan in New York führen kann.

Verborgene Strukturen der Medienwelt sind für die Erwachsenen besonders schwer zu erkennen, aber sie sind der einzige Grund, warum unsere Kinder die

Shows mit Medienanspielungen so lieben. Gehen Sie einmal in einen Chatroom von CompuServe oder in eine Konferenz im Usenet: Sie werden den Rhythmus und Fluß eines wirklichen Lebens in den Medien spüren.

MEDIENVIREN Die drei chaotischen Eigenschaften – Selbstähnlichkeit, Hebelkräfte aus großer Distanz und verborgene Strukturen – bilden den Nährboden für die Verbreitung und Vervielfältigung der „Medienviren". Der moderne Medienraum ist so komplex wie ein lebender Organismus geworden, und wie jede biologische Kultur entwickelt er sich über einen genetischen Auswahlprozeß. Biologisch pflanzen wir uns über Gene fort. Der Evolutionswissenschaftler Richard Dawkins hat nun postuliert, daß wir uns auch kulturell über Meme – geistige Äquivalente der Gencodes – weiterentwickeln. Meme sind Ideen oder Einheiten kultureller Information: Erfindungen, Theorien oder Modetrends wie das Rad oder der Marxismus. Meme verbreiten sich und kämpfen um die Vorherrschaft wie biologische Gene. Starke Ideen verdrängen tendenziell mit der Zeit die schwächeren. Während sich Gene über neue Kombinationen und biologische Verschmelzung weitervererben, werden Meme über Medien durch Generationen und Kulturen weitergetragen. Manche Meme erreichen uns direkt aus dem Munde des Nachrichtensprechers, andere reisen auf subtileren Pfaden, versteckt im Trojanischen Pferd einer Virushülle.

IMMUNSCHWÄCHE Ein Virus ist biologisch gesehen kein Lebewesen, sondern ein genetischer Code innerhalb einer besonders haftfähigen Protein-Schutzschicht. In unserem Körper hängt er sich an eine Zelle an, impft ihr seinen Code ein und ringt dann mit dem bereits existierenden DNA-Code um die Vorherrschaft. Gewinnt er, wird die Zelle zur Brutstätte neuer Viren.

Genauso arbeiten Medienviren – ideologische Codes oder Meme, verpackt in besonders haftfähigen medialen Schutzschalen. Das Rodney-King-Video war so

1 Chaosystem Medienwelt, Illustration: Birgit Eggers

ein Paket von Ideen: „brutale Polizei", „Verfall der Innenstädte", „Rassenprobleme" – eingewickelt in die Hülle eines Amateurfilms. Zunächst verbreitete sich die Geschichte aufgrund der Verpackung, der privaten Dokumentation eines kontroversen Vorfalls. Doch jedesmal, wenn der kurze Ausschnitt über den Bildschirm lief, wurden auch seine Meme in das Bewußtsein der Zuschauer geimpft. Wir sahen ein spannendes Stück Medienwirklichkeit, unsere Augen klebten am Bildschirm – und wir wurden von dem verborgenen Code infiziert: „Polizeigewalt", „Rassenkonflikt", „städtisches Elend". Die Meme kopierten sich sogar selbst und schufen immer neue Nachrichten – über das Video, die Reaktionen darauf, den Prozeß gegen die Polizisten, die Krawalle nach dem Urteilsspruch und so weiter.

IDEEN TRANSPORTIEREN Schlaue Propagandisten wissen, wie man Medienviren produziert und verbreitet. Sie verpacken ihre Ideen in mediale Schutzschalen und schleudern sie in eine ahnungslose Öffentlichkeit. Medienviren brauchen weder den Spannungsbogen einer traditionellen Geschichte noch faszinierte Zuhörer. Sie brauchen nur einen kurzen Moment unserer Aufmerksamkeit, den sie sich dank unserer Medienneugier ergattern. Madonna ist so ein Medienvirus: Sie bricht die „Gesetze" der Medien, um ihre Vorstellungen über Sex zu verbreiten. Auch der amerikanische Präsident-

1

[1] Meme: Einheiten kultureller Information, Illustration: Birgit Eggers

schaftskandidat Ross Perot brach mit seinen „Infomercials" die Medienregeln, als man ihm den Platz in den offiziellen Kandidaten-Debatten verweigerte. Medienerfahrene Aids-Aktivisten wiederum erzeugen mit selbstkreierten Ereignissen Aufmerksamkeit und verbreiten darüber gleichzeitig ihre Meinung über Regierungspolitik und mangelnde Finanzhilfe. Letztlich werden sich aber nur diejenigen Viren durchsetzen, die bereits immunanfällige Bereiche unserer Kultur und unseres Denkens angreifen. Madonnas Viren über Sex verbreiteten sich so zum Beispiel in einer Zeit, in der Frauen ihre Sexualität noch nicht offen zeigen konnten. Der Rodney-King-Virus griff um sich, weil wir in den Vereinigten Staaten tatsächlich große Rassenprobleme haben. Ein Virus ist immer nur dann stark, wenn er die Schwachpunkte unseres kulturellen Selbstverständnisses erfolgreich herausfordert. Und was uns nicht umbringt, macht uns am Ende stärker. Wir entwickeln eine Resistenz gegen einen Virus, indem wir unsere kulturellen Codes verändern. So zwingen die Viren den Menschen, sich weiterzuentwickeln.

MEDIEN LEBEN In der Technik und den lebendigen Medien kann man zum Verhängnis ihrer Erfinder inzwischen schon Triebkräfte der Evolution beobachten, wie Bewußtsein, Komplexität und Vernetzung. Die Evolution zeigt die Natur im Zeitablauf. In ihrem ewigen Tanz mit der tödlichen Entropie strebt sie nach immer höheren Formen des Bewußtseins und Lebens. Atome werden zu Molekülen, zu Aminosäure-Ketten, Zellen, Organismen und schließlich, nun ja, zur Zivilisation.

Wer sich schon einmal online bewegt hat, dem ist deshalb auch der nächste, offensichtliche Evolutionsschritt der Menschheit nicht mehr verborgen: Sie wird sich auf irgendeine Weise zu einem Metawesen zusammenfügen. Nur davon handelt ihr Kampf: Wie findet man ein Gruppenbewußtsein, ohne das geliebte individuelle Bewußtsein zu verlieren? Wie der Fötus im Mutterleib die ganze Geschichte der Evolution noch einmal nachvollzieht, so ist auch die Evolution generell ein rekapitulierender Prozeß. Viele sagen, daß die New-Age-Idee vom Gaia-Bewußtsein im Cyberspace – eine endgültige Verdrahtung aller menschlichen Neuronen – unsere facettenreiche Welt in eine Monokultur verwandeln wird. Ich behaupte das Gegenteil: Während die programmierte Medienhierarchie uns in eine Monokultur treibt, wird eine Welt, in der sich jeder selbst über Medien mitteilen kann, zum absoluten Chaos führen. Nicht zur Unordnung, sondern zum Chaos.

GLOBALE GEMEINSCHAFT Der Cyberspace ist pure Medizin für eine Gesellschaft, die den Kontakt zu sich selbst verloren hat. Manchen mag das Internet kalt und technisch erscheinen, aber welche anderen Vernetzungsmöglichkeiten haben wir denn in einer Kultur, die Wettbewerb über Zusammenarbeit stellt und sogenannte Familienwerte über Gemeinschaftssinn? Wer durchs Internet surft, sucht keine Fakten, sondern Menschen. Die Technik befriedigt unseren großen kollektiven Drang nach Vernetzung. Ironischerweise sind es aber nicht die sogenannten „Dritte-Welt-Kulturen", die heute dringend online gehen müssen, denn sie haben ihre Vernetzung mit der Natur und den Rhythmen unseres Planeten längst begriffen. Wir hingegen, die Mitglieder der überreglementierten westlichen Zivilisation, müssen erst wieder lernen, daß wir alle zu einem einzigen riesigen menschlichen Organismus gehören.

In den Augen von Spiritualisten ist der Cyberspace eine Annäherung an das Kommunikationspotential, zu dem wir alle fähig sein werden, wenn wir unser Sensorium für unsere tiefgreifende Vernetzung auch organisch entwickeln. Das mag vielleicht übertrieben sein, aber das Internet ist sicher eine saubere, sichere elektronische Möglichkeit, um eine Art globaler Gemeinschaft zu erleben. Vielleicht wird es uns sogar davon überzeugen, daß uns da draußen wirklich niemand fertigmachen will, und uns aus unseren engen, kleinkarierten, mit Aluminium gepanzerten Realitäten locken.

MEDIENAKTEURE Die hierarchischen Programm-Macher werden die neue Medienwelt aber nicht ohne Kampf verlassen. Bereits jetzt warnen die Titelseiten der Nachrichtenmagazine vor „Internet Pornos", und selbst führende Computerfachleute schreiben für modische Fachzeitschriften, um uns davon abzuschrecken, alleine und ohne hochbezahlte Spezialisten durchs Internet zu wandern. Sie geben uns tausend Gründe, um uns von kultureller Intimität und alternativen Informationsquellen abzuhalten. Wie gesagt: Die klassische Programmgestaltung wirkt, weil sie das gefesselte Publikum in Angst bannt. Wenn aber die Zuschauer selbst zu Medienakteuren werden, versagen die Kommunikationstechniken und der Zwang. In der neuen Medienwelt verbreitet man Ideen besser über Medienviren, die aber nur wirken, wenn sie tatsächlich fehlerhafte Zustände angreifen. Heute kann man Lügen nicht mehr lange aufrechterhalten.

Selbst erfolgreiche Medienviren können Produkte oder Ideen nur „verkaufen", wenn ihr Code unauflösbar mit der Schutzschale verbunden ist. Denn in einem dekonstruktivistischen Medienraum werden Produkte sofort von den herkömmlichen Assoziationen getrennt. Man kann nicht mehr eine Kaviarmarke auf dem Kühler eines Rolls-Royce fotografieren und meinen, diese Anspielung würde sich irgendwer merken. Medien wirken heute wie Wasser oder Säure. Sie lösen künstliche Zusammenhänge zwischen Ideen und Objekten auf und fördern statt dessen eine tiefere Form der Intimität und Vernetzung zwischen allem, was in die Medienwelt eintritt.

Die Medien, ursprünglich ein Kontrollinstrument für die natürliche kulturelle Entwicklung, werden heute zu ihrem Anwalt. Medienviren sind nicht mehr die Werkzeuge des Marketings, sondern der Gesellschaft.

MUTATIONEN In Zeiten der Existenzbedrohung hängt das Überleben biologischer Arten einzig von

Mutationen und außergewöhnlichen Genverbindungen ab. Zur Anpassung an wechselnde Voraussetzungen über die Jahrhunderte brauchen die Spezies deshalb ein vielfältiges genetisches Reservoir. Wird es geschmälert, schwächt das sie und ihre Überlebenschancen. Ähnlich fördert auch kulturelle Vielfalt – in gewissen Grenzen – die Überlebensfähigkeit einer Gesellschaft. Eine gleichgeschaltete, faschistoide Gesellschaft hat bei dramatischen Lebensweltveränderungen äußerste Probleme. Kein Wunder, daß sich fundamentalistische Regimes und Religionen selbst gegen die bloße Idee der Evolution wehren, wie zum Beispiel jene amerikanischen christlichen Fundamentalisten, die ihren Kindern die Entwicklungslehre in der Schule vorenthalten wollen.
Kulturen entwickeln Vielfalt nicht durch den Eins-zu-eins-Austausch von genetischem Material, sondern durch Tausch und Neuverbindung von Memen. Die beste, sicherste und weitreichendste Verbreitungsform für Meme sind dabei die Medienviren, die Schwachstellen kultureller Normen überall angreifen, wo sic hinkommen, und sich verändern, wo es nötig ist. Man kann das mit alten kulturellen Mythologien vergleichen, die sich auch in Anpassung an kulturelle Eroberer vervollständigten oder veränderten.

WERBUNG ALS KULTURPROZESS Dem unvoreingenommenen Publikum können in einem natürlich zersplitterten und grundsätzlich egalitären Medienraum allerdings Verhaltensweisen nicht mehr aufgedrängt werden. Meme sind nur Ideen, die sich zwar in den rissigen Grundlagen unseres Gesellschaftssystems einnisten, aber nicht unsere Handlungen in ähnlich falsche Richtungen umdirigieren können. Medienviren können gewisse Subkulturen hoffähig machen und sogar Menschen helfen, das Chaos um sie herum zu verstehen. Aber sie erzeugen kein neues System aufgezwungener Logik. Einfacher: Sie können einen Menschen nicht dazu bringen, etwas zu kaufen, was er nicht will.
Der Medienmacher oder Marketer, der sich der Viren bedient, fördert deshalb das permanente kulturelle Gespräch, die Nähe durch Medien und die kulturelle Vielfalt. Die Arbeit von Werbe- und Marketingleuten ist also eine Art kultureller Schmierstoff. Sie mögen zwar glauben, daß sie den Konsumenten im Sinne ihres Kunden manipulieren, aber in Wirklichkeit benutzen sie die Werbebudgets im Dienst unserer kulturellen Entwicklung. Daran – so kann man abschließend sagen – ist nun wirklich nichts Böses.

Globale Gemeinschaft, Illustration: Birgit Eggers

ANZEIGENTRENDS

VOM LESEN UND BETRACHTEN

ES STAND IM SPIEGEL

ZEITGEIST WERBUNG

ALLE REDEN VOM WETTER

SPIRITUELLER MEHRWERT

STREIT IM MÄDCHEN-PENSIONAT

ÜBER WERBUNG UND JOURNALISMUS

DRAMATISCH NORMAL

DIE SPRACHE DER BILDER

VIRTUELLES WERBEN

LOKAL ER

SPIEG

MEDIENMARKE

MEDIAQUALITÄT IN DER

WERBUNG

CROSS MEDIA

I HAVE A DREAM

ZAHLEN UND FAKTEN

PETER WIPPERMANN, STEFAN AUST, ANDREAS STEINLE/PETER WIPPERMANN, MICHAEL SCHIRNER, NORBERT BOLZ, PETER GLOTZ, CORDT SCHNIBBEN, CHRISTIAN BOROS/GUIDO HALFMANN, PETER WIPPERMANN, DOUGLAS RUSHKOFF, THOMAS HOLTROP, HANS-JOACHIM RICHTER, WERNER E. KLATTEN, JÜRGEN STRÖBEL, CHRISTIAN SCHLOTTAU

Thomas Holtrop Geboren 1954. Vorstand für Marketing, Vertrieb, elektronische Medien und PR bei der Bank 24. Von 1988 bis 1989 Geschäftsführer bei der Werbeagentur Springer & Jacoby. Danach Tätigkeit bei American Express International, zuletzt als Vice President International Business Partners in New York.

DER SPIEGEL

VIRTUELLES WERBEN

ZUKUNFT DER KOMMUNIKATION DIE BANK 24 GIBT ES ALS UNTERNEHMEN EIGENTLICH GAR NICHT. ZUMINDEST LAUT EIGENWERBUNG. IM GEGENSATZ ZUR FILIALBANK WICKELN IHRE KUNDEN FINANZGESCHÄFTE AUSSCHLIESSLICH ÜBER TELEFON, FAX UND COMPUTER AB. BRAUCHEN ONLINE-UNTERNEHMEN EINE NEUE, ANDERE FORM VON WERBUNG?

Das Gespräch mit Thomas Holtrop führte Andreas Steinle

Wie kommunizieren „virtuelle Unternehmen“ mit der realen Welt?

Für ein virtuelles Unternehmen ist es besonders wichtig, beim Verbraucher Markenbewußtsein aufzubauen. Das geht nur mit massiver Werbung in TV, Print- und Online-Medien. Wir betreiben das seit Gründung der Bank 24 vor zwei Jahren sehr konsequent und zielstrebig. Deshalb haben wir heute einen Bekanntheitsgrad von 50 Prozent bei unserer Zielgruppe. Andere Mitbewerber liegen im Vergleich dazu deutlich darunter.

Wie wird die Werbung der Bank 24 über die verschiedenen Medien gestreut?

Unser Basismedium ist TV. Wir geben einen zweistelligen Millionenbetrag jährlich für Fernsehspots aus, denn mit ihnen läßt sich der Markenkern emotional am besten aufbauen. Unsere beiden anderen Werbesäulen sind Direktmarketing und die Online-Medien. Wir beginnen jeden Mediazyklus mit vier bis fünf Wochen intensiver Fernsehwerbung, gefolgt von Direktmarketing-Aktionen. Parallel dazu plazieren wir Hyperlinks in Online-Medien, so daß der Verbraucher auf allen Kanälen immer wieder auf Informationen und Erklärungen zur Bank 24 stößt. Print nutzen wir als taktisches Vehikel zur Information und Erinnerung. Wir zeigen in den Anzeigen nur Telefonnummer und Kurzinfos über unser Angebot.

Welche Erfahrungen haben Sie bisher mit Online als Werbemedium gemacht?

Online-Medien sind ein ganz spezieller Marktplatz. Sie sind längst nicht mehr nur Ergänzung zu TV oder Print, sondern ein neues Spielfeld mit eigenen Regeln. Für uns als Bank sind sie besonders interessant, weil sie nicht nur Kommunikation, sondern auch Transaktionen wie Überweisungen am Home-PC erlauben. Sobald wir Kunden zu einem Viertel der Kosten über das Internet gewinnen können, werden wir sicher Budgets aus Medien abziehen, die in der Akquisition weniger attraktiv sind.

Welchen Stellenwert nimmt die Online-Werbung denn heute bei Ihnen ein?

Wir sind heute alle noch in der Testphase. Man muß dabeisein, aber der Schwerpunkt der Budgets liegt derzeit noch bei TV und Print. Die Online-Medien knabbern aber zunehmend an den Budgets der traditionellen Medien.

Vor 50 Jahren schockierte der damalige Rundfunkdirektor Adolf Grimme die Deutschen

1 Call Center 2, Bank 24

1

2

mit der revolutionären Absicht, im Fernsehen Werbefilme zu zeigen. Heute kassieren die Sender den größten Teil der Werbegelder. Haben die Online-Medien eine ähnlich rosige Zukunft?

Im Moment werden über die Zukunft der Online-Medien ja noch Glaubenskriege geführt. Die jungen Konsumenten – die Nintendo-Generation – benutzen sie aber schon sehr spielerisch und warten auf neue Kommunikationswege. Die Neuen Medien werden im Marketingmix deshalb sicher eine immer wichtigere Rolle spielen. Es wird aber keine Ablösung stattfinden, eher eine Verschiebung. Die Budgets wachsen ja nicht; die Unternehmen wechseln von einer Budgetposition auf die andere. Unsere traditionellen Werbepartner Print und TV werden sich in Zukunft stärker bemühen müssen, überzeugende Argumente für ihre Medien zu liefern.

Die Bank 24 wird also in Zukunft Online-Medien auf Kosten von klassischen Kanälen – Print und Fernsehen – bevorzugen?

Wenn wir über diesen Medienkanal die Kunden zu günstigeren Konditionen bekommen, werden wir uns mit Sicherheit nicht davon abwenden. Trotzdem bleiben Fernsehen und Print für den Aufbau einer Marke die Basismedien. Wer sich zu Markenführung bekennt, muß sich auch zu diesen beiden Basismedien bekennen.

Eine virtuelle Bank kann nicht ohne klassische Medien auskommen?

Das würde ich heute so formulieren. Es ist Aufgabe der klassischen Medien, diese Position nicht streichbar zu machen. Kreativität und Eingehen auf den Kunden sind gefragt.

Warum eignen sich die Neuen Medien denn nicht zum Markenaufbau?

Bisher hat das einfach noch niemand versucht, deswegen fehlen die Erfahrungen. Bei einem präzise abgesteckten Zielgruppensegment und einem Angebot, das ausschließlich online vertrieben wird, könnte ich mir aber vorstellen, daß man eine Marke auch über die Neuen Medien aufbauen kann.

Warum macht das die Bank 24 als „virtuelles“ Unternehmen nicht? Ihre Zielgruppe hat doch eine hohe Affinität zu Neuen Medien?

Sie dürfen die Zielgruppe nicht zu sehr eingrenzen. Viele unserer Kunden nutzen nur das Telefon. Und wir müssen auch die ansprechen. Bei einem Kundenkreis mit einer Altersstruktur von 20 bis 45 Jahren ergibt sich eben eine sehr heterogene Medianutzung. Wer – so wie wir – ein Massen-

1/2 Bilder aus dem Informationspaket für Kunden, Bank 24

3

produkt anbietet und den Mainstream erreichen will, kommt an TV und Print nicht vorbei.

Auf der Homepage der Bank 24 kann man auch Kataloge – klassische Printprodukte – anfordern. Denken die Verbraucher immer noch: „Was ich schwarz auf weiß habe, ist ‚wahrer', als was auf dem Bildschirm flackert"?

Sicher möchte der Verbraucher manche Dinge auf seinem Tisch haben und haptisch erfahren. Bei Banken etwa die Allgemeinen Geschäftsbedingungen (AGB). Die ältere Generation, die noch gewohnt ist, alles anzufassen und zu spüren, besteht bei Finanzdienstleistungen auf dem gedruckten Informationspaket. Die heutigen Teenager dagegen wachsen mit Online-Medien auf und fragen sich keine Sekunde, ob sie den Inhalten im Netz trauen können. Für sie ist die Glaubwürdigkeit dieses neuen Mediums sehr hoch.
Als nächste Phase wird es AGBs im Internet und elektronische Unterschriften geben, und dann wird kein Mensch mehr über Online-Medien einen Printkatalog bestellen. Ich schätze, in sieben bis acht Jahren wird es soweit sein. Man wird ohne Bruch im Medium bleiben, nur noch eine Minderheit wird gedruckte Unterlagen verlangen.

Bei so viel Vertrauen in den selbstverständlichen Umgang mit Online-Medien: Was wird für die Unternehmen in Zukunft der zentrale Nutzen von Printwerbung sein?

Print bringt unseren Kunden zum Beispiel Erinnerungswert: Die Printprodukte werden mehrmals zur Hand genommen. Ein Bank-24-Reminder als Sonderformat im Börsenteil kann ein Anstoß sein, bei uns anzurufen. Im Fernsehen ist der Spot nach 20 Sekunden vorbei und kann nicht zurückgeholt werden. Print ist für uns deshalb für manche Aufgaben unersetzbar.

Wie reagieren Sie auf die immer stärkere Diversifikation innerhalb der Mediengattungen?

4

3/4 Bilder aus dem Informationspaket für Kunden, Bank 24

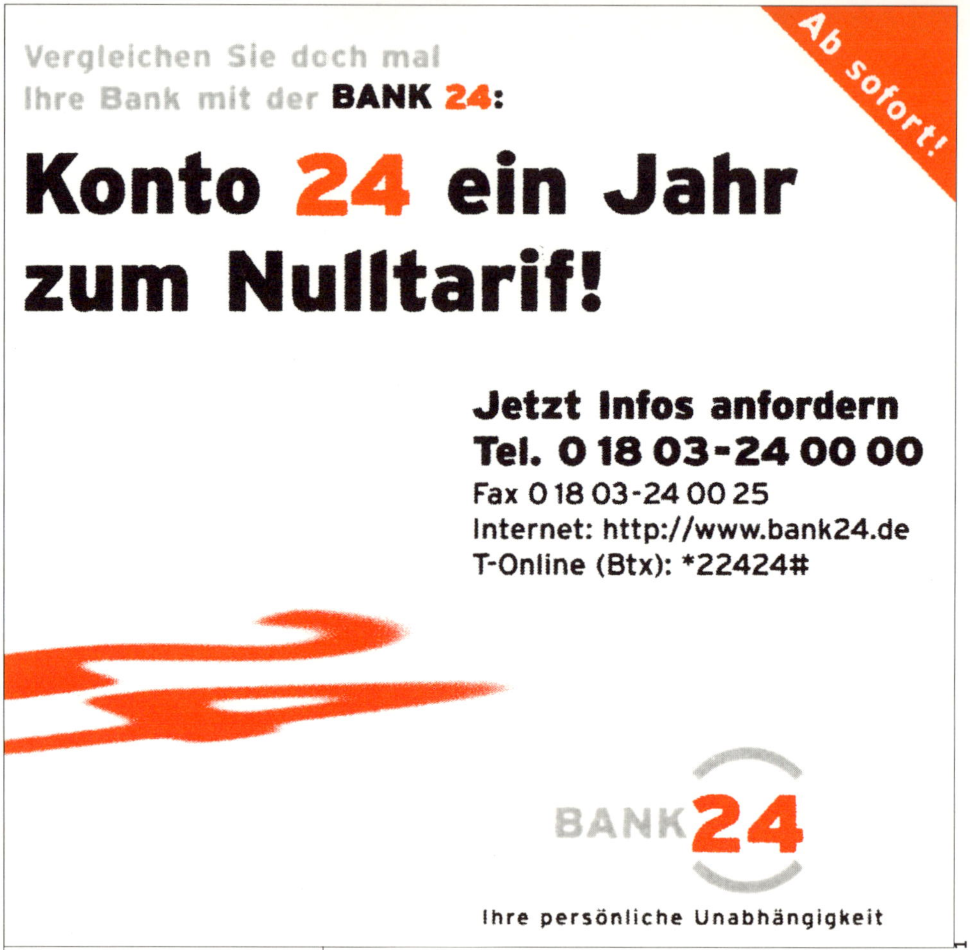

Wir werden kritischer und fokussierter in unserer Auswahl. Zusammen mit der Mediaagentur machen wir eine sehr genaue Analyse der Zielgruppe, um Streuverluste zu verringern. Früher gab es nur ARD und ZDF; da mußten Sie nicht lange überlegen, wo Sie Spots plazieren. Heute ist das eine halbe Wissenschaft. Heute muß mehr Intelligenz im Spiel sein.

Welche Anforderungen stellen Sie in einer veränderten Medienlandschaft an Ihre Werbepartner? Was wäre verbesserungswürdig?

In erster Linie verlange ich redaktionelle Qualität und Unabhängigkeit, denn die entscheiden über die Akzeptanz des Mediums bei unserer aufgeklärten, kritischen und selbstbewußten Zielgruppe. Natürlich haben wir auch Ansprüche an die Verlagsabteilungen, mit denen wir zusammenarbeiten: Sie müssen vor allem flexibel sein und kreativ in der Schaffung neuer Werbeumfelder. Die Anzeigenvorlaufzeiten müßten allerdings stark verkürzt werden. Als Anbieter virtueller Dienstleistungen kann man sich mit drei Wochen Anzeigenvorlauf im Printtitel nur schwer abfinden. Time to market ist für uns entscheidend. Früher hatte man für die Entwicklung eines Produktes bis zur Vermarktung anderthalb bis

1 Bank-24-Anzeige im SPIEGEL, Nr. 4/1997

[2]

zwei Jahre Zeit, heute müssen vier bis sechs Monate reichen. Wenn sich alles beschleunigt, müssen auch die Partner, die die Produkte kommunizieren, schneller werden. Viele Verlage arbeiten so, als sei die Welt vor zehn Jahren stehengeblieben.

Warum werben Sie speziell im SPIEGEL?

Weil wir vom SPIEGEL als kompetentem Medium überzeugt sind. Wir wissen: Der Konsument nutzt den SPIEGEL als Informationsquelle und weist ihm hohe Glaubwürdigkeit zu.
Außerdem zeigen die Mediaanalysen große Überschneidungen beim Profil unserer Kunden und den SPIEGEL-Lesern – nicht nur soziodemographisch, sondern auch in der kritischen Haltung und beim Interesse an einem Dienstleister, der schnell auf den Punkt kommt. Im übrigen ist DER SPIEGEL in der letzten Zeit sehr konstruktiv und kreativ beim Kreieren neuer Formate gewesen. Niemand will im Einerlei aller mitschwimmen. Die Kleinformate der Bank 24 im Wirtschaftsteil gab es zum Beispiel vorher noch gar nicht.

Immer mehr Verlage entwickeln sich zu Medienhäusern. DER SPIEGEL bietet heute neben Print- auch TV- und Online-Produkte an. Ist es für

[2] Bank-24-Anzeige im SPIEGEL, Nr. 26/1997

Werbekunden attraktiv, mit einer Medienmarke über verschiedene Kanäle zu werben?

Ja, ich halte es für sehr vorteilhaft, durchgängig mit einem Partner zu arbeiten. Da für unser Unternehmen der Markenaufbau elementar wichtig ist, brauche ich dazu Partner, die bereits eine Marke positioniert haben. Ich muß allerdings trotzdem systematisch prüfen, ob ich mit den anderen Bausteinen wirklich das Richtige eingekauft habe und ob der Markenkern des Ursprungsmediums auch über die anderen Kanäle transportiert wird.

Gelingt das denn beim SPIEGEL?

Ja, ich sehe keinen Bruch in der Marke. Im Fernsehen garantiert besonders die Person Stefan Aust Kontinuität. Auch die Sonderpublikationen unter der Marke SPIEGEL halten die Wiedererkennbarkeit inhaltlich und gestalterisch gut ein.

Sind Medienmarken für Werber heute schon ein Auswahlkriterium?

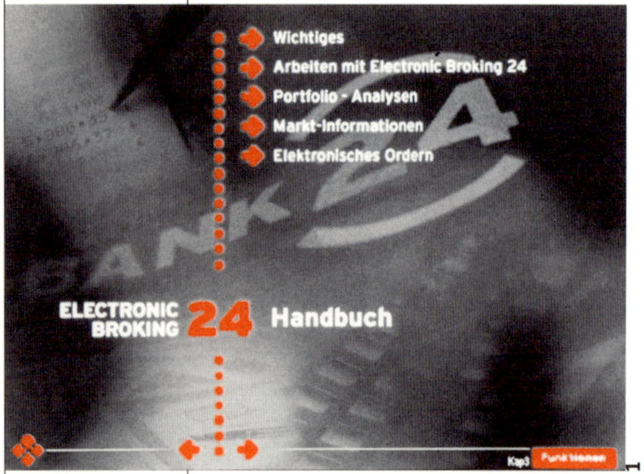

Marken im Medienbereich sind für mich sicher wichtig, weil sie positive Assoziationen wekken. Letztlich fälle aber nicht ich die Entscheidung. Das überlasse ich der Agentur, und ich bezweifle, daß sich Agenturen von Medienmarken beeinflussen lassen. Dort wird immer sehr faktisch argumentiert.

Bieten Medienhäuser schon Packages für alle Medienkanäle an?

Ich habe noch kein Angebot bekommen, das die Vorteile einer Bündelung klar und deutlich hervorgehoben hätte.

Welche Vorteile könnten das sein?

Zum einen die preislichen. Es könnte aber auch inhaltliche Vorteile geben, etwa bei der Abstimmung verschiedener Medienkanäle aufeinander. Dazu brauchte es aber eine wesentlich höhere Gesprächsbereitschaft, denn die Mitarbeiter im Anzeigenmarketing von Print und TV müßten sich erst einmal zusammensetzen und überlegen: Was

1 Screenshot Electronic Broking 24, Bank 24

können wir dem Kunden bieten, der in verschiedenen Medien bei der gleichen Marke bleibt?

Die stärkere Vernetzung der Kanäle im Mediamix hat Parallelen in der technischen Entwicklung: Computer, Telefon und Fernsehen verschmelzen miteinander. Wie bereitet sich die Bank 24 auf solche Entwicklungen vor?

Wir beschäftigen uns sehr stark damit. Ich halte zum Beispiel Schnittstellen von PCs mit Fernsehfunktionen bereits für realistisch. Ich denke auch, daß über den PC bald mehr Beratungsfunktionen wahrgenommen werden können, und durch solche Entwicklungen wird sich unser Geschäft erheblich ausweiten. Quality Time ist enorm interessant: Man wird keine Zeit mehr verlieren mit Dingen, die man nicht gerne macht. Dazu gehören auch Geldangelegenheiten, die – wenn man nicht gerade ein neurotischer Charakter ist – für die meisten Menschen eigentlich nicht so spannend sind. Sie möchten irgendwo ihr Geld sicher liegen haben, und ansonsten soll man sie in Ruhe lassen. Viele Bankiers meinen offensichtlich, in eine Filiale zu gehen und über Geld zu sprechen sei für die meisten Menschen ein sexy Erlebnis. Aber das stimmt nicht. Die Leute gehen lieber eine Stunde spazieren, lesen ein Buch oder spielen mit ihren Kindern.

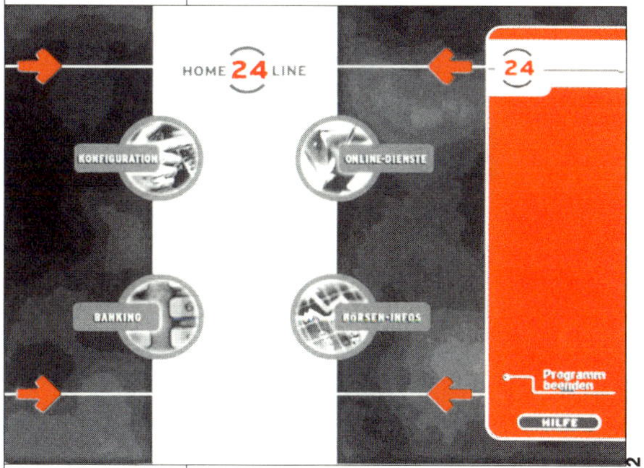

Wie wird die Entwicklung von Kommunikationsschnittstellen die Werbung verändern? Müßten die Werber nicht mehr darüber nachdenken, wie vernetzte Medien wirken?

Ich glaube, vernetztes Denken wird immer wichtiger. Allerdings befinden wir uns noch in einer sehr frühen Phase der Entwicklung. Erst einmal müssen wir die aktuellen Veränderungen in den Griff bekommen. Fünf, sechs oder sieben Jahre vorausschauen, das kann heute so recht noch keiner.

2 Screenshot Homeline 24, Bank 24

[illegible]

VOM LESEN UND

[illegible]

ES STAND IM SPIEGEL

ZEITGEIST WERBUNG

ALLE REDEN VOM WETTER

SPIRITUELLER MEHRWERT

STREIT IM MÄDCHEN-PENSIONAT

ÜBER WERBUNG UND JOURNALISMUS

DRAMATISCH NORMAL

[illegible]

GLOBAL DENKEN, LOKAL ERLEBEN

PETER WIPPERMANN, STEFAN AUST, ANDREAS STEINLE/PETER WIPPERMANN, MICHAEL SCHIRNER, NORBERT BOLZ, PETER GLOTZ, CORDT SCHNIBBEN, CHRISTIAN BOROS/GUIDO HALFMANN, PETER WIPPERMANN, DOUGLAS RUSHKOFF, THOMAS HOLTROP, HANS-JOACHIM RICHTER, WERNER E. KLATTEN, JÜRGEN STRÖBEL, CHRISTIAN SCHLOTTAU

Hans-Joachim Richter Geboren 1954. Geschäftsführer Marketing bei der Philip Morris GmbH in München. Nach dem Betriebswirtschaftsstudium zu Philip Morris. Heute verantwortlich für die Markenführung von Marlboro, Philip Morris Light American und f6.

DER SPIEGEL

GLOBAL DENKEN, LOKAL ERLEBEN

CORE VALUES EINER MARKE MÜSSEN HEUTE GLOBALE GÜLTIGKEIT HABEN. TROTZDEM BLEIBT DIE LOKALE ADAPTION DES MARKENAUFTRITTS WICHTIG. EINE ERFOLGREICHE MARKE WIE MARLBORO GEHT DIFFERENZIERT AUF DIE EIGENHEITEN DER VERSCHIEDENEN LOKALEN MÄRKTE EIN: NATIONALE WERBUNG IM GLOBAL VILLAGE.

1 Marlboro-Motiv 1995

GLOBAL – LOKAL Beinahe jeder Mensch der Welt kennt die Marke Marlboro. Und für jeden, ob in Japan, im Nahen Osten, in Südamerika oder in Europa, ist „seine" Marlboro „die" Marlboro. Doch der Marlboro-Auftritt ist mitnichten ein monolithischer Block mit gleicher Kantenlänge in den USA, Europa, Asien oder der islamischen Welt. Der globale Auftritt wirkt paradoxerweise erst durch regionale Abstimmung auf die einzelnen Märkte so richtig global. Die grundlegende Kampagnenaussage muß dem kulturellen Hintergrund der Regionen entsprechen, um ihre volle Wirkung zu entfalten.

Vor bald fünfzig Jahren erfand Leo Burnett – klein, dick, kauzig, kettenrauchend – in seiner Agentur in Chicago eine Kunstfigur, die bekannter wurde als Mickey Mouse und Mona Lisa: den Marlboro-Cowboy. Der abenteuerlustige, naturverbundene American Hero führte die kaum bekannte Zigarettenmarke – ursprünglich als Damenzigarette in einem viktorianischen Tabakladen der Londoner Bond Street kreiert – auf einen Siegeszug um die Welt. Der Absatz heute: jährlich rund 450 Milliarden Stück. Der geschätzte Wert der Marke: 45 Milliarden Dollar – die teuerste Marke der Welt. Leo erfand eine einfache, weltweit verständliche Botschaft und schuf die Basis für eine vier Jahrzehnte währende internationale Kampagne. Der Geschmack von Freiheit und Abenteuer. Der Marlboro Man im Marlboro Country. Das Werbemotiv blieb von der Einführung in den USA im Jahr 1954 bis zu den globalen Kampagnen heute unverändert. Nicht einmal die rotweiße Packungsgestaltung und die gestreckte Typographie der Packung haben sich verändert. Kein Wunder, daß Burnetts Idee die Marketingtheoretiker fasziniert: Keine andere Marke hielt so lange und mit so viel Erfolg an einem globalen Kampagnenthema fest wie Marlboro. Die Idee Leo Burnetts erscheint heute wie ein Lehrstück für den perfekten globalen Marktauftritt.

ERFOLGSSTORY Ich erinnere mich, wie der erste Marlboro-Cowboy in deutschen Zeitschriften auftauchte. SPIEGEL-Titelgeschichte war ein damals noch schockierender Report über die Sexgewohnheiten der Jugend. Die ganzseitige Anzeige mit dem Cowboy im roten Hemd war ziemlich weit hinten. Der Heftpreis 1971 betrug 1,50 Mark.

Zuvor gab es zwar schon Marlboro in Deutschland, aber sie wurde vom Lizenznehmer Martin Brinkmann GmbH (heute Rothmans) mit deutschen Motiven beworben. Die Hamburger setzten auf den

2 Erste Marlboro-Anzeigenkampagne der Brinkmann GmbH im SPIEGEL 1961

Snob-Appeal einer amerikanischen Zigarette für Deutschland: Dynamische Wirtschaftswunder-Unternehmer und ihre adretten Gattinnen rauchten auf den Anzeigen vorzugsweise bei Cocktails, am Strand oder auf der Terrasse ihrer Villa. 1970 gründete Philip Morris dann die eigene Tochter in München, und der international erfolgreiche Cowboy wurde nach Deutschland importiert. Mit dieser Umstellung – bei gleichzeitiger Berücksichtigung der Eigenheiten des deutschen Marktes – begann die Erfolgsstory. Innerhalb von nur fünfzehn Jahren kletterte die Marlboro von knapp über einem Prozent Marktanteil bis an die Spitze des deutschen Zigarettenmarktes. Die Gründe für den rasanten Erfolg der Marlboro in Deutschland liegen zum einen am damals noch ungewohnten American-Blend-Geschmack und der neuen Flip-top-Box. Zum anderen schlug aber auch die Kampagne sofort ein. Die entsprechenden Core Values von Freiheit und Abenteuer überzeugten, die von uns erarbeitete Feinabstimmung auf den deutschen Markt stimmte.

Bis Anfang der 80er Jahre war die Etablierung einer neuen Marke weltweit allerdings noch wesentlich einfacher. Über eine begrenzte Zahl der Massenmedien erreichte man nahezu jeden erwachsenen Bürger. Die Botschaften versickerten nicht wie heute, im Zeitalter fragmentierter Medien, in einer immer stärker anschwellenden Info-Flut. Heute ist es deutlich komplizierter, die modernen, facettenreichen Konsumentengruppen präzise einzugrenzen und anzusprechen. Nicht umsonst lautet das Lamento unserer Branche: Feste Zielgruppen, einst die Stütze jedes Werbers, gibt es nicht mehr. Heute ist von den lokalen Tochtergesellschaften deutlich mehr Einfallsreichtum gefordert.

WELTBÜRGER In der letzten Zeit macht das Wort von der Global Generation die Runde. Theodore Levitt, Wirtschaftsprofessor in Harvard, brachte diese neue „Zielgruppe“ vor gut zehn Jahren zum ersten Mal ins Spiel. Die Grundthese seines vielbeachteten Aufsatzes lautete: Im Zeitalter globaler Märkte braucht man in der Markenführung ein globales Zielgruppendenken und globale Kampagnen. Seither folgen nicht nur die großen multinationalen Konzerne, sondern auch immer mehr kleinere Exportunternehmen dem Prinzip weltweit einheitlicher Markenführung. Von Fluglinien bis zu Bierbrauern – immer mehr Unternehmen arbeiten an der Perfektionierung eines globalen Produktauftritts mit weltweit einheitlich gesteuerter Werbung.

Wer ist nun diese Global Generation? Viele in der Werbebranche scheinen nicht so genau zu wissen, wen sie mit dem neuen Schlagwort eigentlich meinen. Die neue Gruppe oder Generation läßt sich längst nicht so klar umreißen wie herkömmliche Zielgruppen. Klassische Marktforschungskategorien – Alter, Beruf, Ausbildung, Einkommen – greifen nicht. Alle Altersgruppen vom Teenager bis zum Mittvierziger sind in dieser Generation vertreten. Manche ihrer Repräsentanten verdienen 20.000 Mark im Monat, andere

nur 500. Manche leben in Villen und Großstadt-Apartments, andere in Arbeitersiedlungen und Slum-Hütten. Nur eines vereint alle von Shanghai bis Chicago: ein gemeinsamer medialer Background. Will heißen: Die globale Generation schaut auf der ganzen Welt gleiche Fernsehprogramme, sieht im Kino dieselben Filme und hört im Radio dieselbe Musik. Sie ist verbunden über international identische aktuelle Nachrichtenbilder, über TV-Serien und Musikvideos.
Sie weiß, wer Boris Jelzin und Bill Clinton sind, und identifiziert ohne Probleme die Gesichter von Michael Jackson, Michael Schumacher und Michael Jordan. Vor einem globalen Medienhintergrund formt sie einen Großteil ihrer Werte, Ideale und Träume.
Der amerikanische Medientheoretiker Marshall McLuhan prägte das Wort vom Global Village, einer kommunikativ vernetzten Weltgemeinschaft, die, wie eine Dorfgemeinschaft, Probleme, Hoffnungen und Ideale teile. In den 90er Jahren ist nun eine Generation herangewachsen, für die eine solche weltweit simultane, vernetzte Kommunikation Alltag ist. Obwohl unter den verschiedensten geographischen, klimatischen, kulturellen und religiösen Lebensbedingungen sozialisiert, teilt diese Generation von Kindesbeinen an gleiche Informationen, Klischees und Idole. Eine Generation mit Doppelleben: Sie bleibt zwar in vielen Gewohnheiten ihrem regionalen und kulturellen Hintergrund treu, aber sie lebt auch in einem globalen Universum. Denn was verbindet den Taxifahrer in Moskau, den jungen Computerprogram-

1 **Erste Marlboro-Anzeige der Philip Morris GmbH im SPIEGEL 1971**

mierer in Bangalore und den Abiturienten in Berlin? Sicher nicht ihre konkreten Lebensziele und Alltagsnöte. Dafür aber die Vorlieben für bestimmte „coole" Slang-Worte, Sportschuh-Marken, Cola-Getränke und Musiktitel. Oder die Marlboro-Zigarette.

GEMEINSAMKEIT Wie weit diese globale Integration schon fortgeschritten ist, ist kaum in Zahlen greifbar. Ein paar Schlaglichter mögen allerdings die kommunikative Vernetzung illustrieren:

— Der Musiksender MTV, der 1987 zum ersten Mal den Atlantik überquerte, erreicht inzwischen 282 Millionen Haushalte in 79 Ländern der Welt.

— 3,5 Milliarden Menschen verfolgten die Olympiade in Atlanta – die bisher höchste weltweite Einschaltquote.

— In Lateinamerika hat heute zwar nur die Hälfte der Haushalte ein Telefon, 90 Prozent haben aber einen Fernseher.

— Der Basketball-Spieler Michael Jordan ist nicht nur im Westen ein Teenager-Held, sondern auch das beliebteste Jugendidol Chinas.

Was das bedeutet? Nicht nur gebildete Milieus haben heute von Moskau bis Miami angepaßte Vorlieben, essen in gleich eingerichteten Restaurants, tragen dieselbe Mode und fahren die gleiche Automarke. Auch in den Arbeitervororten und selbst in den Armenvierteln hat sich ein einheitliches Bilder- und Geschmacksvokabular etabliert: Werbemotive wie die Golden Gate Bridge, der Grand Canyon, der Rote Platz und die Skyline von Manhattan werden heute weltweit verstanden. Markennamen wie Coca-Cola, Levi's, Nike, Gillette, McDonald's, Kodak, Sony, IBM, Microsoft und Mercedes sind überall auf der Welt Alltagsbegriffe geworden. Mit einer Marlboro-Zigarette ist man in einer Disco in Kiew genauso in wie im Jockey Club von Buenos Aires. Diese Tendenz wird sich mit zunehmender Nutzung des Internet rund um den Globus mit Sicherheit weiter verdichten.

Für das Marketing hat die Globalisierung der Medienwelt weitreichende Folgen: Rein lokale Produkte mit provinziell gestrickter Werbung haben in diesem Umfeld keine Chance. In allen jüngst erschlossenen Märkten von Kasachstan bis Vietnam zeigte sich: Internationale Produkte – Soft Drinks, Zigaretten, Kosmetika – verdrängen in kürzester Zeit die lokalen Renner.

Aber man darf nun nicht dem Trugschluß aufsitzen, Produkte könnten die weltweit gewaltigen Unterschiede einfach beiseite schieben. Die Menschen mögen sich auf der symbolischen Ebene von Images

angleichen, ihr Gefühl von Verschiedenheit von anderen wird dadurch nicht verschwinden. Sie werden ihre Identität nicht für Images aufgeben. Als Markenartikler global denken heißt nicht, Markenwerte und Kampagnenideen unrevidiert in jedes Land zu exportieren, wie das immer noch häufig geschieht. Globales Marketing kann nur erfolgreich betreiben, wer seine Kernwerte sensibel für alle Kulturkreise offenhält und seine Kampagnen differenziert an lokale Bedingtheiten anpaßt.

ABSTIMMUNG Ein global-lokaler Marktauftritt muß sehr genau durchdacht sein: Produktnamen müssen so ausgewählt werden, daß sie in keinem der Exportländer negative Assoziationen wecken. Kernwerte, Markenslogans und Kampagnenmotive müssen für die Konsumenten eines jeden Landes wertige Projektionsflächen für Wünsche und Träume bilden. Lokale Events und Promotion-Aktionen müssen den globalen Player nachhaltig in den lokalen Welten verankern. Denn die Global Generation vereint auf bisweilen paradoxe Weise sowohl globale als auch lokale Elemente.

Wer nur eine Seite der Medaille betrachtet, wird die Global Generation verlieren, denn sie will beides. Die Kernwerte der Marlboro sind in diesem Sinne seit beinahe einem halben Jahrhundert ideale Ausgangsbasis für eine weltweit nachvollziehbare, authentische Markenpolitik. Dank der Popularität amerikanischer Western wurde der rauhe, individualistische Cowboy sofort überall mit dem Traum von persönlicher Freiheit, Unabhängigkeit und Selbstbestimmung assoziiert. Wenn er bei Tagesanbruch am Feuer sinniert, allein durch die weite Landschaft reitet oder gegen Sturm und Schnee kämpft, rührt er an verbreitete Sehnsüchte nach wilder Natur, Abenteuer und persönlicher Herausforderung. „Come to where the flavor is, come to Marlboro Country“ – jeder versteht diese Sätze.

Aber es bleibt die Aufgabe der Tochtergesellschaften, die Inhalte der Core Values für die Markenführung aktuell zu halten und dem lokalen Wertekosmos anzupassen. In Deutschland werden heute mit dem Begriff „Freiheit“ völlig andere Wunschträume verbunden als vor fünfzig Jahren – und natürlich ganz andere als in Italien, in Brasilien oder Saudi-Arabien. Die einen wollen frei sein, um zu reisen und die Welt zu erleben. Für den gehetzten westlichen Menschen ist Freiheit aber vielleicht eher ein bißchen Zeit für sich selbst. Solche unterschwelligen Bedeutungsänderungen werden von uns genau verfolgt und für das Publikum

1 Straßenszene in Peking, Foto: Peter Bialobrzeski

unmerklich in Motiven aufgegriffen und modelliert.
WECHSELSPIEL Marlboro-Kampagnen werden zwar nie für ein spezifisches Land entwickelt – sie gelten immer weltweit –, werden allerdings nach regionalen Vorlieben unterschiedlich eingesetzt. In Deutschland zum Beispiel sieht man den Cowboy häufig vor einer rotsandigen Canyon-Kulisse. In der kargen Wüstenlandschaft des Nahen Ostens fasziniert der Cowboy stärker, wenn er auf den Plakaten über saftiggrüne Weiden galoppiert. Deutsche finden den Cowboy mit Dreitagebart überzeugend, Japaner mögen ihn glattrasiert. In Südamerika und Spanien liegt ein besonders starkes Gewicht auf dem Markenkernwert „Männlichkeit“. Der Cowboy domestiziert dort schon mal heroisch mit dem Lasso sich aufbäumende Pferde, während er die Sensitivität der Deutschen eher trifft, wenn er mit einem Kälbchen im Schutz seines Regenmantels durch Wind und Wetter reitet. Selbst die Zigarettenlängen und der Geschmack unterscheiden sich teilweise ländermäßig um Nuancen, wobei

1 Marlboro-Anzeige Spanien 1996

2

interessanterweise weltweit eine Tendenz zur Angleichung zu beobachten ist.
Die Markenpersönlichkeit der Marlboro ist extrem vielseitig und entwicklungsfähig. Dadurch kann die Marlboro-Kampagne den unterschiedlichsten Werteanforderungen gerecht werden. In südeuropäischen Ländern wie Spanien und Italien stehen die Werte Prestige und Status im Vordergrund. Die Marke bedient diese durch die amerikanische Herkunft und den Premium-Preis. Aber auch durch Events wie die Unterstützung des Rennsports. Im Norden Europas dominieren die Themen Selbstverwirklichung und Natur, die in einer Vielzahl von Motiven variiert werden. Auch das Marlboro-Projekt kommuniziert das im Norden zentrale Thema Natur.

AUSTAUSCH Weltweiter Seismograph für die Zeitgeist-Verschiebungen ist das Marlboro Worldwide Creative Review Committee, in dessen Diskussionsrunde Marketingchefs aus sechzehn Marlboro-Absatzregionen von Japan bis Brasilien vertreten sind.

2 Marlboro-Anzeige Deutschland 1996

endlose
weite.
ADVENTURE TEAM
Marlboro
&
du mitten-
drin
Abenteuer pur. Jetzt bewerben: 01805-1997

1

فريق
مارلبورو
للمغامرة ٩٦
Marlboro
610 FEK
ADVENTURE TEAM
Marlboro
إشترك الآن!

2

Jedes Jahr geben sie weltweit neue Motivsuchen in Auftrag, werten dann Ideen, Filme und Anzeigenvorschläge aus und stellen daraus für das kommende Jahr einen international einheitlichen Pool an Kampagnenmotiven zusammen. Im Diskussionsforum des Marlboro Worldwide Creative Review Committee werden aber auch erfolgreiche Marketingideen der lokalen Töchter ausgewertet und adaptiert.

Das Reise-Event Marlboro Abenteuer-Team etwa, das in Deutschland seit 1985 äußerst erfolgreich läuft (mit heute jährlich 360.000 Bewerbern), wurde inzwischen auch in 25 weitere Länder übernommen. Auch hier wird regional nuanciert: In Asien haben die Marlboro Adventure Teams stärkeren Wettbewerbscharakter, während für Deutsche Gemeinschaftserlebnis und Teamgeist wichtig sind. Im Nahen Osten sind Motorrallyes beliebt, während hierzulande die Technikbegeisterung der 80er Jahre abgeklungen ist und jetzt nach Abenteuern in unberührter Natur – Trekking, Wildwasser-Rafting, Reitexpeditionen – verlangt wird. Vor fünf Jahren begann Marlboro Deutschland neben dem Marlboro Abenteuer-Team mit seinen physischen Herausforderungen auch noch das sehr erfolgreiche „softere" Marlboro Project durchzuführen, das, dem Zeitgeist folgend, auch kulturelle und kreative Abenteuer im Marlboro Country bietet. Weitere Events, Promotion-Aktionen und ein aktives Sponsoring von Veranstaltungen unterstützen die Verankerung der globalen Marke und ihrer Werte im lokalen Alltagsumfeld der Konsumenten von Hamburg bis München, Berlin bis Köln.

SPANNUNG HALTEN Global denken, lokal erleben. Zwischen diesen beiden Spannungspolen gestalten heute immer mehr Unternehmen ihre Markenpolitik. Heute riskiert wohl kein wichtiger Markenhersteller mehr, weltweit auf ein völlig inhomogenes beziehungsweise genau gleiches Erscheinungsbild zu setzen.

Das Ausmaß lokaler Adaption hängt stark vom Produkt und den damit verbundenen Marketingmaßnahmen ab. Jede Produktwelt arbeitet mit eigenen Koordinaten. Produkte mit starker Markenwelt – Zigaretten, Spirituosen, Bier – sind von lokalen Voraussetzungen weniger abhängig als technische Produkte und Nahrungsmittel.

Von den klassischen zu den neuen Medien und dem Eventmarketing – unsere Messages müssen in einem diffusen Umfeld auch in Zukunft beim Konsumenten ankommen. Mehr denn je müssen sie deshalb in sich geschlossen, wiedererkennbar und zugleich lokal relevant sein. Eine disziplinierte, global koordinierte und lokal angepaßte Werbestrategie wird in der fragmentierten globalen Medienwelt der Zukunft für einen nachhaltigen Markenauftritt unerläßlich sein.

1 Marlboro Abenteuer-Team Deutschland 1996 2 Marlboro Abenteuer-Team Naher Osten 1996

AN EIGENEN TRENDS

VOM LESEN UND

[illegible]

ES STAND IM SPIEGEL

ZEITGEIST WERBUNG

ALLE REDEN VOM WETTER

SPIRITUELLER MEHRWERT

STREIT IM MÄDCHEN-PENSIONAT

ÜBER WERBUNG UND JOURNALISMUS

DRAMATISCH NORMAL

DIE SPRACHE DER BILDER

DER SPIEGEL ALS MEDIENMARKE

PETER WIPPERMANN, STEFAN AUST, ANDREAS STEINLE/PETER WIPPERMANN, MICHAEL SCHIRNER, NORBERT BOLZ, PETER GLOTZ, CORDT SCHNIBBEN, CHRISTIAN BOROS/GUIDO HALFMANN, PETER WIPPERMANN, DOUGLAS RUSHKOFF, THOMAS HOLTROP, HANS-JOACHIM RICHTER, WERNER E. KLATTEN, JÜRGEN STRÖBEL, CHRISTIAN SCHLOTTAU

Werner E. Klatten Geboren 1945. Leiter des SPIEGEL-Geschäftsbereichs Märkte und Erlöse und Geschäftsführer von SPIEGEL TV. Von 1977 bis 1985 bei der Martin Brinkmann AG, zuletzt Vorstandsvorsitzender und Geschäftsführer bei Rothmans Deutschland. Von 1988 bis 1993 Geschäftsführer bei Sat. 1.

DER SPIEGEL

DER SPIEGEL ALS MEDIENMARKE

MARKENFÜHRUNG IM MEDIENBEREICH IST EIN NOCH JUNGES KAPITEL DER MARKETINGTHEORIE. AM BEISPIEL DES SPIEGEL SIEHT MAN, WIE DER GEZIELTE AUSBAU EINER DACHMARKE NEBEN REDAKTIONELLEN SYNERGIEN ZU ENTSCHEIDENDEN VORTEILEN FÜR LESER UND WERBER FÜHRT. AUS EINEM PRINTUNTERNEHMEN WIRD EIN MULTIMEDIA-HAUS.

1 Ausschnitt SPIEGEL-Logo

MEDIENMARKEN Medien als Markenartikel zu sehen und zu führen hat in der Verlagsbranche wenig Tradition. In der klassischen Markenartikelindustrie ist der Markenbegriff seit Jahrzehnten mit unternehmerischen Erfahrungen verbunden; Markenführung, Markeninvestment sowie Markenprofilierung gelten als zentrale Instrumente des Industrie- und Kundenmarketings. In der deutschen und internationalen Verlagslandschaft ist das anders. Erst in den 80er und 90er Jahren hat sich hier das Bewußtsein aktiver Markenführung deutlich verstärkt.

Einer der Vorreiter im Bereich der Zeitschriften war Hans Domizlaff, der „Vater“ der Markentechnik. Bereits 1933 schrieb er in einem Brief an Hermann Ullstein, den Verleger der Zeitschrift Koralle, daß eine Zeitschrift als Markenartikel markentechnischer Führung bedarf. Aber erst in den 70er und 80er Jahren wurden am Lehrstuhl für Marketing der Universität Münster erste theoretische Grundlagen des Verlagsmarketings erarbeitet. Der Ansatz, Zeitschriften als Markenartikel zu verstehen, wurde allerdings noch nicht explizit berücksichtigt. Das geschieht erst in jüngster Zeit, sicher forciert durch die gravierenden Veränderungen innerhalb der Medienlandschaft und des Konsumentenverhaltens. Heute ist speziell in der Praxis von Verlagen ein Bewußtseinswandel in der Produktpolitik zu verzeichnen. Printobjekte werden zunehmend als Markenartikel begriffen.

BESONDERHEITEN DES VERLAGSMARKETINGS

Markenbewußtsein für einzelne Verlagsobjekte bedeutet weit mehr als marketingorientierte Produktpolitik: Es ist eine wesentliche Voraussetzung zur Wahrung der Unabhängigkeit der publizistischen Funktion des Unternehmens und trägt damit zur Ertragssicherung bei.

Die Besonderheit des Verlagsgeschäftes besteht darin, daß Regie und Gestaltung des Redaktionsbereiches außerhalb der Marketingsphäre des Verlages liegen. Die Verlagsabteilungen müssen deshalb in den Redaktionsleitungen für die Grundsätze, Regeln und Erfahrungen des Marketings werben. Mit simplen Direktiven wäre nichts gewonnen. Kooperative Zusammenarbeit von Redaktion und Verlag in der gemeinsamen Markenführung ist erforderlich.

2 SPIEGEL-Titel Nr. 17/1997

Für das Markenbild von Zeitschriften gelten im Grunde die gleichen Mechanismen wie zum Beispiel in der Zigarettenindustrie: Die Marke selbst ist der beste Kommunikator der eigenen Sache. Sie muß dem Käufer stets Neuigkeitswerte und Nutzenvorteile vermitteln. Dabei sind inhaltliche Überraschungsmomente, die Konsumenten neugierig machen, förderlich. Ohne zeitgemäße Veränderungen würde auch eine Zeitschrift schnell zur alten, sterbenden Marke verkümmern. Deshalb muß sie im Rahmen ihres Konzeptes immer wieder neue Erlebnis- und Orientierungswerte bieten, um ihre Dynamik zu bewahren.
Eine weitere Besonderheit der Verlagsbranche ist, daß sie auf zwei Märkten – dem Käufer- und dem Inserentenmarkt – tätig ist. Trotz unterschiedlicher Möglichkeiten und Bedingungen eint diese Märkte die Forderung der Käufer und Inserenten nach einer starken Markenpersönlichkeit. Auf den SPIEGEL übertragen, bedeutet dies: Er gehört sowohl bei den Käufern wie auch bei den Inserenten zur existentiellen Grundausstattung. Er liefert den Käufern Information, Meinungsbildung und Unterhaltung und den Inserenten die Sicherheit einer soliden „Kanalqualität“ als Werbeträger, der Masse und Klasse in unerreichter Form verbindet. Beide Funktionen wären jedoch ohne den publizistischen Kern nicht möglich.
Die zentrale Aufgabe der Markenführung im SPIEGEL-Verlag ist wie in allen Zeitschriftenverlagen, die Objektleistungen im Anzeigen- und Vertriebsmarkt zu vermitteln und zu optimieren.

HABEN ZEITSCHRIFTEN DIE VORAUSSETZUNGEN FÜR MARKEN? Zwei Fragen sind von mehr als nur akademischer Grundsätzlichkeit. Erstens: Bringen Zeitschriften generell die Voraussetzungen für eine Marke mit? Zweitens: Wie kann die Konzeption eines Markenartikels auf eine Zeitschrift übertragen werden?
Leider lassen die Theoretiker die Unternehmenspraktiker bei den erforderlichen begrifflichen Grundlagen weitgehend allein: Wie für den Begriff „Zeitschrift“ gibt es auch für den des „Markenartikels“ keine allgemeingültige Definition. Für folgende Merkmale von Markenartikeln ist jedoch die Mehrzahl der Marketingdefinitionen gültig:

- die Markierung durch den Markennamen,
- die gleichbleibende Qualität,
- die Ubiquität und
- die Anerkennung oder Verkehrsgeltung.

ZUR MARKIERUNG DES MARKENARTIKELS ZEITSCHRIFT Für die Markenführung in der Industrie gilt: Die Kennzeichnung des Markenartikels – Markenname und gleichbleibende Verpackung – dient als Erkennungszeichen, zur Differenzierung gegenüber der Konkurrenz und als Stempel der Markengarantie. Der Name soll die Kompetenz des herstellenden Unternehmens sowie das Qualitäts- und Leistungsversprechen des Markenartikels symbolisieren.
Für Zeitschriften als Markenartikel gilt: Insbesondere Markenname und Titelblatt dienen zur Kennzeichnung und Garantie der Marke. Das grafische Gesicht

einer Zeitschrift – Plazierung des Namens, Heftformat, Farbgebung, Typographie, Art des Papiers, Verhältnis von Text und Bild – fördert die Verbindung zwischen den einzelnen Ausgaben und ist nicht zuletzt der Stempel der Markenqualität.

ZUR GLEICHBLEIBENDEN QUALITÄT DES MARKENARTIKELS ZEITSCHRIFT Die konstant hohe oder verbesserte Qualität von Markenartikeln ist auch bei Zeitschriften eine unverzichtbare Voraussetzung für den Erfolg. Dem Anspruch der Qualitätsgarantie über gleichbleibende inhaltliche und formale Aufmachung können die Medien ihrem Charakter nach allerdings nicht entsprechen. Das Besondere am Markenartikel Zeitschrift ist, daß er zu jedem Erscheinungsintervall inhaltlich neu entsteht, und sicher wurde auch deshalb das Markenbewußtsein in dieser Branche spät entwickelt. Niemals dürfen diese Produkte ihre Leser durch Wiederholung langweilen. Unter dem Aspekt der ständigen redaktionellen Neuproduktion muß daher das für die Zeitschrift definitorisch gleichbleibende Qualitätsmerkmal des Markenartikels relativiert werden.
Die Qualitätsgarantie wird in erster Linie über den inhaltlichen und formalen Rahmen vermittelt sowie durch ein glaubwürdiges Konzept.

ZUR UBIQUITÄT DES MARKENARTIKELS ZEITSCHRIFT Ein weiteres Merkmal von Markenartikeln ist ihre Ubiquität: Sie sind überall erhältlich. Eine hohe Distributionsdichte sorgt dafür, daß der Verbraucher nicht vergeblich an unterschiedlichen

1 Ausschnitt SPIEGEL-Schriften 2 SPIEGEL-Logo 3 Ausschnitt SPIEGEL KULTUR EXTRA

Einkaufsstätten nach seiner gewünschten Marke suchen muß und schließlich auf Produkte der Konkurrenz umsteigt. Zwar unterscheidet sich die Distribution von Presseerzeugnissen in der Struktur des Pressegrossos erheblich vom Vertrieb üblicher Markenartikel. Aus der Sicht des Käufers jedoch ist die Ubiquität von Presseerzeugnissen mit über 80.000 Einzelverkaufsstellen in Deutschland trotzdem gegeben. Die Konstanz des Preises, ein Maßstab für die Wertschätzung der Konsumenten, wird durch die Preisbindung für Presseerzeugnisse gewährleistet. Einführungs- und Schnupperpreise neuer Titel bilden legale Ausnahmen. Aggressive, aktionsbezogene Vertriebspreissenkungen sind bisher die Ausnahme.

ZUR VERKEHRSGELTUNG DES MARKENARTIKELS ZEITSCHRIFT Verkehrsgeltung bedeutet die Bewertung eines Produktes durch den Konsumenten. Erst über die Anerkennung im Markt vollzieht sich der Übergang zum Markenartikel. Dessen Nutzen erschließt sich für den Konsumenten aus einem Grund- und einem Zusatznutzen.

Der Grundnutzen von Printmedien und elektronischen Medien liegt in der Vermittlung von Information und Unterhaltung. Der Zusatznutzen befriedigt emotionale und kognitive Bedürfnisse, die darauf abzielen, eigene Werthaltungen, Einstellungen, Meinungen und Normenerwartungen zu bestätigen. Eine weitere Zusatzfunktion ist die Erfüllung von sozialen und psychosozialen Bedürfnissen wie Zerstreuung, Abwechslung, „Mitredenkönnen“ am Arbeitsplatz. Die Marke bietet also einen zusätzlichen Erlebnisreiz, der eine emotionale Bindung zwischen Produkt und Konsumenten aufbaut. Diese Beziehung verringert nicht nur das Risiko einer Fehlentscheidung beim Kauf, sondern führt auch zu einer Identifizierung des Konsumenten mit „seiner“ Marke. Der Kauf des Produkts demonstriert Zugehörigkeit zu einer bestimmten Gruppe, ein Lebensgefühl, einen ersehnten oder erreichten Lebensstil. Markenimage oder auch die Markenpersönlichkeit ergeben sich aus der psychischen Auseinandersetzung des Konsumenten mit dem Produkt.

Für die Markenführung ist die Markenpersönlichkeit von zentraler Bedeutung, denn sie ist das einzige nicht nachahmbare Element einer Marke, das vom Hersteller über Werbung und andere kommunikative Maßnahmen vermittelt wird. Zur Ausgestaltung der Markenpersönlichkeit von Zeitschriften stehen Verlagen wirkungsvollere Methoden als den Herstellern von industriellen Produkten zur Verfügung. Sie können neben Werbung und „Verpackung“, hier dem Titelblatt, auch über ihren redaktionellen Inhalt „kommunizieren“.

Zusammenfassend läßt sich festhalten, daß Zeitschriften für ihre Leser als vertraute Marken in einer sich ständig verändernden Umwelt gewisse Konstanten in den jeweiligen Sozialnetzen darstellen. Im neudeutschen Multimedia-Terminus spricht man heute gern von einer „Navigator“-Funktion. Zeitschriften bieten durch die Glaubwürdigkeit und Kompetenz von

[1]

Redaktion und Verlag Orientierung und Identifizierung, die als Ausdruck eines gruppenspezifischen Lebensstils zunehmend Bedeutung gewinnen.

IST DER MARKENWERT EINER ZEITSCHRIFT MESSBAR? Die vielschichtige Markenpersönlichkeit einer Zeitschrift ist als ihr eigentlicher Markenwert anzusehen. Der Nachteil: Er läßt sich nicht betriebswirtschaftlich präzise berechnen, sondern nur über sehr weiche Kriterien wie Bekanntheit, Akzeptanz, Relevanz, Glaubwürdigkeit, Kompetenz, Vertrautheit, Kontinuität, Ansehen und Eigenständigkeit erfassen. Es gibt eine interessante verlagsunabhängige Studie, die den Markenwert von Printmedien mißt: das Analysesystem „Brand Asset Valuator" der Werbeagentur Young & Rubicam, durchgeführt auf internationaler Ebene vom Y&R-Network. Y&R hat diese weltweit größte Markenstudie von 1993 an mit über 450 globalen Marken und mehr als 6.000 nationalen Marken bei 36.000 Verbrauchern in 21 Ländern durchgeführt. In Deutschland wurden die Daten für 926 Marken erhoben. Die Studie liefert interessante Anhaltspunkte darüber, wie sich die Lebensphasen einer Marke vom Markenaufbau bis zur Markenerosion vollziehen. Jede Marke wird dabei über vier Dimensionen charakterisiert: Ansehen, Vertrautheit, Relevanz und Differenzierung.

Die Kriterien Ansehen und Vertrautheit werden in der Y&R-Studie zum Markenstatus verdichtet – Ausdruck der „Markenstärke". Relevanz und Differenzierung zeigen die „Markenvitalität" – Indikator

[1] Audi-Anzeige 1997 im SPIEGEL, Sonderausgabe 1947-1997

für das Wachstumspotential. In die Y&R-Brand-Asset-Studie wurde auch eine Reihe deutscher Zeitschriften und Zeitungen einbezogen.

Es überrascht bei den bisher veröffentlichten Y&R-Kernergebnissen nicht, daß sich DER SPIEGEL für die Zielgruppe der Innovatoren als der Titel mit der höchsten Markenvitalität und dem höchsten Markenstatus qualifiziert. Die Y&R-Brand-Asset-Studie ist eine überzeugend positive Antwort auf die Eingangsfrage, ob das Konzept des Markenartikels auf Zeitschriften übertragbar sei.

EINE VERÄNDERTE MEDIENLANDSCHAFT FORCIERT MARKENORIENTIERUNG Das wachsende Markenbewußtsein resultiert vor allem aus zahlreichen Veränderungen in der Medienlandschaft: verschärftem Verdrängungswettbewerb im Printgeschäft, Start und schnellem Erfolg des Privatfernsehens mit heute mehr als dreißig Programmen und Multimedia-Konzepten. Die Fernbedienung verändert das Medienverhalten der Menschen ebenfalls sehr stark, auch wenn das oft unterschätzt wird. Die Deutschen zappen mittlerweile wie die Amerikaner durch die bunten TV-Programme, um möglichst viele abwechslungsreiche, unterhaltende Videoclips zu erhaschen.

Die neue Form der Mediennutzung macht sich zwangsläufig auch im deutschen Zeitschriftensektor bemerkbar: immer kürzere Informationshäppchen auf immer bunteren Seiten, oberflächliche „Infos“ statt fundierter Informationen und Hintergründe. Seit 1993 bekommt DER SPIEGEL diesen Trend durch den Markterfolg von Focus zu spüren. Auch der Stern ist mehr tangiert, als er glauben machen will.

DIE MARKE SPIEGEL DER SPIEGEL ist mit der Entwicklung von Nachkriegsdeutschland untrennbar verbunden. Fünfzig Jahre Bundesrepublik haben sich mit ihren Affären, Konflikten und Entwicklungen nicht nur in fünfzig Jahrgängen des SPIEGEL niedergeschlagen. DER SPIEGEL, mit Rudolf Augstein an der Spitze, hat die Republik mitgeprägt, und diese Republik – die „alte“ noch stärker als die vor sieben Jahren wiedervereinigte – hat den SPIEGEL geprägt. Er hat seine jahrzehntelange Monopolstellung als einziges deutsches Nachrichtenmagazin nicht von den Alliierten in die Wiege gelegt bekommen: Redaktion

1

1 **Telekom-Anzeige 1997 im SPIEGEL, Sonderausgabe 1947-1997**

und Verlag haben sie sich hart und mühsam erarbeitet. Die Wiedervereinigung Deutschlands im Jahre 1990 war für anspruchsvolle Magazine eine Herausforderung besonderer Art. Es waren spannende Zeiten – besonders für Journalisten. Wenn wenig passiert und sich die Ereignisse ähneln, sind die Leser und Käufer eines Blattes normalerweise eher zurückhaltend. Magazine „spiegeln“ insofern den Zustand einer Gesellschaft, und ihr Erfolg ist an die Themen der Zeit gebunden. Man kann Erfolge nicht erfinden, aber man kann sie erspüren; ihre Vorboten in der Luft des politischen, gesellschaftlichen, wissenschaftlichen, kulturellen und wirtschaftlichen Wandels. Gerade dieser zukunftsorientierten Aufgabe fühlt sich DER SPIEGEL verpflichtet. Wie er Sachverhalte recherchiert und seine Leser informiert, unterscheidet ihn von anderen Medien in Deutschland. Er besaß und besitzt einen festen Platz in der deutschen Medienlandschaft.

Seine Markenkennzeichen: gründliche Information, gute Recherche und verläßliche Qualität. Wenn die Themen es erfordern, wird das Magazin ausführlicher und anschaulicher – vor allem in den Titelgeschichten. Investigative Geschichten aus allen gesellschaftlichen Bereichen festigen seine Position und bauen den journalistischen Anspruch weiter aus.

Dennoch muß und will DER SPIEGEL in einer veränderten Medienwelt mit der Zeit gehen. In einer farbigen Welt brachte er deshalb Farbe ins Blatt, ohne dabei ins Bunte abzugleiten. Er präsentiert seine Beiträge in ansprechender Form, ohne dabei den Inhalt der Form unterzuordnen. Und er wird auch künftig in seiner Themenauswahl den Wandel der Gesellschaft spiegeln, ohne dabei auf die klassische SPIEGEL-Geschichte zu verzichten.

Was DER SPIEGEL allerdings nicht anbieten wird, sind immer kürzere Häppchen, immer buntere Seiten, immer mehr „Infos“ statt Information. Würde er sich der Massenware anpassen, verlöre er seine Singularität in der deutschen Medienlandschaft und letztendlich seine qualitätsverwöhnten Stammleser. Es bleibt deshalb unverändert beim klassischen SPIEGEL-Journalismus – nach der von Stefan Aust ausgegebenen Maxime: „Back to the roots“.

RÜCKBLICK AUF 50 SPIEGEL-JAHRE Sein besonderer Journalismus hat den SPIEGEL zu dem gemacht, was heute in 50 kompletten Jahrgängen vorliegt. Bundespräsident Roman Herzog würdigte den SPIEGEL in seiner Laudatio vom 15. Januar 1997 im Bonner „Haus der Geschichte“ mit den Sätzen: „So erleben wir seit Jahrzehnten eine aus Hamburg – und ich sage es jetzt wieder ohne jede Ironie – mitgesteuerte Republik, deren Zeittakt nicht nur durch Kalendermonate oder Parlamentswochen vorgegeben wird, sondern auch durch die Redakteure des SPIEGEL... DER SPIEGEL, so sagt man zu Recht, ist eine Institution, weil er nicht nur beschreibt, sondern weil er auch aufdeckt. Er hat in viele Schmuddelecken dieser Republik geleuchtet, und er hat uns Deutschen geholfen, nicht nur von Demokratie zu reden, sondern Demokraten zu sein... Immer wieder

hat DER SPIEGEL Übel aufgespürt und diese Übel ans Licht gezerrt. Die Republik ist dadurch nicht keimfrei geworden. Das wäre ja das allerschönste. Aber manches hat doch wie eine Art Saunagang gewirkt, als gute Prophylaxe...

Rein äußerlich hat sich DER SPIEGEL zum Jubiläum sogar behutsam modernisiert bis hin zu der Erkenntnis, daß die Technik inzwischen den Druck bunter Fotos erlaubt. Mir reicht schwarzweiß. Ich will mich informieren, ich will mich ärgern. Dazu brauche ich keine bunten Bilder. Aber es hat doch seinen Vorteil. Und vielleicht ist das ja auch der Ausdruck der Furcht, daß andere nicht nur jünger, sondern vielleicht sogar auch noch schöner sein könnten...

Wer hingegen in den SPIEGEL schaut, der muß schon ein bißchen Zeit mitbringen. Aber DER SPIEGEL entschädigt dann eben auch – horribile dictu – durch Lesevergnügen... Andere Felder begehen, das hat lange Zeit vorwiegend DER SPIEGEL getan. Und ich bekenne mich auch zu dem besonderen Vergnügen, das ich daraus ziehe, wenn das auch etwas bekenntnishaft scheinen mag. Ich oute mich Ihnen gegenüber als gelegentlicher Lust-Leser, den ich streng vom montäglichen Pflicht-Leser unterscheiden muß. Das werden Sie mir nachsehen.

Zuallererst aber ist DER SPIEGEL natürlich ein Blatt, das man um seines politischen Gehaltes willen liest. Ein kämpferisches Blatt, ein investigatives Blatt, notorisch unbequem. Es vermittelt auch nicht nur Wissen, wie jeder weiß, sondern es transportiert Meinungen unverblümt, immer ein Stück respektlos, aber stets mutig. Und so würzt es unseren politischen Alltag. Und Rudolf Augstein tut das mit seinen Kommentaren ganz besonders. Ob als König über seinem Redaktionsvolk oder mit ihm oder neben ihm... Entscheidend ist, daß uns eine Qualität bleibt, Orientierungswissen zu erhalten, das wir im Gestrüpp des immer Unübersichtlicheren brauchen."

DER SPIEGEL IM MEDIENMARKT DER ZUKUNFT

Die Ziele für die nächsten Jahre lassen sich aus der

1 Bundespräsident Roman Herzog auf der SPIEGEL-Jubiläumsfeier im Bonner „Haus der Geschichte", Januar 1997

Rückblende ableiten: Der Weg führt zu einem Magazin mit dem journalistischen Bemühen um noch mehr Hintergrund, zu einer ausbalancierten Mischung von kurzen und langen Geschichten, Autorenstücken mit pointierten Stellungnahmen, verbesserter Optik und starker Auseinandersetzung mit dem Titelthema. Vor allem liegt der Redaktion das Themenspektrum zukünftiger politischer, gesellschaftlicher, wirtschaftlicher und kultureller Entwicklungen am Herzen.
Die Nachfrage nach solcher Art journalistischer Qualität ist allerdings nicht unbegrenzt. Der Verlag kann im Markt mittel- und langfristig nicht nur mit dem SPIEGEL als Einproduktunternehmen bestehen. Neue Objekte sind im hartumkämpften und dichtbesetzten Zeitschriftenmarkt aber nicht leicht zu realisieren. Die Markteintrittsbarrieren für neue Titel sind hoch. Zur Einführung eines neuen Titels gehört generell ein perfekt durchdachtes redaktionelles Konzept, um Leserschaft und Anzeigenkunden zu überzeugen. Kleine Fehler verzeiht der Markt heute nicht mehr so leicht wie früher. Es bedarf zudem einer beachtlichen Finanzkraft zur Einführung eines neuen Titels. Diese können weitgehend nur Großverlage aufbringen. Eine Innovation im Bereich Publikumszeitschriften kostet heute – für Entwicklung und Einführungskampagne – schätzungsweise 80 bis 150 Millionen Mark.

DIE WACHSTUMSSTRATEGIE DES SPIEGEL-VERLAGS

Aus diesem Grund gewinnen alternative Wachstumsstrategien wie Joint-ventures, strategische Allianzen und vor allem Markenvariationen an Bedeutung. Dies gilt besonders für das Segment der gehobenen Zielgruppen und des qualitätsorientierten Journalismus wie im SPIEGEL-Verlag.
Künftig wird ein intensiver intramediärer Wettbewerb die Produktlebenszyklen der Blätter verkürzen und eindeutige Positionierungen im verschärften Kampf um Leser und Inserenten verlangen. Unverändert droht auch die Gefahr der elektronischen Medien im Wettbewerb um Werbegelder. Im Zuge der schnellen Weiterentwicklung multimedialer Kommunikationsmittel wird sich schließlich der Wettbewerb allgemein weiter intensivieren. Man wird in Zukunft nicht mehr von einer Nachrangigkeit bei der Zweitnutzung journalistischer Stoffe per Computer reden, sondern von Parallelnutzung. Hier besteht die Chance, das Angebot der Printtitel auf elektronischen Seiten zu erweitern. Es wird in Zukunft eine immer stärkere Ausrichtung am Markt erforderlich sein, um den differenzierten Ansprüchen einer multioptionalen Gesellschaft zu genügen.
Eine Strategievariante für die Zukunft sehen die Verlage in der Diversifikation. Die Einführung von Markenvarianten erlaubt, publizistische Ambitionen mit angemessenen Risiken zu realisieren.
Der SPIEGEL-Verlag als wachstumsorientiertes Unternehmen hat mehrere neue Projekte erwogen, konzipiert und anschließend realisiert. Das Ergebnis war die Markteinführung neuer SPIEGEL-Markenvarianten in den letzten drei Jahren.

DIE SPIEGEL-MARKENFAMILIE AUF ERFOLGSKURS

SPIEGEL special war das erste monothematische Monatsmagazin zu wechselnden Themen. Es erscheint seit Oktober 1994 mit einer bemerkenswerten Akzeptanz. Eine dem SPIEGEL angemessene Reaktion auf den Häppchenjournalismus: Dieses Blatt ist keine Aneinanderreihung von Videoclips, kein gedrucktes Fernsehen oder Nutzeroberfläche eines Online-Angebots. Das Heftkonzept setzt vielmehr auf die Formel „Tiefe mal Breite“: Als erste Monatszeitschrift in Deutschland stellt es in jeder Ausgabe ein ganzes Thema in die Tiefe gehend dar. Zugleich wird im Laufe der Zeit das Spektrum von Politik, Wirtschaft, Kultur und Wissenschaft in der gesamten Breite behandelt. Mit einer durchschnittlichen Verkaufsauflage von rund 120.000 Exemplaren hat sich SPIEGEL special als erfolgreicher Newcomer auf dem Markt der hochpreisigen Zielgruppenzeitschriften etabliert.

SPIEGEL KULTUR EXTRA erscheint seit Mai 1995 als kostenloses zusätzliches Magazin speziell für die rund 300.000 SPIEGEL-Abonnenten. Es wird dem SPIEGEL monatlich mit einem Umfang von 48 Seiten beigelegt und dient im Gegensatz zu den einmaligen, häufig kontraproduktiven Prämien nicht nur der Gewinnung neuer Abonnenten, sondern der langfristigen Bindung an das Magazin. Die Abonnenten erhalten gegenüber den Käufern am Kiosk einen publizistischen Mehr- und Nutzwert. Vierfarbig bietet SPIEGEL KULTUR EXTRA jeden Monat einen selektiven, bewertenden Überblick über alle Facetten der deutschen und internationalen Kulturszene. Außerdem ausführliche Hinweise auf Termine und Events in Theater, Kunst, Musik, Film und Literatur. Die Leserresonanz beweist, daß der Markt für diesen eher nutzwertorientierten individuellen Kulturfahrplan empfänglich ist.

SPIEGEL-Buchverlag ist ein Label für Hardcover-Bücher, die seit Dezember 1995 in Kooperation mit dem Buchverlag Hoffmann und Campe im Buchhandel angeboten werden. Die Zweitverwertung von besonders auflagenträchtigen Titeln als Taschenbücher wird unter gleichem Label vom Goldmann-Verlag betreut. Das Programm konzentriert sich auf Themen, die dem SPIEGEL angemessen sind: Elf Titel mit durchweg positiver Resonanz sind bis zur Jahresmitte 1997 erschienen, und weitere sind in Vorbereitung.

SPIEGEL TV ist das Label für den verlegerischen und journalistischen Erfolg des SPIEGEL-Verlages auf dem Gebiet von Fernsehproduktionen. Diese Tochtergesellschaft wurde 1988 gegründet, ihre TV-Produktionen zählen zu den renommiertesten Programmen der deutschen Fernsehlandschaft. Die höchste Sehbeteiligung mit bis zu sechs Millionen Zuschauern erreicht dabei das auf RTL ausgestrahlte SPIEGEL TV Magazin. Seit Mai 1988 auf Sendung und mit vielen Fernsehpreisen ausgezeichnet, hält es mit 14 Prozent Marktanteil einen Spitzenplatz unter den politischen Fernsehmagazinen. Die erfolgreiche Programmarbeit von SPIEGEL TV wird in Zukunft ge-

bündelt und weiter vorangetrieben werden – auch in neuen Geschäftsfeldern wie Nachrichten und Fiction-Programmen. SPIEGEL TV hat sich in nur zehn Jahren zu einem wichtigen Lieferanten von Informationssendungen entwickelt. Ohne die hohe Glaubwürdigkeit der Marke SPIEGEL wäre das nicht möglich gewesen. Eine in den vergangenen Jahren verbesserte Koordination zwischen den Themenspektren von TV-Magazin und Printprodukt bringt zudem beiden Seiten erhebliche Vorteile.

SPIEGEL ONLINE ist das Hauptlabel innerhalb der facettenreichen multimedialen Aktivitäten des Verlags. Sie gelten als zukunftsorientierter Wachstumsbereich – obwohl sie sich noch in der bescheidenen Dimension der Markterprobung und -entwicklung befinden. In der Online-Medienwelt zählt DER SPIEGEL international zu den Pionieren unter den Verlagen. Als weltweit erstes Nachrichtenmagazin bot er knapp vor Time im Oktober 1995 eine Internet-Ausgabe an: SPIEGEL ONLINE, das deutsche Nachrichtenmagazin im World Wide Web, bringt seither Informationen und Meinungen, Analysen und Debatten, Service und Orientierungshilfen im Internet. Exklusive Beiträge und ausgewählte Themen der jeweiligen SPIEGEL-Ausgabe machen SPIEGEL ONLINE zu einer der ersten Adressen im Netz. Die Akzeptanz als Werbeträger belegt der Jahresumsatz 1996 von einer Million Mark brutto.

Das SPIEGEL-Forum bei CompuServe und die Recherchemöglichkeit bei T-Online ergänzen das

1 SPIEGEL-Verlagshaus in Hamburg

1

2

Multimedia-Angebot. Die einmal im Jahr erscheinende SPIEGEL-CD-Rom bietet den direkten Zugang zu den fast 7.000 redaktionellen Seiten eines SPIEGEL-Jahrgangs.

ICE-press schließlich wurde am 15. Juli 1997 als „schnellste Tageszeitung der Welt" für eine Verbreitung in ICE-Zügen gestartet. In Kooperation mit der Deutschen Bahn AG erscheint sie als innovativer Informationsservice für Reisende der 1. Klasse. Aktuelle Nachrichten und Informationen in Form einer Tageszeitung werden am Nachmittag direkt an die Fahrgäste übermittelt. In Anspruch und Gestaltung orientiert sich ICE-press an gehobenen, meinungsbildenden Zeitungen. Durch ihre Übermittlungs- und Produktionszeit von nur knapp einer Stunde bietet sie allerdings die aktuellsten Nachrichten aus Politik, Wirtschaft, Sport und Vermischtem. Synergien und Logistik des SPIEGEL-Verlages wie Archiv, Dokumentation und Redaktionsvertretungen werden genutzt. Das Projekt verdeutlicht den anhaltenden Wandlungs- und Umbruchsprozeß des SPIEGEL-Verlages auf dem Wege vom Printunternehmen zum Multimedia-Haus.

EINHEITLICHE MARKENFÜHRUNG UND SYNERGIE-EFFEKTE Trotz Wandel und Neuerung steht die Marke SPIEGEL für die hohen Ansprüche an journalistische Kompetenz und investigativen Journalismus. Nach wie vor ist DER SPIEGEL das Nachrichtenmagazin Nummer eins in Deutschland. Die Markenvarianten SPIEGEL TV, SPIEGEL special, SPIEGEL

1 SPIEGEL special-Titel Nr. 8/1997
2 SPIEGEL KULTUR EXTRA-Titel Nr. 8/1997

ICE-press

DIENSTAG, 15. JULI 1997

DIE NACHRICHTEN VON HEUTE, 15 UHR

DM 0,50

Wetter

Wut und Haß auf Eta-Mörder

Schwere Ausschreitungen zwischen Bürgern und radikalen Basken
Zwei Millionen bei Anti-Terror-Demonstrationen in ganz Spanien

Willkommen bei ICE-press

Bonn lädt Hongkong ein

Bundestag schlägt Parlamentspräsidentin Deutschland-Besuch vor / Blair und Albright verweigerten Kontakt

Raumstation mit deutschen Milliarden

Kinkel: Rußland »massiv unterstützen«

Sportfest nach Unfall unterbrochen

KULTUR EXTRA und SPIEGEL ONLINE zeitigten dabei ein positives Feedback auf das Stammobjekt und trugen dazu bei, die Marke SPIEGEL zu verjüngen. Das Online-Engagement, bei dem der Image-Gewinn deutlich vor dem Profitinteresse steht, zeigt das besonders deutlich.

Konkrete Synergieeffekte aufgrund der thematischen Überschneidungen der einzelnen SPIEGEL-Marken haben zudem Konsequenzen für eine verstärkte Cross-Media-Werbung. Leser, Fernsehzuschauer und Online-User erhalten über die unterschiedlichen Medienangebote bei gleichbleibendem publizistischem Konzept die Möglichkeit, aus unterschiedlichen Quellen unterrichtet und unterhalten zu werden. Der SPIEGEL-Verlag bietet umfassende Möglichkeiten in sämtlichen Kommunikationsfeldern.

Die Marke SPIEGEL darf allerdings bei dieser Dachmarkenstrategie nicht überstrapaziert werden. Bei jeder Differenzierung muß genau geprüft werden, ob das journalistische Konzept der Stamm-Marke nicht konterkariert wird. Als Grundsätze gelten: Eine SPIEGEL-Marke muß unverwechselbar sein, für ein bestimmtes Programm stehen, eine hohe Bekanntheit haben und ein hohes Maß an Sympathiebindung im Rezipienten- und Werbemarkt bringen. Vor allem aber gilt: Die Markenvarianten dürfen nicht inflationär vermehrt werden. DER SPIEGEL macht nur, wovon er wirklich etwas versteht.

Es gibt einen gemeinsamen Nenner für die verschiedenen Angebote in den Bereichen Print, TV und

3 Publikation des SPIEGEL-Buchverlags 1995 4 ICE-press-Titel 15.7.1997

Multimedia: Die Marke bedient durchweg gehobene Zielgruppen mit ihrem anspruchsvollen, meinungsbildenden Journalismus und ihrer gewohnten publizistischen, inhaltsorientierten Kompetenz. DER SPIEGEL bietet ein umfassendes Medienangebot für innovative, mobile, meinungs- und persönlichkeitsstarke Zielgruppen.

In dieser Medien-Markenfamilie verdrängen sich die einzelnen Titel auch nicht, sondern ergänzen und unterstützen sich. Die Hälfte der Online-User kauft regelmäßig den SPIEGEL, weitere 10 Prozent haben ihn abonniert. Knapp 30 Prozent sehen eines der Sendeformate von SPIEGEL TV, und 17 Prozent lesen SPIEGEL special.

DER SPIEGEL hat also trotz des stärkeren Wettbewerbs im Marktsegment der Wochenmagazine seine qualitative Marktführerschaft nie verloren und geht mit der Zeit. Er trägt zum einen dem verän-

1 SPIEGEL CD-Rom 1996

derten Konsumentenverhalten Rechnung. Zum anderen offeriert er – aufbauend auf seine unverwechselbare journalistische Kompetenz – Lesern und Anzeigenkunden ein umfassendes Kommunikationsangebot. Eine starke, dynamische Markenpersönlichkeit. Nicht nur im SPIEGEL-Verlag, sondern in der gesamten Verlagspraxis ist das Bewußtsein für den Wert der eigenen Titel und die Bedeutung der Markenführung deutlich gestiegen.

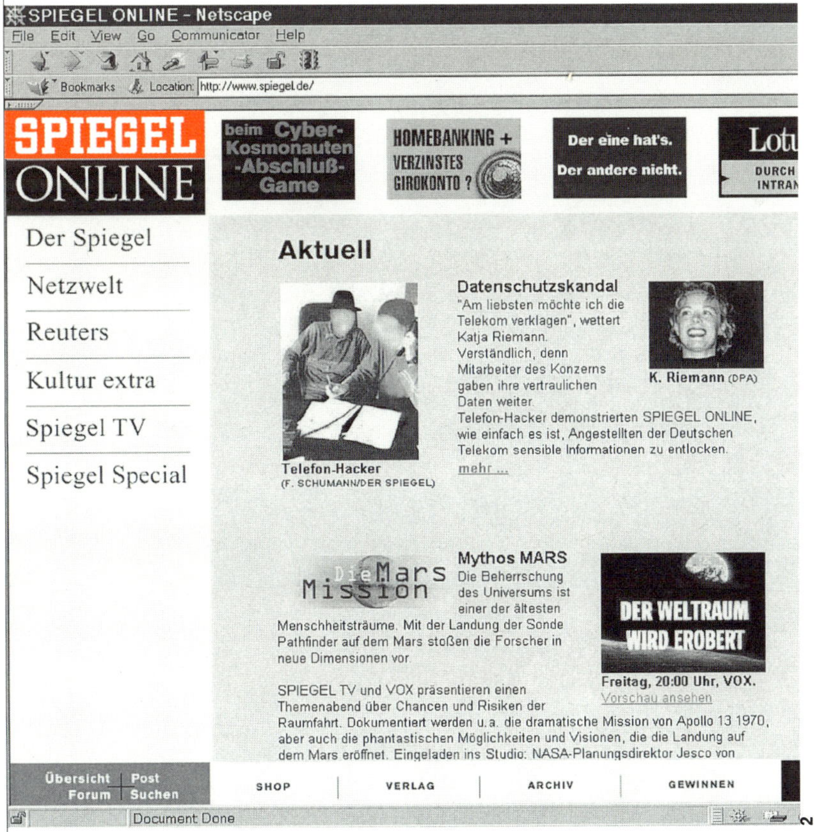

2

2 SPIEGEL ONLINE-Homepage 1997

[illegible]

VOM LESEN UND

[illegible]

[illegible] KIND IM SPIEGEL

ZEITGEIST WERBUNG

ALLE REDEN VOM WETTER

SPIRITUELLER MEHRWERT

STREIT IM MÄDCHEN-PENSIONAT

ÜBER WERBUNG UND JOURNALISMUS

DRAMATISCH NORMAL

MEDIAQUALITÄT IN DER WERBUNG

PETER WIPPERMANN, STEFAN AUST, ANDREAS STEINLE/PETER WIPPERMANN, MICHAEL SCHIRNER, NORBERT BOLZ, PETER GLOTZ, CORDT SCHNIBBEN, CHRISTIAN BOROS/GUIDO HALFMANN, PETER WIPPERMANN, DOUGLAS RUSHKOFF, THOMAS HOLTROP, HANS-JOACHIM RICHTER, WERNER E. KLATTEN, JÜRGEN STRÖBEL, CHRISTIAN SCHLOTTAU

Jürgen Ströbel Geboren 1943. Inhaber der Agentur Mediahaus Ströbel. Nach Tätigkeit bei den Agenturen Bläse, DDB und Team BBDO 1989 Gründung von Mediahaus Ströbel. Seit 1992 Aufbau des Networks MQI und eigener Agenturen im Ausland.

DER SPIEGEL

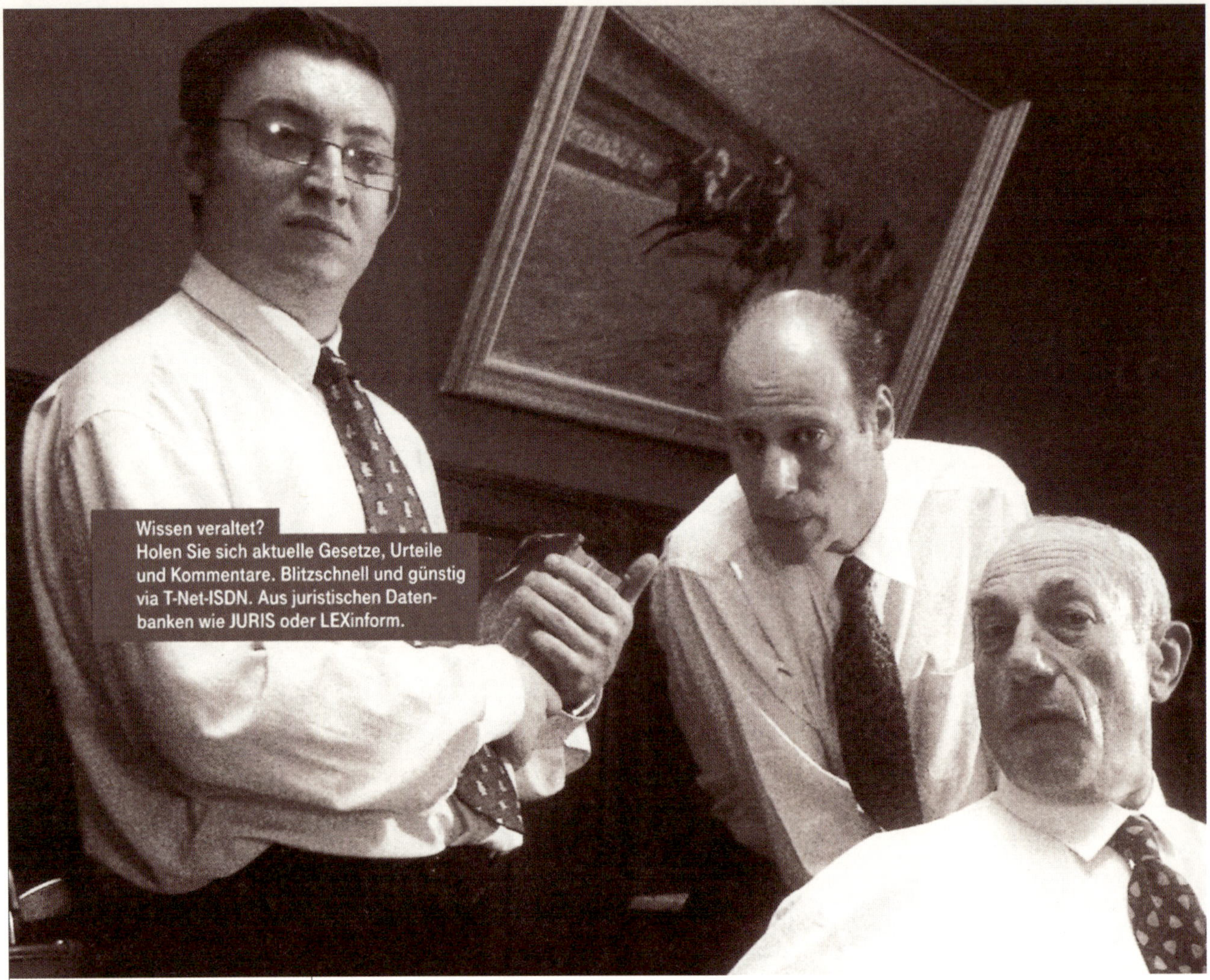

WARUM IM SPIEGEL?

ZUKUNFTSORIENTIERT MEDIAQUALITÄT IST DAS ENTSCHEIDENDE KRITERIUM FÜR WERBUNGTREIBENDE. SIE IST EIN INVESTMENT IN EINE MARKE, IN EIN MARKENBILD. DAZU BRAUCHT MAN VOR ALLEM HOCHRELEVANTE MEDIEN UND ANSPRUCHSVOLLE KAMPAGNEN.

MONOPOLSTELLUNG UND MONOPOLZIELGRUPPE

Fünfzig Jahre Werbung im SPIEGEL: ein Thema für sich, denn der SPIEGEL war über Jahrzehnte eine Kategorie für sich. Es gab und – wenn man es ganz genau nimmt – gibt in Deutschland kein anderes Nachrichtenmagazin dieser Couleur. Der SPIEGEL war geliebt und gehaßt, wobei sich letzteres bei Medialeuten in der Regel nicht auf den redaktionellen Inhalt bezog. Für sie gilt: Gut ist, was wirkt und die Zielgruppe erreicht.

Der SPIEGEL war für viele Mediapläne unverzichtbar, weil er den Zugang zu einer ganz besonderen Zielgruppe ermöglichte. Einer Zielgruppe, die sich nicht ausschließlich durch demographische Merkmale auszeichnete, sondern dadurch, daß erhebliche Teile der Leserschaft es sich einfach nicht leisten konnten, montags den SPIEGEL nicht gelesen zu haben. Er war und ist wohl auch heute noch für viele montägliche Pflichtlektüre – gleichgültig, ob man mit dem redaktionellen Inhalt immer konform geht.

Soviel zu den mediatechnischen Vorteilen, die andere Medien in dieser Form nicht haben. Die Qualität des SPIEGEL ist also zunächst seine Relevanz für die wichtigste Zielgruppe in Deutschland: diejenigen, die etwas zu entscheiden oder Entscheidungen vorzubereiten haben. Diese Gruppe zeichnet aus, daß sie besonders qualifiziert ist, über hohe Einkommen, berufliche Spitzenpositionen und ähnliches mehr verfügt.

DER KAMPAGNENMACHER Ein weiterer Punkt, der jahrzehntelang für die Mediaqualität des SPIEGEL stand: Aus Sicht der Kreativen war er Pflichtobjekt für neue Kampagnen. In den Printjahrzehnten war es für deutsche Kreative absolut selbstverständlich, daß Anzeigen im SPIEGEL – und auch in einem befreundeten Magazin der Hamburger Nachbarschaft – erscheinen mußten, um überhaupt als Kampagne bezeichnet werden zu können. Nur so wurden Marken durch erfolgreiche Kommunikation zur Institution. Vice versa haben die Kampagnen den SPIEGEL zu einer Werbeträger-Institution gemacht. Beispielhaft seien hier die Anzeigen für Reemtsma, Brinkmann, Volkswagen, Ford, Bayer, Hoechst, die Deutsche Bundespost, die Telekom und Bitburger genannt. Diese Kampagnen stehen für die statistisch oder wissenschaftlich nicht meßbare Form von Mediaqualität, die Langzeitwirkung von Anzeigen. Natürlich wurde diese manchmal aufgrund redaktioneller Berichterstattung aufs Spiel gesetzt.

Doch das liegt in der Natur der Dinge, wenn man pausenlos geärgert wird.

Im übrigen haben die Kampagnen für Farbe im Heft gesorgt. Wenn man Herrn Augstein einen Vorwurf machen will, dann den, daß er bis zum Auftauchen von Focus die Farben im SPIEGEL konsequent den Anzeigen überlassen hat.

VOM ANZEIGEN-„WELTMEISTER" ZUR KUNDENORIENTIERUNG Daß auch im Langfristvergleich die Anzeigenpreise des SPIEGEL keine Sozialtarife waren, muß der guten Ordnung halber erwähnt werden. Gleichwohl ist sich der Verlag nie selbst auf

1 Deutsche-Telekom-Anzeige im SPIEGEL 1997

den Leim gegangen. Es gab keine prohibitiven Tarife, sondern immer eine klare, reine Marktschöpfungspolitik. Andernfalls hätte der Verlag wohl kaum mit dem Objekt überlebt und wäre nicht über lange Jahre „Weltmeister“ im Abdrucken von Anzeigenseiten geblieben. Notabene gab es auch keine Konzilianz bei Dispositions- oder Plazierungszusagen – und redaktionelle Entsprechungen schon gar nicht. Heute sieht das anders aus: Während die redaktionelle Unabhängigkeit geblieben ist, hat der SPIEGEL mittlerweile auch die Kundenorientierung entdeckt und praktiziert sie durchaus mit Erfolg.

MEDIAQUALITÄT HEIßT MEDIAVERANTWORTUNG

Die Mediaqualität des SPIEGEL definiert sich schließlich auch durch den hohen Aboanteil – die Abokartei kann man als eine Art Who's who der deutschen Wirtschaft und Politik bezeichnen – und durch die jahrzehntelange starke Position in der MA und in der LAE. Der SPIEGEL-Verlag hat sich immer solidarisch an der Entwicklung der Mediaforschung und Mediaanalyse beteiligt und sich seiner Verantwortung gestellt.

Zu Recht: Wenn man die Planungsvorteile komplexer psychographischer Leserdaten den Nutzern wirksam vermitteln will, funktioniert das am besten in Kooperation mit den Marktpartnern. Der SPIEGEL-Verlag geht hier seit Jahrzehnten mit gutem Beispiel voran: Strategische Ansatzpunkte werden vom SPIEGEL-Marketing ständig in praxisbezogene Zielgruppenanalyse umgesetzt. Auf Zusammenarbeit mit Kunden und Agenturen basiert beispielsweise das langjährige SPIEGEL-Engagement im Modell der Zielgruppenforschung der sozialen Milieus. Auch andere Verlage mit vergleichbarem Selbstverständnis stellen sich mit schwerpunktmäßig ähnlicher Optimierung ihres Mediaservices auf die individuelleren Anforderungen der Nutzer ein – offensichtlich der richtige Weg im Zeitschriftenmarketing.

SPIEGEL-STUDIEN SIND NIE EINDIMENSIONAL

Der SPIEGEL konnte mit eigenen Marktmediastudien wie „Prozente“, „Soll und Haben“, „Outfit“ oder, ganz aktuell, „Online-Offline“ stets belegen, daß er über eine besonders qualifizierte und absatzstarke Leserschaft verfügt. SPIEGEL-Studien sehen den Befragten nicht eindimensional, sondern analysieren ihn differenziert nach Lebenseinstellungen und Lebenswelten, Persönlichkeitsmerkmalen und sozialen Milieus – Informationen, ohne die anspruchsvolle Mediaplanung nicht funktioniert. Der Vorteil für die Agenturen: Solche Daten erweisen sich für an-

1 Postsparbuch-Anzeige im SPIEGEL 1954

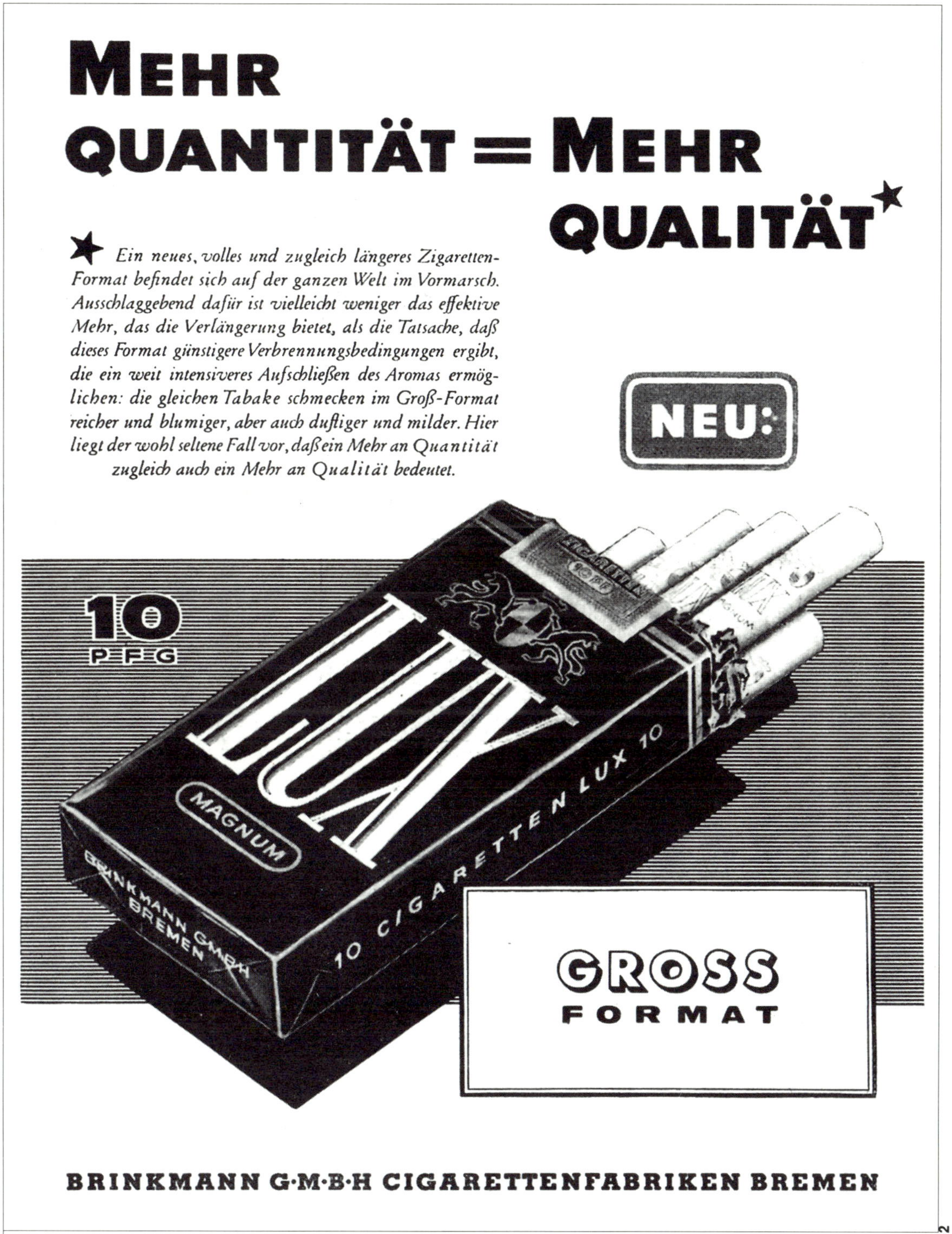

[2] Lux-Anzeige im SPIEGEL 1951

spruchsvolle Mediaplaner durchaus als reizvoll, setzen sie doch der Kreativität der Planung mit einer Fülle anspruchsvoller Informationen kaum Grenzen. Die gesellschaftlichen Strömungen verändern sich immer schneller. Das Verbraucherverhalten wechselt in immer kürzeren Zeiträumen. Kaum hat die Marktforschung eine Zielgruppe definiert, verändert diese schon wieder ihre Zusammensetzung.
Ebenso rasant hat sich in den letzten Jahren die Mediaplanung verändert: Überkommene TV- oder Printplanungsschablonen sind heute nicht mehr gefragt. Mediaqualität ohne vernetztes Denken ist vor allem im strategischen Mediamix Print/TV nicht mehr angesagt. Mit simplen Mediaoptimierungsprogrammen auf der banalen TKP-Basis kann man immer weniger Kunden überzeugen. Jedoch: Mehr agenturbezogene Business-Intelligenz darf sich nicht im Konditionen-Poker erschöpfen, wenn Agenturen als neutrale Treuhänder von Kunden-Werbegeldern akzeptiert werden wollen.

1 Hoechst-Anzeige im SPIEGEL 1997

Mediaforschung heute heißt: das komplette Spektrum für die Planung aktuell, umfassend, sinnvoll und aufgabenbezogen aufzubereiten. Vor simpler „Take away"-Mentalität in der Mediaplanung von Agenturen muß ebenso gewarnt werden wie vor einem Fließband-Datenservice der Medienseite. Dieser Grundsatzdiskussion wird sich keiner der Marktpartner auf Dauer entziehen können. Man denke nur an die völlig neuen Anforderungsprofile der Werbung in der neuen Multimedia-Welt.

Ohne eine verlagsübergreifende, gemeinsame, zielgruppenorientierte, kreative und qualitativ anspruchsvolle Leserschaftsforschung wird es kaum gelingen, die Leistungsvorteile von Print im Verbund mit elektronischen Medien überzeugend nachzuweisen. Einfache Nasen- und Auflagenzählerei als Fast-food-Mediadatenfutter wird nicht ausreichen.

PLANUNGSOPTIMIERUNG: QUALITY STATT LEAN MANAGEMENT Die Diskussion von Kunden, Agenturen und Medien über das Media-Business führt zunehmend das Kürzel Lean Media. Ohne Zweifel ist der Begriff „lean" derzeit in allen Wirtschafts- und Managementbereichen in. Trotzdem sollte „Lean Media" nicht falsch verstanden werden als eine Art modisches Fast-food-Media, also mehr bunte Verpackung ohne neue, nutzerorientierte Inhalte. „Lean" befindet sich stets im Spannungsfeld zwischen reduziertem Aufwand und Qualitäts- sowie Kontinuitätsdimensionen. Das gilt für Industriemanagement und Mediaplanung ebenso wie in den Redaktionen: Unter Journalisten gibt es derzeit eine engagierte Kontroverse über die Grundsätze und Ansprüche des investigativen SPIEGEL-Journalismus und seines vermuteten Gegenteils, überpointiert als „McJournalismus" bezeichnet. Die Mediaplanung befindet sich im gleichen Spannungsfeld: zwischen Vielfalt und Einfalt, zwischen Kreativität und Langeweile, vor allem im TV-Lager.

Formal wird jeder folgender Definition zustimmen: „Mediaplanung ist die individuelle Suche nach

1 Bayer-Anzeige im SPIEGEL 1996

dem wirksamsten Budgeteinsatz." Zweifel angesichts der heutigen Planungsrealität sind trotzdem angebracht. Ohne verallgemeinernde Branchenschelte muß nachgefragt werden: Wie ist es wirklich um die Qualität strategischer Mediaplanung bestellt? Liefern die Medien hierzu die optimalen Informationsgrundlagen? Wie gehen Mediaplaner damit um – einerseits „individuell" und andererseits „effizienzorientiert"?

ZEITSCHRIFTENMARKETING: WAS WOLLEN KUNDEN UND AGENTUREN? Einige Befunde zum Stellenwert der Informationsgrundlagen der Mediaplanung machen nachdenklich angesichts der Diskussion um Simplifizierungen von Mediaplanung und -einkauf. Die Leipziger MedienMesse führte eine Sample-Studie über „Wünsche und Vorstellungen der werbenden Wirtschaft zum Zeitschriftenmarketing" durch. Befragt wurden Ende Mai 1995 in telefonischen Interviews 131 Mediaentscheider, davon 86 in Werbeagenturen und 45 in Unternehmen. Die Ergebnisse dieser Umfrage geben aufschlußreiche

Anhaltspunkte, welche Instrumentarien für die Zeitschriftenoptimierung von der Nutzerseite nachgefragt werden und an welchen Planungskriterien weniger Interesse besteht.

Die Interviewten wurden gefragt, ob sie „grundsätzlich in der Mediaplanung eher die Auflage oder die Reichweite vorziehen, also Käufer oder Leser“. Die Werte zeigen eine eindeutige Dominanz der Reichweitendaten mit 60 Prozent, bei Kunden sogar mit 66 Prozent. Die Auflage bringt es bei den Agenturen nur auf 17, bei Kunden auf 13 Prozent. Aus Sicht der Nutzer ist also Mediaplanung mit Auflagendaten allein realitätsfern.

Die Heftdaten werden die Leserwerte höchstens ergänzen, aber niemals ersetzen können. Die logische Konsequenz wäre, künftig diese unüberschaubaren Datenmengen in neuen, übersichtlichen elektronischen Mediadatenbanken anzubieten. Hier haben die Verlage angesichts der großen Dynamik im Multimedia-Business mit PZ-Online bereits einen ersten zukunftsweisenden Schritt getan. Für Publikumszeitschriften bestätigt die Sample-Studie wie viele andere empirische Studien die herausragende Zielgruppenqualität und -präferenz von Print. Das klingt logisch angesichts der starken und fortschreitenden Spezialisierungs- und Segmentationstendenzen im Zeitschriftenmarkt der letzten zwei Jahrzehnte. Für 66 Prozent der befragten Mediaentscheider dominieren in der Zielgruppenanalyse die Daten der Soziodemographie, für 22 Prozent die der Psychographie.

Ein abweichendes Bild ergibt sich allerdings bei der Frage nach der Relevanz der Planungskriterien in der Zielgruppenbestimmung: Hier liegt die Soziodemographie mit 30 Prozent etwa gleichauf mit der Psychographie. Das läßt darauf hindeuten, daß auf Nutzerseite offenbar Hemmschwellen in der praktischen Anwendung psychographischer Daten bestehen.

2

3

2 P&S-Anzeige im SPIEGEL 1997

3 Bitburger-Anzeige im SPIEGEL 1997

Geschäftsreisen
Business Travel
Voyages d'affaires
SPIEGEL Dokumentation
1

OUTfiT³
KLEIDUNG
ACCESSOIRES
DUFTWASSER
CLOTHING
ACCESSORIES
FRAGRANCES
HABILLEMENT
ACCESSOIRES
PARFUMS
SPIEGEL-Dokumentation
2

SPIEGEL-DOKUMENTATION
SOLL UND HABEN 4
Debit and Credit
Doit et Avoir
Soll
Haben
3

Online - Offline
DER SPIEGEL
manager
Hauptergebnisse
Codeplan
4

DER SPIEGEL – SPIEGELBILD DES WIRTSCHAFTSWUNDERS Der SPIEGEL reflektierte über Jahrzehnte das deutsche Wirtschaftswunder und konnte eine ständig steigende Zahl von Anzeigenkunden verzeichnen. Zunächst aus Deutschland. Später haben auch Importanbieter häufig den SPIEGEL belegt, um Marken oder Dienstleistungen erstmals in Deutschland anzubieten. Es gelang dem Verlag, den SPIEGEL zu einem deutschen Aushängeschild zu machen. Der SPIEGEL gewann dadurch an Gewicht.

Der Bruch in der Entwicklung des SPIEGEL-Anzeigenteils wurde Anfang der 90er Jahre sicherlich vom Markteintritt von Focus ausgelöst. Eine lang währende Monopolsituation ist aber sowieso vom Grundsatz her fragwürdig und macht angreifbar. Sie kann den Marktführer allerdings stärken, wenn er damit umzugehen weiß. Der Markteintritt von Focus hat gezeigt, daß dieses Segment allemal groß genug ist, um einen zweiten Wettbewerber zu vertragen, und dieser die gleiche Anzahl von Anzeigen auf sich vereinigen kann.

ÜBERZEUGENDE KAMPAGNEN BRAUCHEN ÜBERZEUGENDE TRÄGEROBJEKTE Mediaqualität ist nichts anderes als ein Investment in eine Marke, in ein Markenbild. Dazu braucht es zwei Dinge: eine überzeugende Kampagne, die die Marke anschaulich, informativ, unterhaltsam – werblich gelungen – darstellt. Und Trägerobjekte, Transportmittel, die mehr sind als nur eine Sackkarre, auf der man billig hin und her geschoben wird. Man braucht ein hochqualitatives und für den einzelnen Leser hochrelevantes Medium, dem man eine anspruchsvolle Kampagne jederzeit anvertrauen kann. Ein Medium, das durch die Redaktion dieses Angebot zur Entfaltung kommen läßt und durch das Nebeneinander die Qualität erst richtig zur Geltung bringt und Mediaqualität produziert.

Der Wert einer solchen Kooperation liegt jenseits jeder Tarifgestaltung und läßt sich nur schwer berechnen. Ein Zeichen dafür ist aber die Tatsache, daß viele berühmte und wichtige Kampagnen im SPIEGEL waren und daß es viele erfolgreiche Werbungtreibende gibt, die seit Jahrzehnten im SPIEGEL vetreten sind.

[1] SPIEGEL-Dokumentation „Geschäftsreisen“, 1994 [2] SPIEGEL-Dokumentation „Outfit 3“, 1994 [3] SPIEGEL-Dokumentation „Soll und Haben“, 1996 [4] SPIEGEL-Dokumentation „Online-Offline“, 1996 (alle erschienen im SPIEGEL-Verlag)

VOM LESEN UND

ES STAND IM SPIEGEL

ZEITGEIST WERBUNG

ALLE REDEN VOM WETTER

SPIRITUELLER MEHRWERT

STREIT IM MÄDCHEN-

PENSIONAT

ÜBER WERBUNG UND

JOURNALISMUS

DRAMATISCH NORMAL

CROSS MEDIA

PETER WIPPERMANN, STEFAN AUST, ANDREAS STEINLE/PETER WIPPERMANN, MICHAEL SCHIRNER, NORBERT BOLZ, PETER GLOTZ, CORDT SCHNIBBEN, CHRISTIAN BOROS/GUIDO HALFMANN, PETER WIPPERMANN, DOUGLAS RUSHKOFF, THOMAS HOLTROP, HANS-JOACHIM RICHTER, WERNER E. KLATTEN, JÜRGEN STRÖBEL, CHRISTIAN SCHLOTTAU

Christian Schlottau Geboren 1957. Leiter des SPIEGEL-Anzeigenmarketings. Zuvor Führungspositionen in verschiedenen Verlagen, unter anderem als Anzeigen- und Verlagsleiter von Tempo. Zuletzt Anzeigenleiter beim Verlag Ehrlich & Sohn und Geschäftsführer K+S Kundenzeitschriften und Service-Verlagsgesellschaft.

DER SPIEGEL

1

KOMMUNIKATION IN NETZWERKEN

MARKENMEDIEN BIETEN WERBUNGTREIBENDEN GROSSE VORTEILE. SIE DECKEN NICHT NUR EIN MEDIENBEDÜRFNIS UND SOMIT EINE GEFÜHLSLAGE AB, SONDERN DIE GESAMTE BANDBREITE: SO LÄSST SICH DIE GRUPPE VON MENSCHEN UMFASSEND ANSPRECHEN, DIE SICH FÜR DIE WERTE DES MARKENMEDIUMS ENTSCHIEDEN HAT.

1 Abbildung: Klaus Westermann für Page – das Magazin für digitale Gestaltung & Medienproduktion

SUCHEN UND FINDEN Der Konsument am Ende dieses Jahrtausends hat es gut: Er hat die Wahl. Er zieht los und holt sich, was er will. Er findet.

Auf der Gegenseite, bei Marketingmanagern und Mediaplanern, ist das ganz anders. Sie haben die Qual. Sie fahnden nach Zielgruppen und Konsumenten. Sie suchen.

Pech für die Markenartikler: Mit den bisher erfolgreichen, aber häufig einseitig quantitativ ausgerichteten Methoden der Massenwerbung allein läßt sich der Verbraucher heute nicht mehr packen. Neue Überlegungen sind notwendig.

In den Anfangszeiten der deutschen Nachkriegsmedien genügten noch kleinteilige, viertelseitige Anzeigen, um die nach und nach aufkommenden Konsumwünsche wirksam anzusprechen. Bald wurden die Anzeigen größer. Imagebotschaften ersetzten Informationen. Die Werbung nutzte Farbe – lange vor den redaktionellen Teilen. Man buchte Doppelseiten, um mehr Wirkung zu erzielen, und schließlich – Höhepunkt der werblichen Aufrüstung – emotionsgeladene Ausklapper, Beihefter und Sonderformate. In den 90er Jahren sah sich die Kommunikationsplanung jedoch mit einem Problem konfrontiert, das über Werbedruck und gesteigerten Aufwand allein nicht mehr in den Griff zu bekommen war: Die klaren Konsumentenblöcke verschwanden in einer neuen Unübersichtlichkeit. Für die Zukunft wird sich die Frage stellen, ob großkalibriges werbliches Trommelfeuer noch die richtige Methode ist, eine befriedigende Werbewirkung zu erzielen.

Was ist passiert? Warum erreicht man die Verbraucher nicht mehr mit den bewährten Methoden?

Es liegt nicht daran, daß sie keine Medien mehr nutzen würden. Das Bedürfnis nach Informationen hat nicht nachgelassen. Wie eine Studie des amerikanischen Sozialforschers David Yankelovich zeigt, definieren Menschen heute Ansehen und Status nicht mehr allein über Autos und schicke Villen, sondern zusätzlich auch über immaterielle Güter wie Information. „Being inside“ nennt man diese neue Form des Luxus: sich auskennen.

Was sich jedoch stark verändert hat, ist die Art und Weise, wie Informationen aufgenommen werden. Der Verbraucher läßt sich längst nicht mehr vorschreiben, wie er sich seine Informationen beschafft. Früher gab ihm ein einziger General-Interest-Titel das Gefühl, den nötigen Informationspegel aufrechtzuerhalten. Heute komplettiert er seine Informationen zusätzlich in den unterschiedlichsten Special-Interest-Titeln. Kein Wunder, daß die Zahl der Zeitschriftentitel in den vergangenen Jahren sehr viel schneller gewachsen ist als ihre Auflagenzahlen. Der Verbraucher vagabundiert zwischen den verschiedenen Medien, sucht sich seine Perspektive und bastelt sich aus verschiedenen Quellen ein Informationsmosaik, das sein Bewußtsein und Wissen formt. Wo früher ein ungeteilter Strom an Informationen floß, gibt es heute eine Vielzahl von Nebenflüssen. Die Informationsmenge wuchs, aber sie fließt nicht mehr in einem einzigen großen Flußbett, sondern in

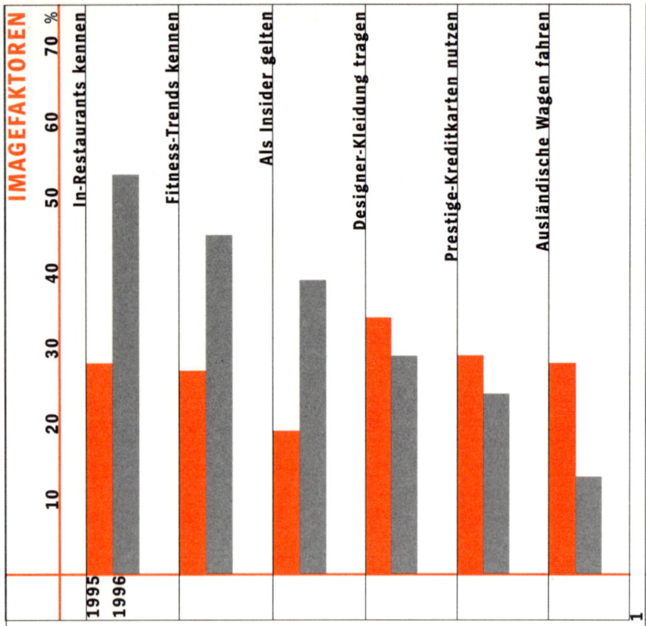

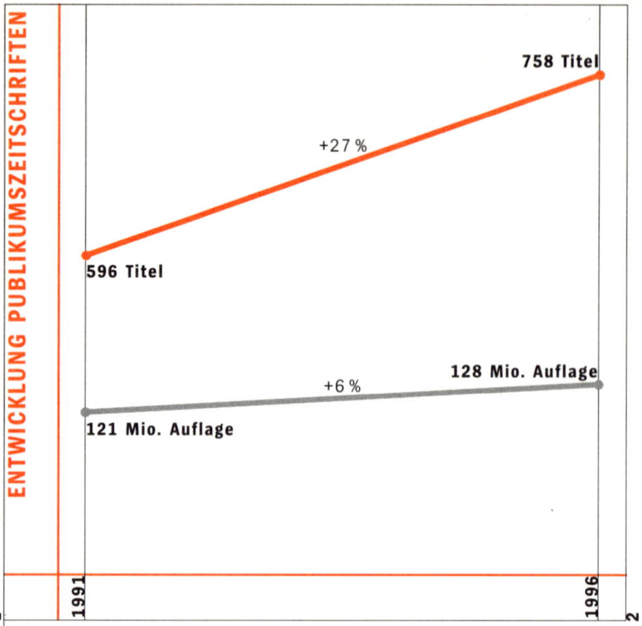

vielen kleinen Seitenarmen, wie in einem Delta. Diese zunehmende Verästelung des Kommunikationsflusses entspringt dem Bedürfnis des modernen Konsumenten nach Individualisierung, nach Paßgenauigkeit in seinem Leben.

STAMMESMEDIEN Die einmütigen Konsumentenhorden der Vergangenheit lösen sich langsam im Dschungel der Individualisierung auf. Versprengte Wanderer zwischen den Zielgruppen schließen sich zwar manchmal auf Zeit zu neuen Gruppen zusammen. Bis die Marktforschung sie allerdings ortet, sind sie manchmal wieder im Unterholz neuer Vorlieben verschwunden. Das Verbraucherverhalten am Ende des 20. Jahrhunderts ähnelt somit eher der Mobilität von Nomadenstämmen als dem statischen Beharren gründerzeitlichen Bürgertums. Festgefügte Hierarchien und Muster wie Familien, Klassenzugehörigkeit und Nationalität werden aufgeweicht. Losere, leichter zugängliche, offene Sozialnetze gewinnen an Bedeutung: Szenen, Cliquen, Freundschaften. Informationen und Medien werden zu Visitenkarten, mit denen man sich Zutritt zu diesen Zirkeln verschafft.

Informationen werden auch zu einer Art Fangseil, das dem Individuum in den neuen, flüchtigen Sozialnetzen Halt gibt. Nähe und Identität hängen heute nicht mehr davon ab, wie eng man beieinander wohnt oder wie oft man sich sieht, sondern bestimmen sich durch Intensität und Qualität der Beziehungen. Der Freund steht mir näher als der Arbeitskollege, obwohl ich den einen nur jedes halbe Jahr und den anderen täglich sehe. Wenn man sich deshalb den Kern der Informationsgesellschaft als ein Netzwerk aus Personen und Gruppen vorstellt, kann man die Stärke einzelner Netzfäden an der Intensität des jeweiligen Informationsaustausches ablesen. Häufige Kommunikation schafft über einen gemeinsamen Informationshintergrund temporäre Nähe. Nur wenn die Marketingentscheider bereit sind, ihre alten Schemata zu lockern, können sie sich die neuen Informationsnetze zunutze machen. Das wird vor

1 Quelle: Yankelovich OmniPlus poll 1996, Imagefaktoren bei US-Konsumenten
2 Quelle: IVW Auflagenmeldungen

allem in Zukunft wichtig sein, um die fließenden Sozialgruppen noch zu erreichen.

MISCHEN, MISCHEN, MISCHEN In den vergangenen zwei Jahrzehnten haben sich die Entwicklung und Markteinführung neuer Kommunikationsmedien dramatisch beschleunigt. Die Medienkanäle haben sich nicht nur vervielfältigt, sie werden auch neu vermischt und kombiniert. Früher diente das Telefon dazu, Information auszutauschen, und der Computer dazu, Informationen zu erstellen. Die Verschmelzung der beiden Funktionen ergab ein neues Medium: das Internet. Schrift, Bild und Ton sind eine Symbiose eingegangen, die nicht nur unsere Sinneswahrnehmung verändert, sondern auch die traditionellen Medienauftritte beeinflußt.

Wie wirken in diesem Zusammenhang vernetzte Medien oder Cross-Medien? Print, TV, Radio, Online und Plakat können als gemeinsamer Hintergrund für

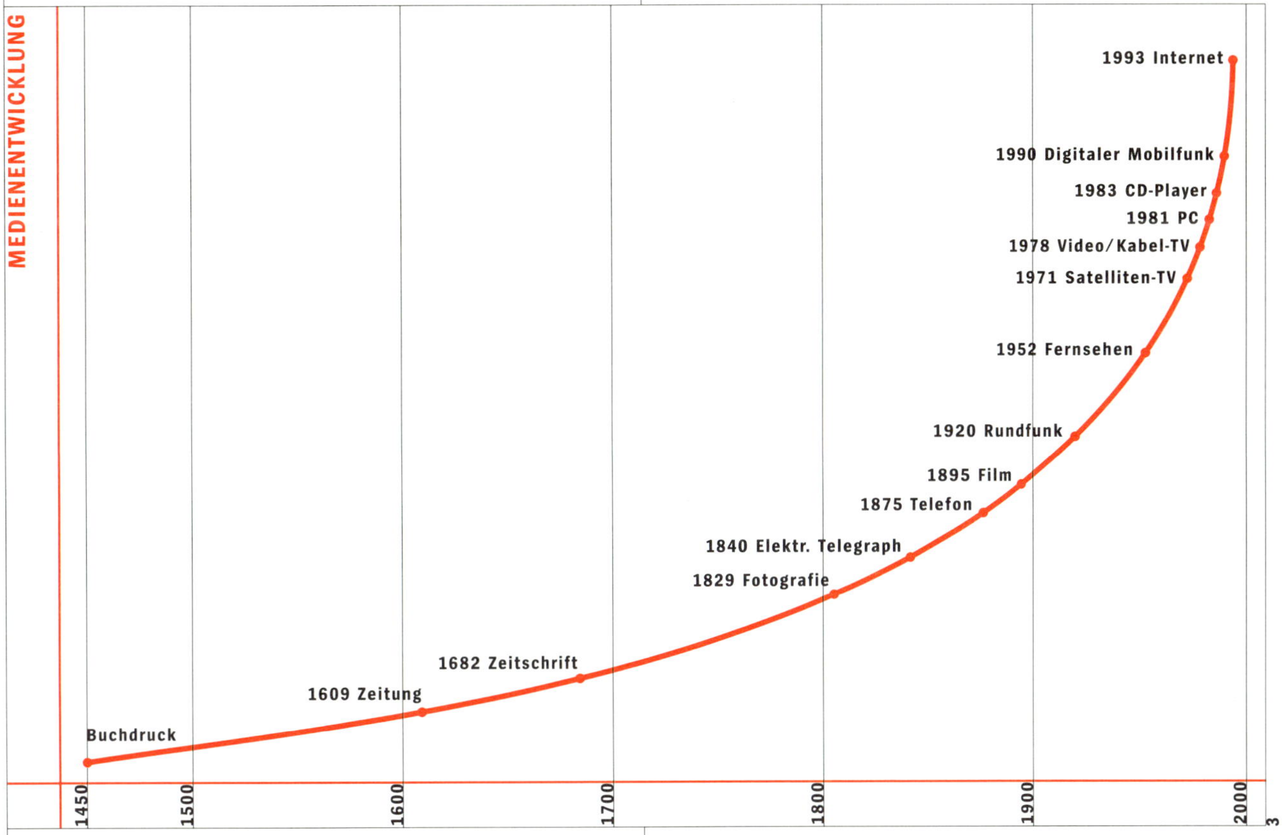

[3]

[3] Quelle: Trendbüro 1997

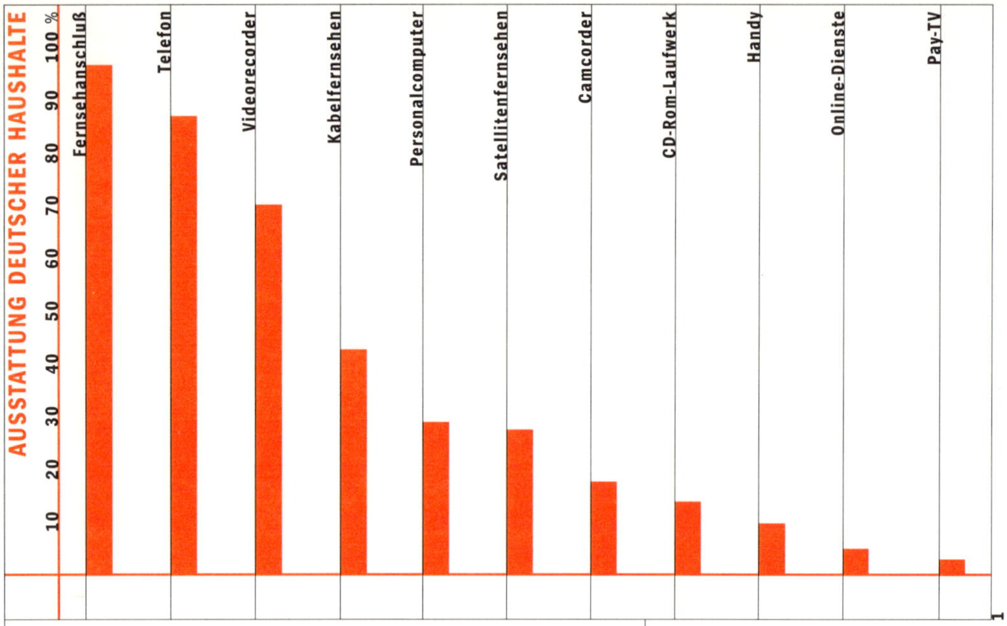

1

eine Botschaft ein synergetisches Zusammenspiel eingehen und auf diese Weise den vagabundierenden, aufmerksamkeitsschwachen Rezipienten einfangen. Für jeden Menschen besitzt eine Information, die aus vielen unterschiedlichen Quellen bestätigt wird, einen subjektiv höheren Wahrheitsgehalt als eine monoton-uniforme Botschaft. Der US-Psychologe Allan Paivio stellte fest: Wenn wir eine Geschichte mit mehreren Sinnen und leichten Variationen wahrnehmen, erscheint sie als besonders „wahr", präsent und verankert sich stabil in unserem Bewußtsein. Das hat Konsequenzen für die Werbung in der Cross-Media-Landschaft: Die Kommunikationsstrategie des Mischens ist dem monotonen Senden auf nur einem Kanal überlegen. Der Verband Deutscher Zeitschriftenverleger hat in einer Studie eine Werbewert-Formel zur Ermittlung eines optimalen Mediamixes erarbeitet. Für 147 Marken wurden dabei zunächst Marktanteilsänderungen in Relation zu den Werbeaufwendungen in TV, Radio, Plakat und Print gesetzt. In einer nonlinearen Regressionsanalyse wurde dann rechnerisch belegt, daß Mixkampagnen Monokampagnen eindeutig schlagen. Bei einem ausgewogenen Werbemix (TV: 45 Prozent, Print: 40 Prozent, Funk: 10 Prozent, Plakat: 5 Prozent) wuchs der Marktanteil eines Produktes (aus der Gruppe „fast moving consumer goods") in Jahresfrist um 2,6 Prozent.

Natürlich kann man aus theoretischen Analysen noch keine konkrete Mediastrategie für eine Marke ableiten. Die Formel der Zeitschriftenverleger ist aber ein guter Anhaltspunkt für ein generelles Überdenken von Strategien, wobei der optimale Mediamix immer eine Funktion mit vielen Unbekannten bleiben wird. Markenpolitik, Marktposition und die Wirkungsweisen einzelner Medien müssen genau berücksichtigt werden.

KOPFARBEIT UND UNTERHALTUNG Medien haben einen eigenen Charakter. Qualitative Untersuchungen zeigen, daß sie hauptsächlich für drei Bedürfnislagen wichtig sind:

1 Quelle: Globus, DVI 7/96

DER SPIEGEL UND SEINE SUBMARKEN

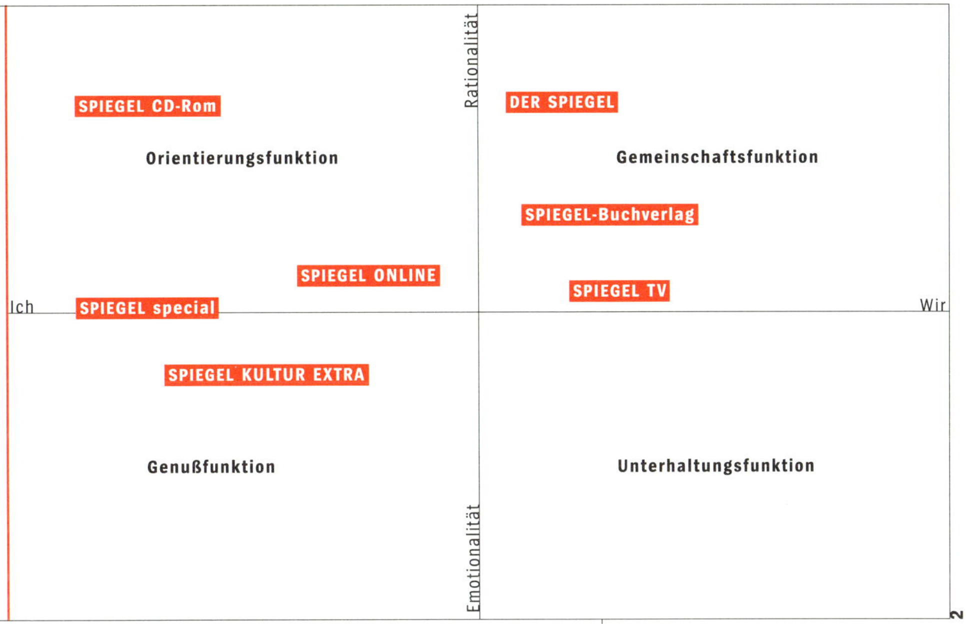

[2]

- Print für den Geist,
- Fernsehen für das Gefühl,
- Online für die Interaktion.

Anders gesagt: Tageszeitungen und Nachrichtenmagazine werden gemeinhin als Inbegriff von Seriosität, Aktualität und Genauigkeit angesehen. Im Fernsehen sucht der Verbraucher als Gegenpol Unterhaltung, Bequemlichkeit und eher passive Kontemplation. Bei Online-Medien schließlich steht das Gefühl der Aktion im Vordergrund. So schreibt der Konsument jedem Medium genau die Eigenschaften zu, die seinen persönlichen Umgang damit charakterisieren.
Die Mediengattungen lassen sich auch noch weiter segmentieren. Man liest den SPIEGEL sicherlich aus anderen Motiven als eine Illustrierte. Über Jahre hinweg wurde das Nachrichtenmagazin zudem zu einer Markenfamilie erweitert, in der jedes Mitglied eine spezifische Funktion erfüllt und auf unterschiedliche Bedürfnisse der Konsumenten reagiert. Während DER SPIEGEL eher die Rationalität anspricht, richtet sich SPIEGEL special stärker an den Lesegenuß. Die SPIEGEL CD-Rom steht für Orientierung, SPIEGEL TV eher für informative Unterhaltung.
Das Medium legt den Rahmen fest, in dem eine Botschaft Aufmerksamkeit erregt. Da der Konsument in jeder Gefühlslage verschieden reagiert, muß eine Werbebotschaft genau in das mentale und emotionale Umfeld eines Mediums passen, um nachhaltig zu wirken. Mitmachaktionen kommen im „passiven" Fernsehen weniger an als bei Online-Nutzern. Eine Anzeige, die den Stil der vermuteten Leserschaft aufnimmt, hat in dem jeweiligen Magazin größere Überzeugungskraft. Aus Kostengründen in der Kreation und Herstellung von Vorlagen wird es weitgehend illusorisch bleiben, doch theoretisch ließe sich für die Zukunft sagen: Eine individuell auf das Medium abgestimmte Ansprache wird in der modernen Medienlandschaft gegenüber der pauschalen Printbuchung mit einem uniformen Anzeigenmotiv an Werbewirkung gewinnen.

[2] Quelle: Trendbüro 1997

PROGNOSE NEUE MEDIEN[1]

2000	Elektronisches Business für fast alle Firmen ein Muß 25 % der Geschäftsabwicklungen laufen übers Internet
1999	75 % der Internet-User in Europa haben ISDN Mehrheit der PC-User benutzt Internet
1998	50 % der Unternehmen haben Enterprise Wide Web Fast alle Programme internettauglich
1997	Audio-publishing im Web E-Mails auf Internetbasis im Intranet
1996	15 % der Unternehmer haben Web-Sites Web-publishing wird genauso einfach wie Desktop-publishing

WIE MAN CHAMPAGNERFREUNDE TRIFFT Die Marktforscher wissen heute: Wer E-Musik hört, sich für Wirtschaft und Politik interessiert, viel liest und gerne reist, trinkt auch Champagner. Solche Zusammenhänge zwischen Medienpräferenz und Markenverwendung sind seit einiger Zeit ein großes Thema: Sag mir, was du anschaust, und ich sage dir, welche Marken du kaufst. Die Einteilung von Media-Stilgruppen nach Markenverwendung wird die verbindende Kraft kombinierter Mediennutzung in Zukunft sicher noch deutlicher herausstellen. Die Markenfamilie des SPIEGEL beispielsweise ermöglicht es, gezielt die Konsumenten an der Spitze der Medienpyramide anzusprechen, die Entscheider.
Der Trend, der sich erkennen läßt: Unterschiedliches Medienverhalten trennt heute immer stärker Szenen und Subgruppen der Informationsgesellschaft. Informationsstämme vernetzen sich über „ihre" Medien und bilden eigene, offene Kommunikationsgemeinschaften. Da die Media-Stilgruppen sich in ihren Erwartungen an die Medien unterscheiden, sollten sie auch auf unterschiedliche Weise angesprochen werden. Für die Werbekommunikation ist entscheidend, jede Stilgruppe nach der Art ihrer Medien und deren Nutzung zu identifizieren. Ich denke deshalb, es ist nur noch eine Frage der Zeit, bis sich gezielte Netzwerk-Analysen mit paralleler Ermittlung der Markenpräferenzen in den „Informationsstämmen" wirklich effektiv nutzen lassen.

BOTSCHAFT IM MEDIENDIALEKT Da sich der Kommunikationsauftritt in Zukunft noch stärker über immer mehr Mediengattungen ausbreiten wird, muß darauf geachtet werden, ihn so zu gestalten, daß die Grundaussage trotz vielfältiger Kanäle weiterhin konsistent bleibt. Briefe können Form und Farbe wechseln, aber ihr Autor muß immer als ein und derselbe erkennbar sein. Cross-Media-Strategien brauchen deshalb eine Grundaussage, die man in verschiedenen Medien entsprechend dem Kommunikationsumfeld variieren kann. Die hohe Kunst der Marken-

[1] Quelle: Gartner Group 1997

kommunikation ist: diese emotionalen und rationalen Kernbotschaften so herauszuarbeiten, daß sie trotz Medienvielerlei nicht zerbröseln. Das Ganze muß mehr als die Summe der Teile sein.

MENTALE HEIMAT FÜR DIE MARKE Marken sind Konstanten in unserer sich schnell wandelnden Wirklichkeit. Das gilt für Konsumprodukte genauso wie für Medien. Markenprodukte wie DER SPIEGEL mit seiner fünfzigjährigen Erfolgsgeschichte bilden für ihre Konsumenten eine mentale und emotionale Heimat. Die vertraute Marke SPIEGEL ist ein sicherer Hafen bei der Entdeckung fremder Medienkontinente – zum Beispiel des Internet. Dies war jedoch nur möglich durch die ständig gehaltene hohe Qualität des SPIEGEL. So konnte aus dem ursprünglichen Printprodukt eine Markenfamilie werden, die ihre Werte auch in anderen Medien vermittelt.

Für den Werbungtreibenden bieten mediale Markenfamilien ebenfalls entscheidende Vorteile. Die flüchtigen Stilgruppen lassen sich über diese einheitlichen und verbindenden Produkte auf den unterschiedlichsten Kanälen erreichen. Im Fernsehen trifft man den Typus „SPIEGEL-Leser“ am zielgenausten bei SPIEGEL TV. Im Internet kann man ihn über die SPIEGEL ONLINE-Homepage ansprechen. Natürlich wird man hier mehr jüngere SPIEGEL-Leser finden als im Print, doch diese weiteren Aufsplitterungen sind für den Werbungtreibenden nur nützlich. Gemeinsam bleibt allen Markenfamilien in den verschiedensten Mediengattungen: Ihre Nutzer haben sich für die Kernwerte des SPIEGEL entschieden – für ein verläßliches Umfeld mit hoher journalistischer Qualität. Diese Charakterisierung läßt dann die bekannten Schlüsse auf ihr sonstiges Konsumverhalten zu.

Mediaplanung könnte sich vor dem Hintergrund intermedialer Marken in Zukunft stark vereinfachen.

Ich denke, daß Werbungtreibende schon bald nicht mehr nur die Entscheidung für einen bestimmten Medienkanal treffen, sondern zunehmend auch Grundsatzentscheidungen für ein oder mehrere Markenmedien in Erwägung ziehen sollten. Diese könnten dann von Print bis Online über die gesamte Medienvielfalt hinweg gebucht werden. Integrative Kampagnenkonzepte würden sich dabei ergänzen und aufeinander verweisen.

Eine neue Art der Informationsbeschaffung wird in Zukunft die Abstände zwischen Marke, Medium und Rezipient im Kommunikationsdreieck verkürzen. Wichtig ist dabei: Die Botschaft muß konsistent bleiben, bewußt die Sprache des jeweiligen Mediums aufnehmen und die Stilgruppe in ihrem vertrauten Medienumfeld ansprechen. Markenkommunikation über Cross-Medien in einer Markenfamilie dürfte schon bald ein neues, wirksames Instrument der Marketingpolitik werden. Auf eines können sich die Werbungtreibenden dabei, unabhängig vom Medienkanal, verlassen: SPIEGEL-Leser wissen mehr.

VOM LESEN UND

ES STAND IM SPIEGEL

ZEITGEIST WERBUNG

ALLE REDEN VOM WETTER

SPIRITUELLER MEHRWERT

STREIT IM MÄDCHEN-
PENSIONAT

ÜBER WERBUNG UND
JOURNALISMUS

DRAMATISCH NORMAL

I HAVE A DREAM

PETER WIPPERMANN, STEFAN AUST, ANDREAS STEINLE/PETER WIPPERMANN, MICHAEL SCHIRNER, NORBERT BOLZ, PETER GLOTZ, CORDT SCHNIBBEN, CHRISTIAN BOROS/GUIDO HALFMANN, PETER WIPPERMANN, DOUGLAS RUSHKOFF, THOMAS HOLTROP, HANS-JOACHIM RICHTER, WERNER E. KLATTEN, JÜRGEN STRÖBEL, CHRISTIAN SCHLOTTAU

DER SPIEGEL

1

2

I HAVE A DREAM

WERBUNG IM JAHRE 2010 WIE WIRD DIE WERBUNG AM ANFANG DES NÄCHSTEN JAHRTAUSENDS AUSSEHEN? WELCHE NEUEN FORMEN ERWARTEN UNS? WELCHE ALTEN WERDEN VERSCHWINDEN? WIR FRAGTEN DIE ENTSCHEIDER IN WERBUNG, MARKETING, POLITIK, UNTERHALTUNG, SPORT, FILM, DESIGN, KULTUR UND NEUEN MEDIEN NACH IHRER VORSTELLUNG.

Vilim Vasata Die kleine Anzeige bleibt klein. Denn kleines Geld wird es immer geben. Geringes Interesse wird wachsen. Geborgtes Interesse wird sinken. Ein Anzeigentrend wird editorial sein. Und unterhaltend. Die Marken werden sich hinter soziale Themen stellen. Und Howard Gossage wird gefeiert werden: „Die Leute lesen keine Anzeigen. Die Leute lesen, was sie interessiert."

Peter Haller Werbung für ein breites Publikum erfindet keine Trends. Sie folgt dem Publikumsgeschmack genauso wie die Fernsehprogramme der Privatsender den Ratings. Trends in der Werbung bis 2010 zu prognostizieren setzte voraus, die Entwicklung der kulturellen, sozialen und politischen Einstellungen und Verhaltensweisen des Publikums vorherzusagen. Ich kann's nicht.

1 Prof. Vilim Vasata, Geschäftsführung BBDO Deutschland Holding 2 Dr. Peter Haller, Geschäftsführender Gesellschafter ServicePlan Marketing GmbH Werbeagentur KG

Veronika Claßen Üzcan, Deutschtürke in vierter Generation, hat ein Problem. Seine Internet-Wette auf „Wayne“ im virtuellen Mars-Rennen hat ihn Euro 5000 gekostet. Was tun? Ganz einfach. Vier Monate lang Zeitschriften mit Werbung kaufen. Die sind nämlich billiger als die werbefreien Magazine. Das geht schon klar – schließlich fährt er auch täglich in der total zuplakatierten Magnetschwebebahn. Das ist für die Augen zwar heftig, dafür aber viel günstiger.

GUIDO WESTERWELLE WAS BLEIBT? DIE MEHRHEIT DER BEVÖLKERUNG IN DEUTSCHLAND SIEHT NACH NEUESTEN UMFRAGEN WERBUNG GENERELL ALS SINNVOLL AN. WAS GEHT? HIER GILT DER ALTE GRUNDSATZ: ANYTHING GOES. WAS KOMMT? EINE INTERNATIONALISIERUNG DER WERBESTANDARDS ÜBER DAS BISHERIGE MASS HINAUS.

Dieter Gorny **2010 bietet ein eigentümliches Szenario: Satellitennavigationssysteme liefern Umleitungstips von Ölkonzernen, Städte füllen den Säckel mit Werbung auf Zebrastreifen; man läßt sich die Schneidezähne sponsern: „Dieses Lächeln wird Ihnen präsentiert von…“ Aber es wird auch eine qualitative Entwicklung geben. Freuen wir uns auf neue gestalterische Formulierungen und die Vielfalt der Ansätze. Vielleicht gelingt es der Werbung als Kunstform sogar, sich vom Produkt zu emanzipieren: Erst kommt die Kampagne. Dann wird über ein mögliches Produkt nachgedacht.**

3

4

5

[3] Veronika Claßen, Chief Creative Officer Ammirati Puris Lintas [4] Dr. Guido Westerwelle, Generalsekretär FDP [5] Dieter Gorny, Geschäftsführer Viva Fernsehen GmbH & Co. KG

1

2

3

Lothar S. Leonhard Die Gesellschaft wird gespalten sein. Dem dann 60jährigen ist das Multimedia-Geschehen weniger selbstverständlich als den Jüngeren. Marketing wird beherrscht von Consumer-Ownership-Strategien; denn nichts wird teurer kommen, als den Kunden zu verlieren. Wer die Datenvielfalt am effizientesten nutzt, wird gewinnen. Die Gesellschaft wird verunsichert sein über Dimension und Beeinflussung durch Datennutzung. Einschränkungen und Auflagen nehmen zu. Das wird bleiben: Marken machen Märkte. Werbung macht Marken. Kreativität macht gute Werbung.

THOMAS HARMS ES GEHT (HOFFENTLICH) DIE UNQUALIFIZIERTE WERBUNG; ES BLEIBT DIE PERSÖNLICHE KONTAKTANBAHNUNG DURCH DEN DIREKTVERTRIEB; UND ES KOMMT DIE PASSIVE (FÜR DEN KUNDEN AKTIVE) AUSWAHLMÖGLICHKEIT DURCH DIE NEUEN, ELEKTRONISCHEN MEDIEN.

Georg Baums Die Zeit der Monarchen ist vorbei – Königin Anzeige längst entthront. Im Wettbewerb der Medien muß sie ihre Effizienz beweisen, sich stärker ins interaktive Networking einklinken. So, wie Verlage ihre Zeitschriftenmarke mit anderen Medien verknüpfen, wird auch der Anzeigenkunde direktere Verknüpfung der Werbemaßnahmen für seine Marke suchen. Die Anzeige, dieses Monument der Werbung, wird beweglicher und vielfältiger werden.

1 Lothar S. Leonhard, Chairman Ogilvy & Mather Deutschland 2 Thomas Harms, Spartenleiter Deutschland für Vertrieb, Raumpflege Vorwerk Deutschland Stiftung & Co. KG 3 Georg Baums, Chairman & CEO Publicis Communication GmbH

Bernd M. Michael Meine nicht ernstgemeinte Prognose für 2010: Verbraucher verlangen „Schmerzensgeld“ fürs Sehen oder Lesen von Werbung, angerechnet auf den Kaufpreis. Werbung wird gezielt für Produktbereiche abgerufen, für die ein Kauf geplant ist. Sie wird ausgestellt und vorgeführt – die Agierenden sind berühmter als Sportler, Politiker und Schauspieler. Werbung wird der höchste Kostenfaktor im Manufacturing Process. Doch wie sagte Hermann Kahn: Die Prognose ersetzt den Zufall durch den Irrtum.

HELMUT THOMA NIEMAND HAT PROGNOSTISCHE FÄHIGKEITEN, DOCH VIELE ZEITGENOSSEN DÜRFTEN SICH NOCH WUNDERN, WIE WENIG SICH IN DER WERBUNG TATSÄCHLICH ÄNDERN WIRD. WERBUNG LEBT VON DER MASSENKOMMUNIKATION – UND VON STARKEN MEDIEN. DAHER DÜRFTEN GROSSE MARKENARTIKLER AUCH IN ZEHN JAHREN NOCH AUF KLASSISCHE MEDIEN ANGEWIESEN SEIN. ALLES, WAS SICH DRUM HERUMSTRICKEN LÄSST, IST SINNVOLLE ERGÄNZUNG, KEIN ERSATZ.

Heribert Meffert Werbung wird zunehmend das Spannungsfeld zwischen Individualität und Effizienz überwinden müssen. Durch eine verstärkte Interaktivität und Dialogorientierung wird sich der inhaltliche Fokus der Werbung wandeln. Eine konsequente Nutzenorientierung wird ihr aber auch in Zukunft den Spitzenrang im Kommunikationsmix sichern.

Dr. Motte Für ein Statement zu diesem Thema muß ich Ihnen 2000 Mark zuzüglich Mehrwertsteuer berechnen. Andernfalls kann ich keine Leistung erbringen.

4

5

6

7

4 Bernd M. Michael, Managing Partner & CEO Grey Middle Europe 5 Prof. Dr. Helmut Thoma, Geschäftsführer RTL Television 6 Prof. Dr. Dr. h. c. Heribert Meffert, Direktor Institut für Marketing Westfälische Wilhelms-Universität Münster 7 Dr. Motte, Space Teddy Recordings und Mitorganisator der Love Parade

1

2

3

Dieter Stolte Solange es freie Marktwirtschaft gibt, bleiben Anzeigen und Werbung ein elementares Wettbewerbsinstrument. Die Grenzen zwischen den Werbeträgern werden sich in Richtung eines Mediamixes verwischen. Die Individualisierung der Massenmedien verstärkt die zielgruppenspezifisch ausdifferenzierte Werbeplazierung weiter. Dies gilt auch für Programmveranstalter wie das ZDF, das auch in Zukunft die verschiedenen Partnermedien nutzen wird – nicht zuletzt in Form klassischer Printanzeigen.

JEAN-CHRISTOPHE AMMANN ICH WÜNSCHE MIR VIEL, VIEL MEHR ALS HEUTE INTELLIGENTE, SINNLICHE, EINFALLSREICHE UND AUCH MITREISSENDE WERBUNG UNTER DEM MOTTO: ERST DIE FREUDE AN DER WERBUNG SCHAFFT DEN ZUGANG ZUM PRODUKT.

Oskar Lafontaine In der globalisierten Welt des 21. Jahrhunderts nimmt die Bedeutung der Werbung weiter zu. Damit wächst die soziale Verantwortung der Werbemacher, deren Arbeiten kulturelle Trends nicht nur reflektieren, sondern mitformen und verstärken. Die „Anzeige“ der Zukunft wird weiter auf bildliche Darstellung und spielerische Assoziation setzen. Aber sie wird sich zunehmend elektronischer Medien bedienen, interaktiv, informationshaltiger und internationaler sein. Ich halte Werbeformen für zukunftsfähig, bei denen Image und Produktqualität, Werbeaussage und Konsumentenbedürfnis intelligent zusammenpassen.

1 Prof. Dr. h. c. Dieter Stolte, Intendant ZDF 2 Dr. Jean-Christophe Ammann, Direktor Museum für Moderne Kunst Frankfurt am Main 3 Oskar Lafontaine, Ministerpräsident Saarland, Parteivorsitzender SPD

Chris Häberlein Werbung im Jahre 2010 muß die Zielgruppe unterhalten und das Image des Produkts oder des Unternehmens unterstreichen. Wegen der Vielzahl von interaktiven Werbeformen müssen sich die Werber intensiver mit den Adressaten auseinandersetzen und die Austauschbarkeit von Werbewelten vermeiden. Auch 2010 wird neben virtuellen Science-fiction-Ideen immer wieder der Rückblick auf Tradition, Ursprung und Authentizität eine Rolle spielen.

FRANZ BECKENBAUER ICH DENKE, WERBUNG IST NOTWENDIG. HEUTE UND IN ZUKUNFT. SIE WIRD ABER NUR DANN BEIM KONSUMENTEN ANKOMMEN, WENN FAIRE SPIELREGELN EINGEHALTEN UND INTELLIGENTE UND WITZIGE IDEEN GELIEFERT WERDEN.

Knut Föckler Was erschüttert 2010 die Werbewelt? Gibt es Ads on demand? Selektieren die Mouse-Potatoes ihre Werbebouquets mit personalisierten Suchmaschinen auf speziellen Ad-Channels – gegliedert nach Slapstick, Sex und serious? Wird Werbung nach Kaufklassen – arm/mittel/reich – gerated? Liefert das Touch-and-smell-Fax werbewirksam den Duft eines Rosenstrauches ins Haus? Gibt es neben werbeunterbrochenen Telefonservices auch Werbeeinblendungen auf Kassenbrillen? Nehmen die Kultusminister Werbung als Schulfach auf? Eine Regel wird wohl auch 2010 noch gelten: Werbung bleibt Business. Creative is what sells – ob analog oder digital.

4

5

6

4 Chris Häberlein, Geschäftsführende Gesellschafterin Häberlein & Mauerer GmbH Agentur für Kommunikation 5 Franz Beckenbauer, Präsident FC Bayern München 6 Prof. Knut Föckler, Head of The Microsoft Network Microsoft GmbH

1

2

3

4

Bodo H. Hauser Was geht: langweilige Werbung. Was bleibt: Werbung mit Witz. Was kommt: damit zu werben, daß man nicht wirbt.

ULRICH KIENZLE **ICH HABE EINE HOFFNUNG: DASS DIE DEUTSCHEN UNTERNEHMER UND MANAGER AUFHÖREN, UNS MIT LANGWEILIGEN WERBESPOTS ZU QUÄLEN, UND ENDLICH ANSCHLUSS AN DEN INTERNATIONALEN WERBEMARKT FINDEN. VIELLEICHT WIRD DANN AUCH MAL EIN DEUTSCHER WERBESPOT DIE GOLDMEDAILLE IN CANNES GEWINNEN.**

Bernd Schiphorst Das nächste Jahrhundert wird das Zeitalter der personalisierten Kundenansprache. One-to-one-Marketing dominiert. Werbung, die ich suche – nicht solche, die mich sucht. Streuwerbung ist out. Eine neue Dimension der Kreativität eröffnet sich der Werbung. Auch für die Kontrolle des Werbeerfolgs. Werbegeld nomadisiert wieder, die Plazierung wird noch komplexer, und das Publikumsinteresse fragmentiert sich weiter.

Reinhard Springer **Langweilige Werbung wird endlich offiziell weggezappt. Erzielt ein Spot schlechte Einschaltquoten, fliegt er raus. Schaltet das Publikum um, wenn der öde Spot läuft, erscheint er nie wieder. Die Spots werden genau auf das abgestimmt, was im Fernsehen läuft. Unterbrecherwerbung wird in der Programmzeitung abgedruckt. Quoten dazu auch. Werbeagenturen bestehen nur noch aus Management. Mitarbeiter**

1 Bodo H. Hauser, Leiter Magazin Frontal, ZDF 2 Ulrich Kienzle, Leiter Magazin Frontal, ZDF 3 Bernd Schiphorst, President & COO Bertelsmann New Media 4 Reinhard Springer, Gründer und Gesellschafter von Springer & Jacoby

werden freie Mitarbeiter mit Unternehmerstatus. Leistungen werden projektbezogen sein und weltweit eingekauft werden. Senioren und Kinder werden noch maßgeblicher. Datenbänke werden endlich geschickt genutzt: Das Eingehen auf persönliche Wünsche der Käufer schöpft Umsatzreserven aus. Werbung bleibt wichtig, weil sie sich als generelle Kommunikation, als Auftritt der Marke versteht.

Harald Neidhardt Verlage müssen communities of interest über alle Medien ansprechen, mit redaktionellen Inhalten nebst Werbebotschaften versorgen, da sich die Zielgruppe nicht mehr nur eindimensional erreichen läßt. Für Markenartikler wird es technisch (online) immer leichter, Konsumenten direkt (one to one) zu bedienen. Hier werden Kommunikationsmedien und Logistikketten (Handel) flacher oder ganz entfallen. Ihre Media-Einnahmen werden nur solche Verlage verteidigen, die Content (Software) verkaufen, ohne physische Produkte (Hardware) zu distribuieren.

KATARINA WITT DIE MACHER HABEN ERKANNT, DASS WERBUNG MIT HILFE VON EMOTIONEN SEHR GUT FUNKTIONIERT. MAN ENTSCHEIDET SICH FÜR MARKEN, WEIL MAN DIE WELT DIESER MARKEN MAG, UND DIESE IST MEIST KÜNSTLICH ERSCHAFFEN. ICH MAG EMOTIONSGELADENE WERBUNG. ICH HOFFE, DASS ES IM JAHR 2010 IMMER NOCH VIEL WERBUNG GIBT, DENN DAS WÜRDE AUCH HEISSEN, DASS ES NOCH MARKENVIELFALT GIBT. UND NATÜRLICH WÜNSCHE ICH MIR VIEL MEHR WERBUNG FÜR UMWELTVERTRÄGLICHE PRODUKTE.

5

6

5 Harald Neidhardt, Mitglied der Geschäftsführung Pixelpark Multimedia-Agentur GmbH 6 Katarina Witt, Eiskunstläuferin

1

2

3

Helmut Sendlmeier Werbung ist nicht der dienstbare, eilfertige Geist, für den sie genommen wird. Die Reduktion auf den bloßen Verkaufswert entzieht ihr ein prägendes Moment: die unnachahmliche Fähigkeit, in der kurzen und kleinen Form von Spot und Anzeige Emotionen zu wecken, die Kultur eines Volkes auszudrücken – die Fähigkeit, auf eine Art wahr zu sein, die nicht artifiziell, bemüht und selbstparodierend ist. Genau so wird Werbung im Jahre 2010 auch sein.

VOLKER NICKEL GEWISS IST: WERBEFACHLEUTE MÜSSEN LERNEN, LERNEN, LERNEN – UND DAS IMMER. UND SICHER AUCH: DIE BÜRGER WERDEN MOBILER IM KOPF – GNADENLOS INFORMIERT UND GRENZENLOS SELBSTBEWUSST. DAS MACHT WERBUNG KOMPLIZIERTER. ABER IHRE EFFIZIENZ IST BEI PROFESSIONELLEM EINSATZ AUCH 2010 UNGEBROCHEN. DENN DER MENSCH BLEIBT EMOTIONAL GEPRÄGT; WER IHN ERREICHEN WILL, MUSS DARAUF EINGEHEN – ALSO UM IHN WERBEN.

Wolfram Schweizer Im Jahr 2010 wird Werbung mehr als Werbung sein. Der Einzug von werblichen Inhalten in das alltägliche und normale Kommunikationsverhalten ist schon heute spürbar. Werbung wird sich weiter fragmentieren, und die konservativpeinlichen Werbeklischees à la aprilfrisch und sonnensauber werden sich ob Übersättigung verabschieden. Damit wird Werbung direkter, ansprechender und alltäglicher.

1 Helmut Sendlmeier, CEO Deutschland TBWA Werbeagentur GmbH 2 Volker Nickel, Sprecher des Zentralverbands der deutschen Werbewirtschaft (ZAW)
3 Wolfram Schweizer, Journalist und Moderator n-tv

Wigald Boning Schon jetzt ist im Fernsehen Werbung interessanter als das Rahmenprogramm. Dieser Entwicklung entsprechend, wird eine Fernsehstunde im Jahr 2010 aus 50 Minuten Werbung und 10 Minuten Sonstigem bestehen. Spartenkanäle, die nur Werbung bringen, haben dann besonderen Erfolg. Überhaupt wird die Werbung langfristig die Kunst verdrängen und völlig an ihren Platz treten. Ich freu' mich drauf.

HEIMAR SCHRÖTER DIE WIRKUNG WIRD GÄNZLICH INDIVIDUELL. NO MORE TARGET GROUPS. NUR NOCH DAS INDIVIDUUM ZÄHLT. DER EINZELNE WIRD GANZ SPEZIELL BEDIENT. MIT WERBUNG, DIE NUR FÜR IHN PASST. KURZ: „THE FUTURE IS SO BRIGHT, YOU'VE GOT TO WEAR SHADES."

Peter Schmidt Werbung hat nur zwei Chancen zu bestehen: wenn sie überzeugend wird. Vernünftig argumentiert und informiert. Wortfleischsalat bis zum Erbrechen hat keine Chance mehr. Und wenn sie menschlich wird. Statt sauren Gefühlskitsch zu zeigen, muß sie den Sinn fürs Naheliegende schärfen. Das Bedürfnis nach Vereinfachung befriedigen. Witzelsucht durch Humor ersetzen und die Eiseskälte gnadenlosen Stylings durch Wärme. Doch es ist töricht, über Probleme im Jahr 2010 zu reden. Wenn wir sie heute sehen, sollten wir sie heute beheben.

Martin Schnaack Alles bleibt beim alten. Nur eines ändert sich: Die blaue Ersatzflüssigkeit der Bindenwerbung wird ersetzt. Sie ist dann grün.

4

5

6

7

4 Wigald Boning, Comedian und Schauspieler 5 Heimar Schröter, CEO Michael Conrad & Leo Burnett 6 Peter Schmidt, Designer Peter Schmidt Studios 7 Martin Schnaack, Geschäftsführer Avantgarde GmbH

1

2

3

Helene Karmasin **Zukünftig werden Güter weniger vom instrumentellen Nutzen leben als von ihrer Bedeutung. Diese unterscheidet die Produkte. Unterschiede sind jedoch immer schwerer herzustellen – letztlich gelingt das nur auf der Ebene der Zeichen. Das ist die Aufgabe der Werbung, gerade bei Markenartikeln. Werbung wird immer weniger ein System zur Manipulation passiver Verbraucher sein als eines zur Erzeugung relevanter Unterschiede.**

KLAUS WECKER **DIE STARS VERSCHWINDEN: PERSÖNLICHKEITEN DES TÄGLICHEN LEBENS MIT AUSGEPRÄGT INDIVIDUELLEN CHARAKTERZÜGEN EROBERN DIE WERBESZENE. SIE WERDEN PRODUKTE IN REALEN LEBENSSITUATIONEN DEMONSTRIEREN. DIES WIRD AUF UNTERHALTSAME, SPIELERISCHE WEISE GESCHEHEN; DABEI WERDEN WITZ UND EHRLICHKEIT EINE SPANNENDE SYMBIOSE EINGEHEN.**

Hans G. Güldenberg Wir schreiben das Jahr 2010. Die Mediaindustrie ist eine der größten werbetreibenden Branchen. Die Gliederung der Medien in Zeitschrift, TV, Radio etc. ist komplett durch Mediamarken ersetzt. Es gibt nur noch zwei große Medienkonglomerate. Klassische Werbung nimmt noch 30 Prozent ein. Werbeblöcke sind maximal zwei Minuten lang, Zeitschriften haben unter 10 Prozent Anzeigen. Der Rückgang der klassischen Werbung liegt daran, daß Medien

1 Dr. Helene Karmasin, Geschäftsführende Gesellschafterin Institut für Motivforschung 2 Klaus Wecker, Marktforschungsleiter Cosmed, Beiersdorf AG 3 Hans G. Güldenberg, Vorsitzender des Vorstandes Nestlé Deutschland AG

bei der Umstellung auf Markenkonzepte die Qualität betonen mußten, um sich von der aggressiven Konkurrenz zu differenzieren. Zwei Drittel der Kommunikationsinvestitionen sind Kooperationen wie Infomagazine von Markenartikelherstellern oder feste Rubriken in den Medienmarken. Daneben bieten die Unternehmen interaktive Info- und Servicesysteme im Ultranet und auf unternehmenseigenen digitalen Kanälen an. Gurus, die das Ende der Marke als Bezug für den Verbraucher proklamierten, mußten feststellen: Marken stellen die Grundbezugspunkte unserer segmentierten Welt dar.

Reinhold Weber **Was kommt: neue Ausdrucksformen, neue Instrumente. Was bleibt: Ideen müßte man haben.**

PETER M. SCHÖNING DIE FILMSZENE MACHT ES DEN AGENTUREN VON MORGEN SCHON HEUTE VOR: MEHR MASSE IN IMMER MEHR MEDIEN. DAS NETZWERK IST TOTAL, DIE STUDIOS GEHÖREN GIGANTEN. ABER TROTZDEM IST KLAR: KLASSE LÄSST SICH EINFACH NICHT ÜBERBIETEN. UNSER MARKT WIRD SICH SPALTEN, MEHR NOCH ALS HEUTE. HIER DAS KOMMUNIKATIVE MASSENMARKETING (REKLAME), DORT DIE HIGH-END-MARKENSHOW. DIE INSZENIERUNG WIRD MARKENPERSÖNLICHKEITEN NICHT NUR PRÄGEN ODER DOMINIEREN, SONDERN TOTAL BESTIMMEN.

Bernd Eichinger Was geht: Billboards aus Papier. Was bleibt: immer weniger. Was kommt: immer mehr.

4

5

6

4 Reinhold Weber, Mitinhaber Weber, Hodel, Schmid Werbeagentur AG
5 Peter M. Schöning, Chairman und CEO Scholz & Friends Group
6 Bernd Eichinger, Produzent Constantin Film Produktion GmbH

ZEITGEIST WERBUNG
ALLE REDEN VOM WETTER
SPIRITUELLER MEHRWERT
STREIT IM MÄDCHEN-
PENSIONAT
ÜBER WERBUNG UND
JOURNALISMUS
DRAMATISCH NORMAL

17

ZAHLEN UND FAKTEN

PETER WIPPERMANN, STEFAN AUST, ANDREAS STEINLE/PETER WIPPERMANN, MICHAEL SCHIRNER, NORBERT BOLZ, PETER GLOTZ, CORDT SCHNIBBEN, CHRISTIAN BOROS/GUIDO HALFMANN, PETER WIPPERMANN, DOUGLAS RUSHKOFF, THOMAS HOLTROP, HANS-JOACHIM RICHTER, WERNER E. KLATTEN, JÜRGEN STRÖBEL, CHRISTIAN SCHLOTTAU

DER SPIEGEL

ZAHLEN UND FAKTEN

QUALITATIVE MARKTFÜHRERSCHAFT MEDIADATEN LIEFERN DIE GRUNDLAGE FÜR DIE WAHL EINES WERBEMEDIUMS. DAS HAUPTARGUMENT FÜR DEN SPIEGEL: HOHE AUFLAGE UND EINE REICHWEITENLEISTUNG, DIE MIT ZUNEHMENDER ZIELGRUPPENQUALITÄT ÜBERDURCHSCHNITTLICH STEIGT.

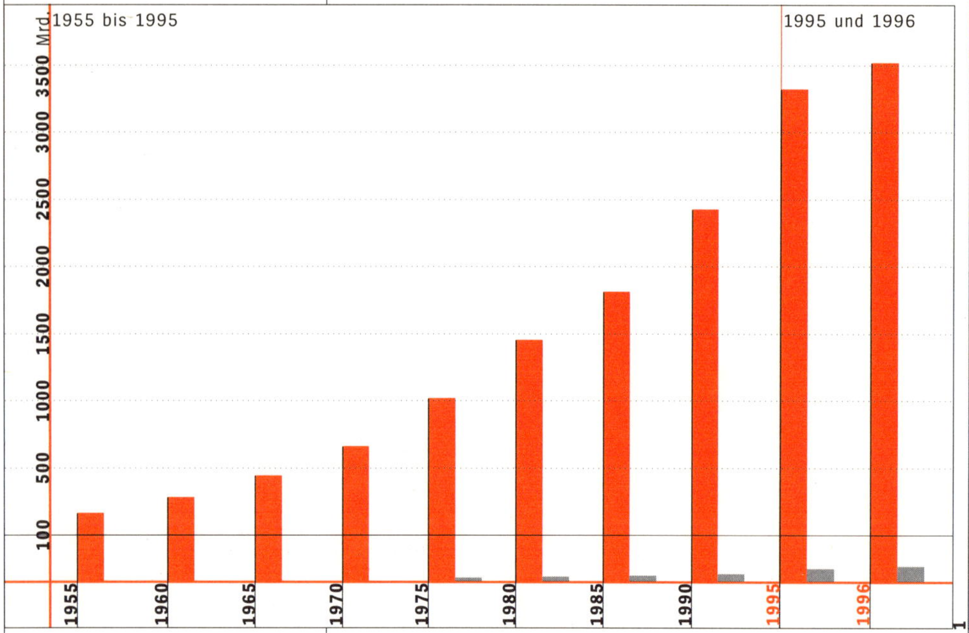

BRUTTOSOZIALPRODUKT UND WERBEAUFWAND

Konstantes Wirtschaftswachstum: In den vergangenen fünf Jahrzehnten ist das deutsche Bruttosozialprodukt kräftig gewachsen. Von 1955 bis 1996 stieg es von nominal 180,5 Milliarden auf 3506,8 Milliarden Mark. Parallel dazu nahmen auch die Bruttowerbeaufwendungen zu: Im Jahr 1975 – seit diesem Zeitpunkt werden exakte Daten erfaßt – lagen sie bei 5,1 Milliarden, 1996 bei 25,9 Milliarden Mark. Vor zwanzig Jahren erreichten sie damit 0,5 Prozent des Bruttosozialprodukts, 1996 waren es 0,7 Prozent.

[1]Quelle Bruttosozialprodukt: Amtliche Statistik, Dt. Bundestag, Daten ab 1991 einschließlich neuer Bundesländer; Quelle Bruttowerbeaufwendungen: A. C. Nielsen Werbeforschung S+P, Daten ab 1991 einschließlich neuer Bundesländer

■ Bruttosozialprodukt ■ Bruttowerbeaufwendungen

PRIVATER VERBRAUCH UND KAUFKRAFT

Steigender Konsum: Der private Verbrauch der Deutschen erhöhte sich inflationsbereinigt von 487,9 Milliarden Mark im Jahr 1960 auf 1751,4 Milliarden Mark im Jahr 1996. Neben der Wiedervereinigung des Landes ist für diese Entwicklung auch der zunehmende Wohlstand verantwortlich. In den vergangenen fünf Jahrzehnten hat sich das real verfügbare Einkommen der Westdeutschen mehr als verfünffacht, obwohl die Kaufkraft der Deutschen Mark kontinuierlich schrumpfte. 1960 war eine Mark noch mehr als dreimal soviel wert wie 1996.

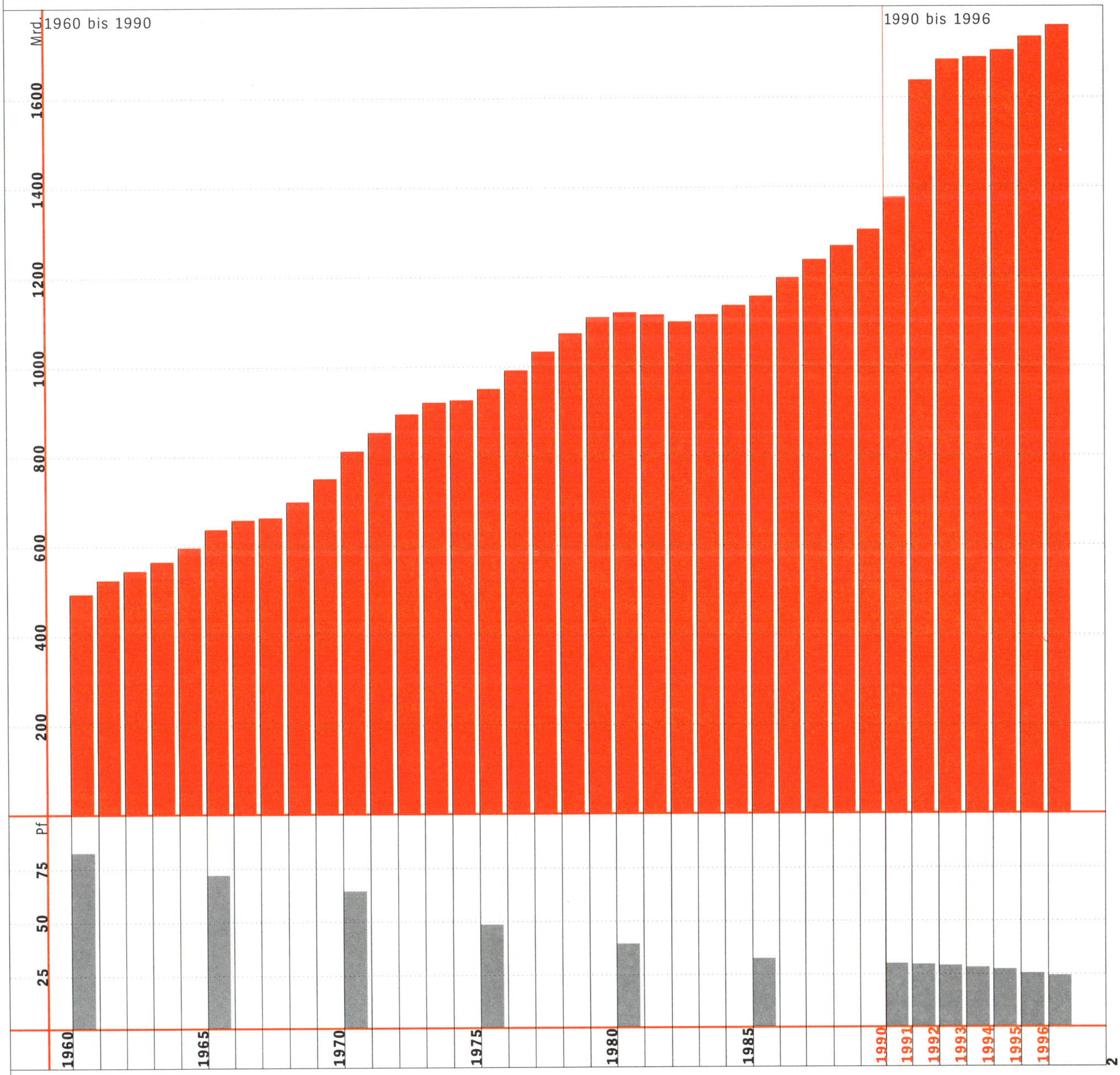

Quelle: Commerzbank AG, Economic Research 1997; Daten realer privater Verbrauch in Preisen von 1981

realer privater Verbrauch Kaufkraft

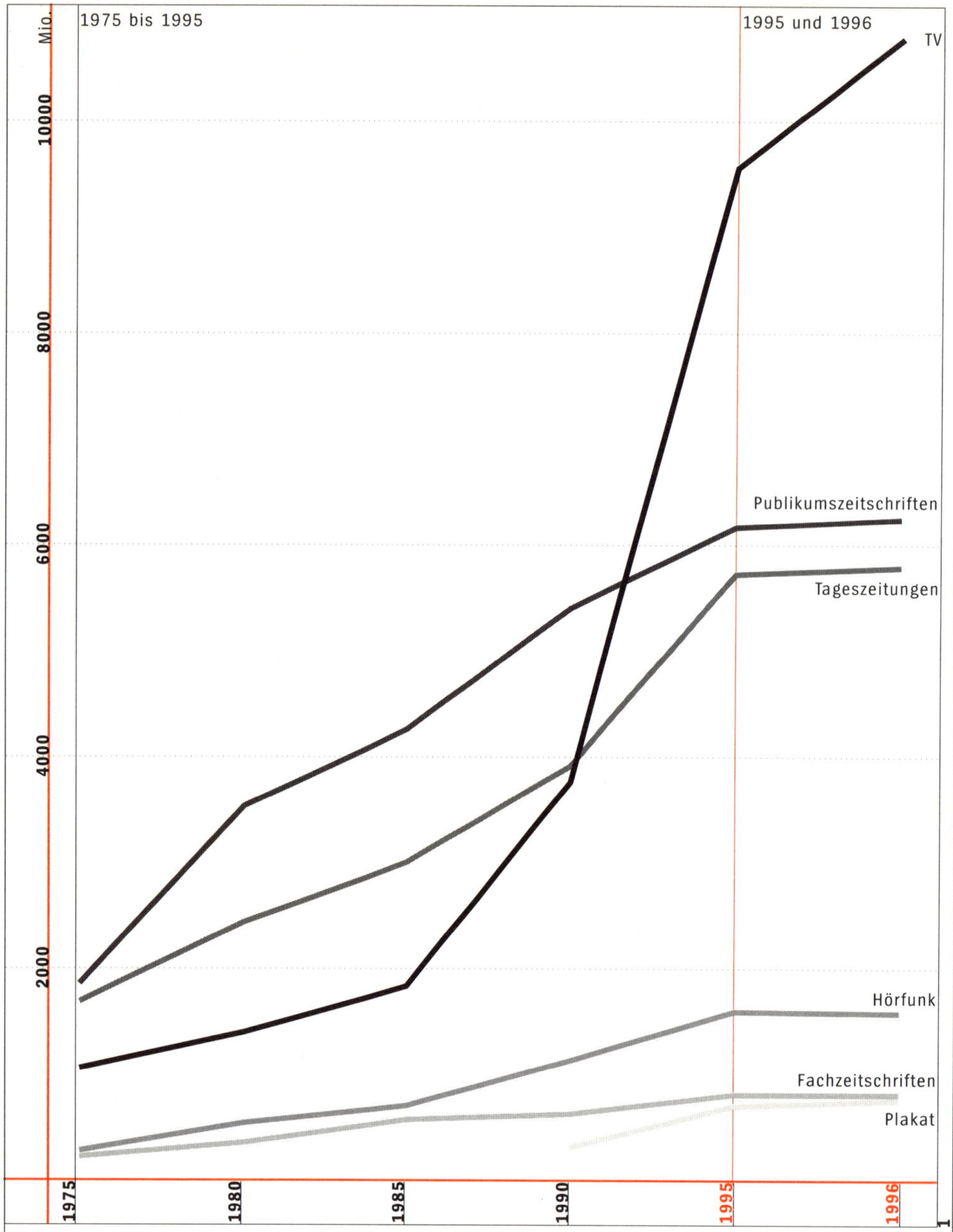

WERBEAUFWENDUNGEN

Wachstumsbranche Werbung: Die Ausgaben für die Schaltung von Anzeigen, Plakaten, Funk- und Fernsehwerbung stiegen in den vergangenen Jahrzehnten steil an. Den größten Zuwachs gab es – vor allem seit Anfang der 90er Jahre – bei den TV-Spots. Für sie erhöhten sich die Ausgaben von 3753,2 Millionen Mark im Jahr 1990 auf 10.768 Millionen Mark im Jahr 1996. Zweitwichtigster Werbeträger sind die Publikumszeitschriften. Auch hier nahmen die Ausgaben für Anzeigenschaltung in den vergangenen Jahren kontinuierlich zu: von 1851,7 Millionen Mark im Jahr 1975 auf 6234,3 Millionen Mark im Jahr 1996.

1 Quelle: S+P Werbetrend 1996

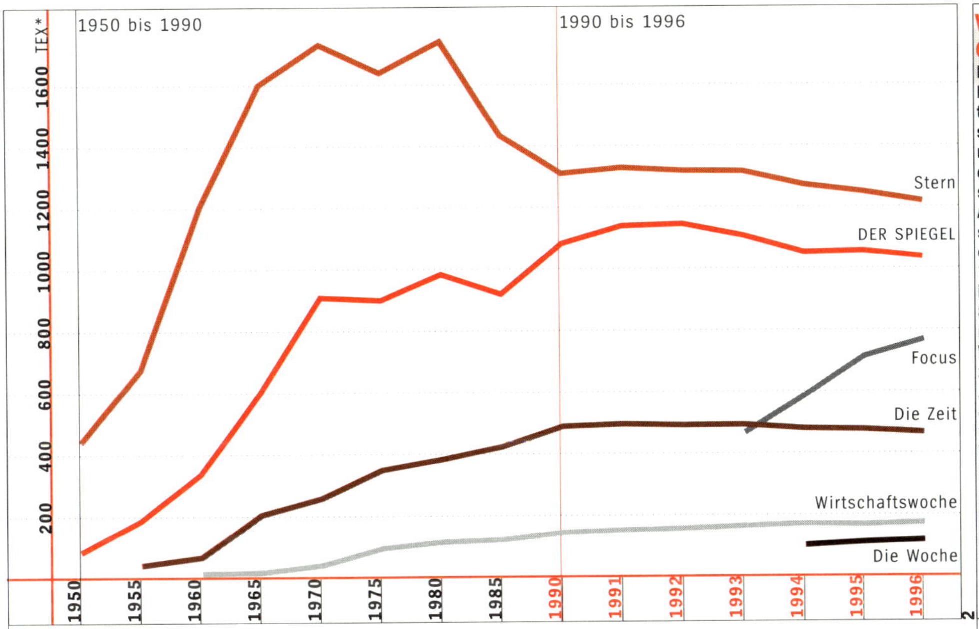

VERKAUFTE AUFLAGE GESAMT

Hohes Niveau beim SPIEGEL: Bis in die 90er Jahre verzeichnete DER SPIEGEL rasante Auflagensteigerungen. Nach einer leicht rückläufigen Entwicklung in den vergangenen fünf Jahren hat sich die Höhe der verkauften Auflage bei 1.038.000 (1996) stabilisiert. Der Stern bleibt mit einer verkauften Auflage von 1.219.000 (1996) Marktführer im Segment, obwohl er seit den 80er Jahren erhebliche Auflagenrückgänge hinnehmen mußte. Wirtschaftswoche und Woche verzeichneten in den vergangenen Jahren leichte Zuwächse, während das 1993 gegründete Nachrichtenmagazin Focus die höchsten Wachstumsraten vermeldet. Seine verkaufte Auflage stieg zwischen 1993 und 1996 von 469.000 auf 771.000 Exemplare.

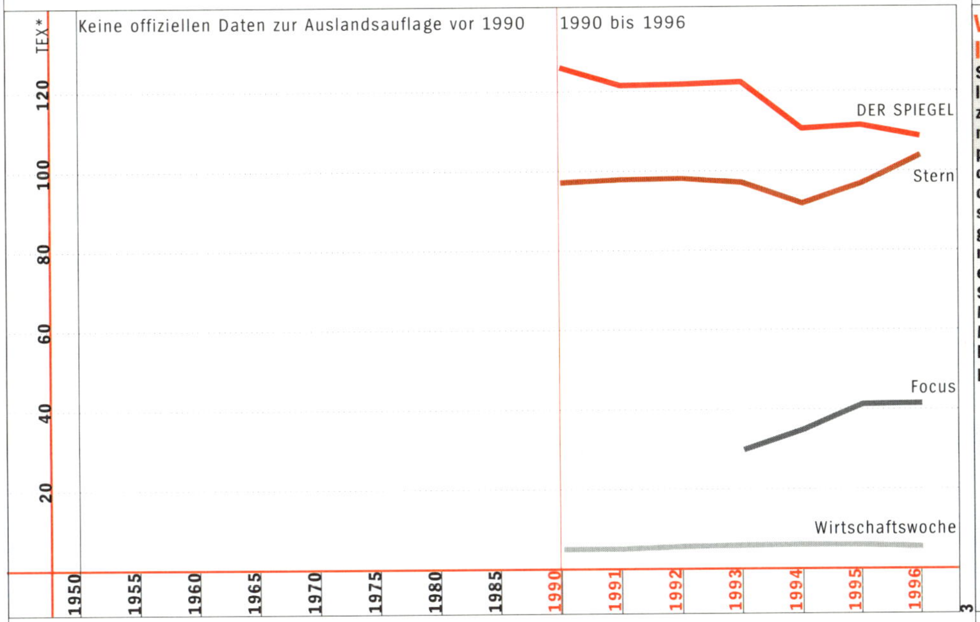

VERKAUFTE AUFLAGE IM AUSLAND

Starke SPIEGEL-Präsenz im Ausland: Unter den Publikumszeitschriften war DER SPIEGEL mit 107.401 verkauften Exemplaren 1996 die auflagenstärkste deutsche Zeitschrift im Ausland, obwohl die Auslandsauflage seit 1990 um rund 17.000 Stück geschrumpft ist. Der Stern lag mit 102.664 verkauften Auslandsexemplaren leicht hinter dem SPIEGEL. Noch weiter hinter dem Marktführer ist das Newcomer-Magazin Focus mit einer Auslandsauflage von 40.052 Exemplaren plaziert.

2/3 Quelle: IVW-Quartalsberichte; bei der Woche und der Zeit liegen keine Angaben zur Auslandsauflage vor

*Tausend Exemplare

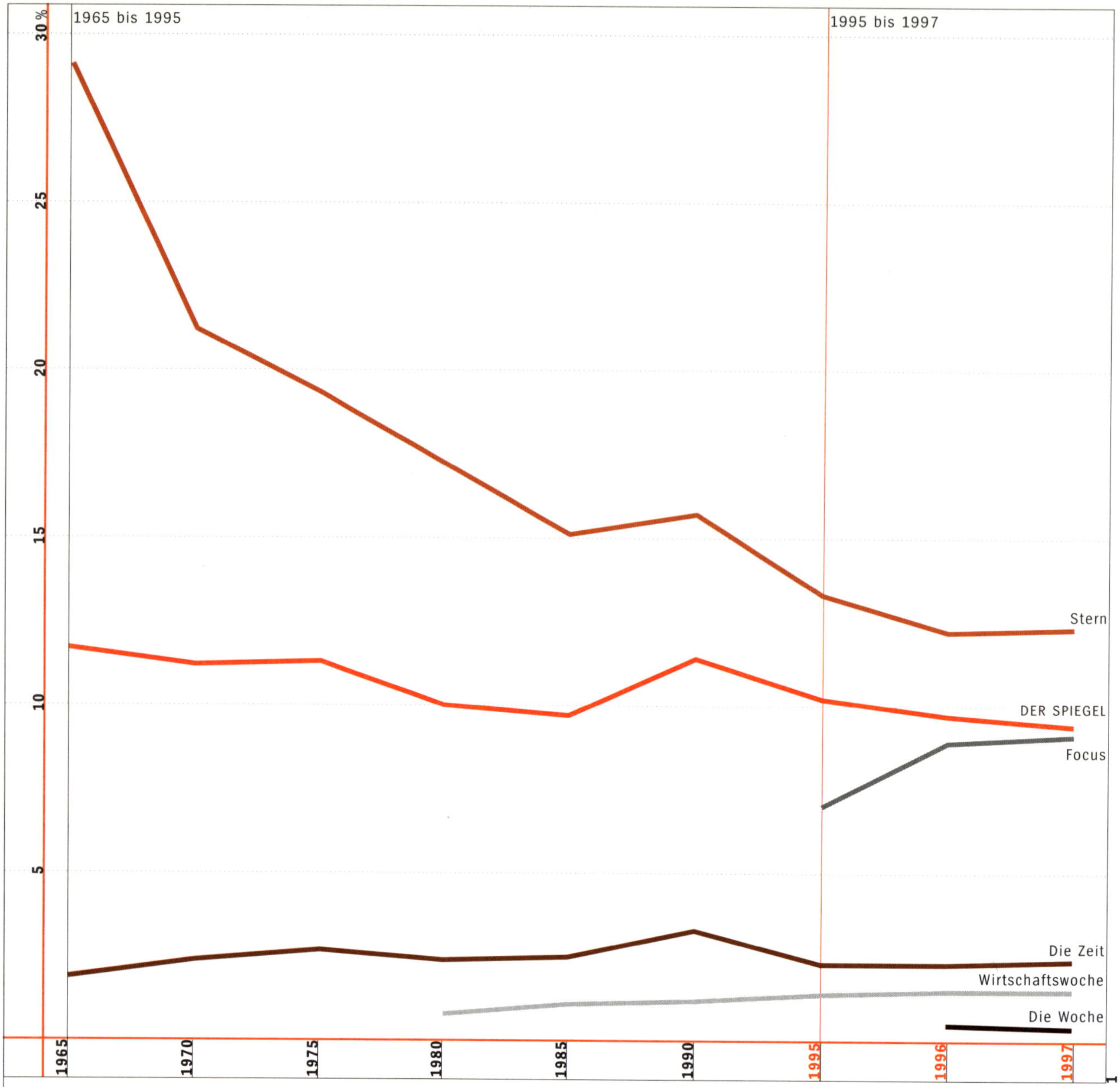

REICHWEITE GESAMTBEVÖLKERUNG

Starke Marktdurchdringung beim SPIEGEL: 9,4 Prozent aller Deutschen lesen 1997 regelmäßig den SPIEGEL. Focus liegt mit einer Reichweite von 9,1 Prozent knapp hinter der Marktdurchdringung des Hamburger Nachrichtenmagazins. Mit 12,3 Prozent bleibt der Stern weiterhin Marktführer, obwohl seine Reichweite von noch 29,1 Prozent im Jahr 1965 stark gefallen ist. Die Reichweiten der Wochentitel Zeit (2,4 Prozent), Wirtschaftswoche (1,5 Prozent) und Woche (0,4 Prozent; alle Stand 1997) hielten sich in den vergangenen Jahren auf niederem Niveau stabil.

1 Quelle: LA 1965–1970; MA 1975–1997

REICHWEITE ZIELGRUPPEN

SPIEGEL-Reichweiten auf Platz Nummer eins bei Opinion Leadern: DER SPIEGEL nimmt die führende Position ein, wenn nach Bildungsniveau und Berufsstand der Leser gefragt wird. 1997 erreicht er in der Zielgruppe mit dem höchsten Bildungsgrad (Abitur/Studium) einen Leseranteil von 23,0 Prozent – vor Focus mit 19,5 Prozent. Auch in den oberen Berufsgruppen ist DER SPIEGEL mit einem Leseranteil von 24,5 Prozent am beliebtesten, gefolgt von Focus mit 24,0 Prozent. Das Segment der 30- bis 49jährigen deckt der Stern 1997 mit 14,3 Prozent zwar etwas stärker ab als DER SPIEGEL mit 11,1 Prozent, aber seine Reichweite ist in diesem Alterssegment seit 1965 (28,6 Prozent) um mehr als die Hälfte geschrumpft, während die SPIEGEL-Reichweite relativ stabil geblieben ist. Damit ist die werbliche Leistung des SPIEGEL über einen Zeitraum von mehr als 30 Jahren von Kontinuität und Stabilität geprägt.

2 **Quelle: LA 1965–1970; MA 1975–1997**

*Abitur aufwärts

**Inhaber, Leiter von Unternehmen, Freiberufler, leitende Angestellte und Beamte

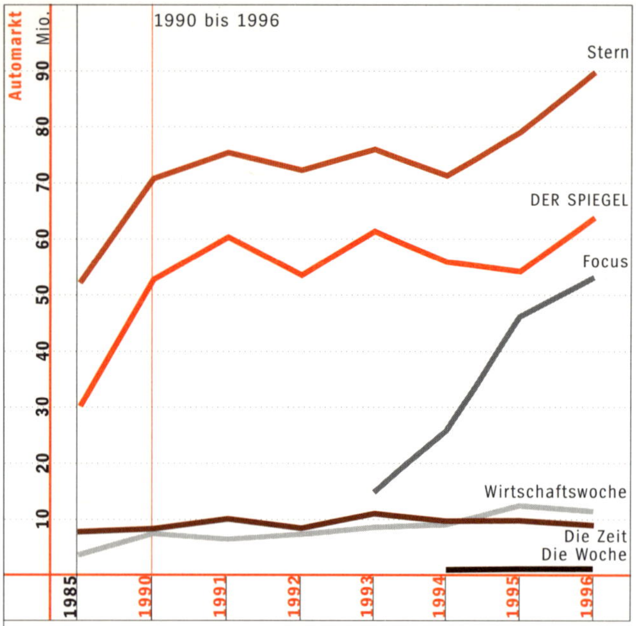
Automarkt
Mio.
1990 bis 1996
Stern
DER SPIEGEL
Focus
Wirtschaftswoche
Die Zeit
Die Woche
10
20
30
40
50
60
70
80
90
1985
1990
1991
1992
1993
1994
1995
1996

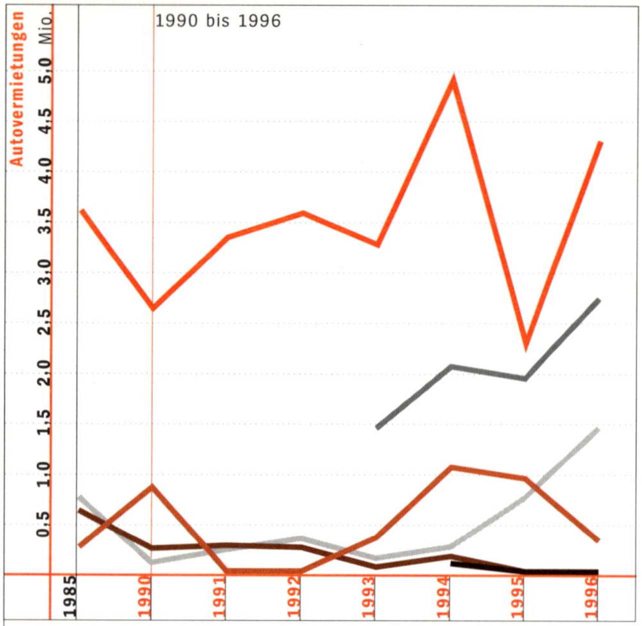
Autovermietungen
Mio.
1990 bis 1996
0,5
1,0
1,5
2,0
2,5
3,0
3,5
4,0
4,5
5,0
1985
1990
1991
1992
1993
1994
1995
1996

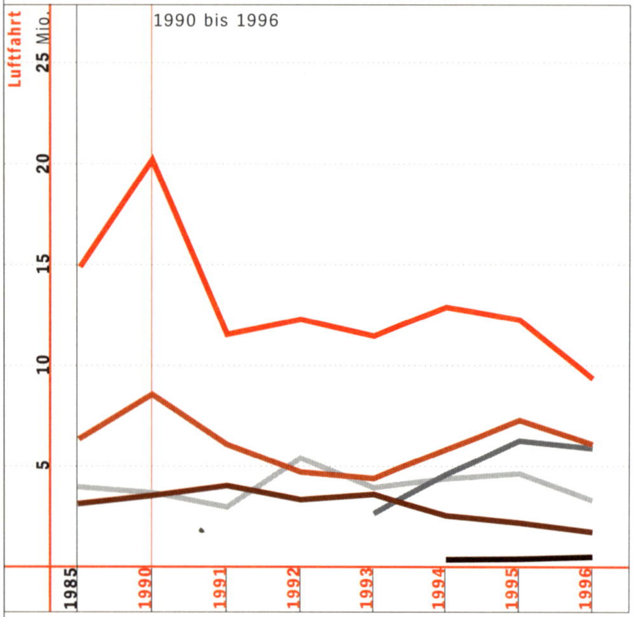
Luftfahrt
Mio.
1990 bis 1996
5
10
15
20
25
1985
1990
1991
1992
1993
1994
1995
1996

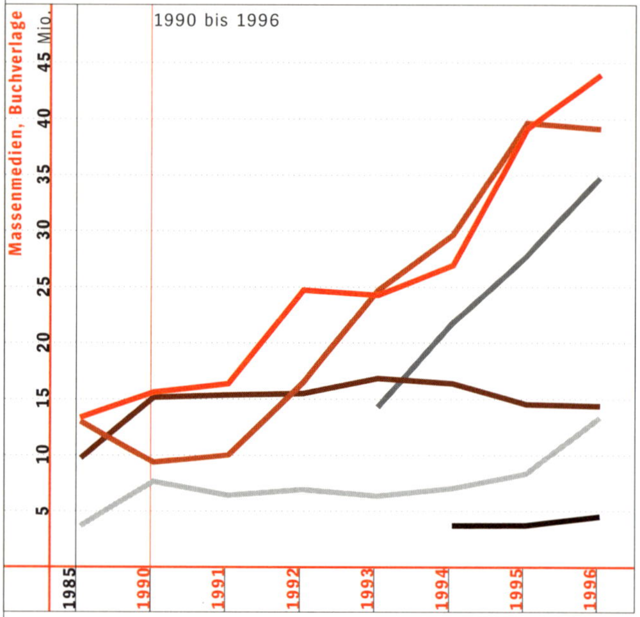
Massenmedien, Buchverlage
Mio.
1990 bis 1996
5
10
15
20
25
30
35
40
45
1985
1990
1991
1992
1993
1994
1995
1996

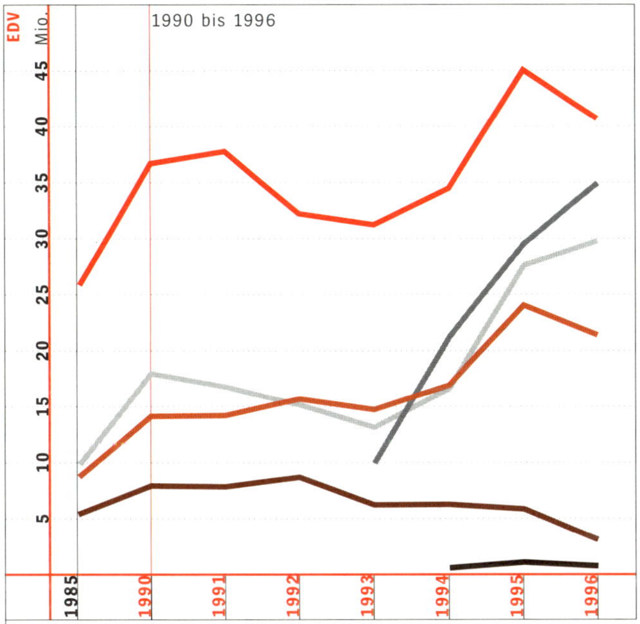

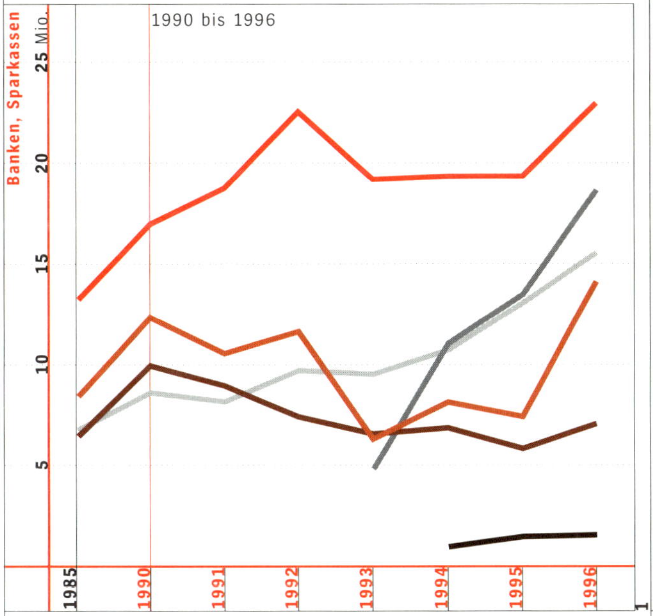

BRUTTOWERBEAUFWENDUNGEN IN BRANCHEN 1

Wachstumsbranchen werben im SPIEGEL: Als größte werbetreibende Branche schaltete die Automobilindustrie 1996 für rund 230 Millionen Mark Anzeigen in den wichtigsten meinungsbildenden Wochentiteln, davon allein für rund 64 Millionen Mark im SPIEGEL. Die Tendenz bleibt weiterhin steigend.
Auch die Autovermieter scheinen nach einigen Ausgabenschwankungen inzwischen wieder auf Werbe-Wachstumskurs. DER SPIEGEL liegt – wie auch bei der Luftfahrt – in ihrer Präferenz ganz vorne. Die Werbeaufwendungen der Luftfahrt waren in den letzten Jahren allerdings bei allen Titeln rückläufig.
Rasante Zuwächse verzeichnet die Printwerbung der Medienbranche, die den SPIEGEL vor allen anderen Publikumszeitschriften favorisiert. Ihre Aufwendungen für Werbung im Hamburger Nachrichtenmagazin stiegen von 1985 bis 1996 von 13,1 Millionen auf 43,8 Millionen Mark. Im Stern warb sie 1996 für rund 39 Millionen Mark, in Focus für 34,6 Millionen.
Auch die EDV-Branche wirbt – mit leichtem Aufwärtstrend – am liebsten im SPIEGEL: 1985 buchte sie dort Anzeigen für 25,5 Millionen Mark, im Jahr 1996 für 40,2 Millionen Mark.
Bei den Anzeigen für Finanzdienstleistungen zeichnet sich schließlich ebenfalls eine positive Entwicklung ab, wobei der SPIEGEL die unangefochtene Spitzenstellung hält. 1996 schalteten Banken und Sparkassen dort für rund 23 Millionen Mark Anzeigen. Das Volumen der Finanzanzeigen in Focus kletterte auf 18,6 Millionen Mark.

[1] Quelle: A. C. Nielsen Werbeforschung S+P

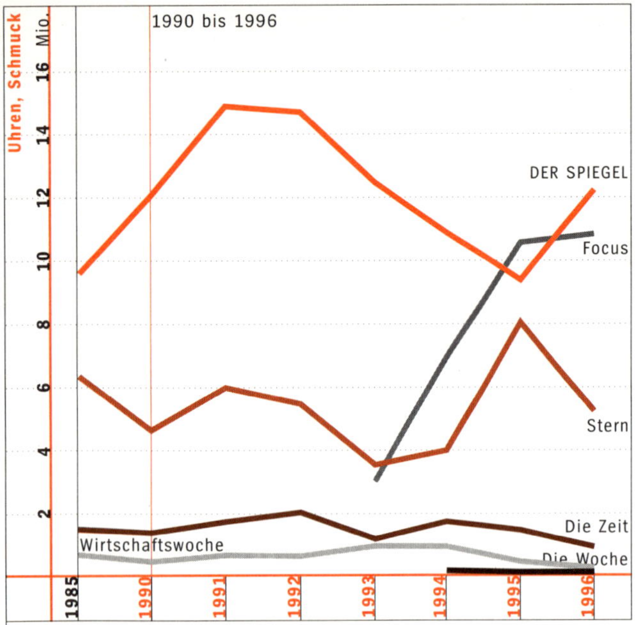
Uhren, Schmuck
Mio.
16
14
12
10
8
6
4
2
1990 bis 1996
DER SPIEGEL
Focus
Stern
Die Zeit
Wirtschaftswoche
Die Woche
1985
1990
1991
1992
1993
1994
1995
1996

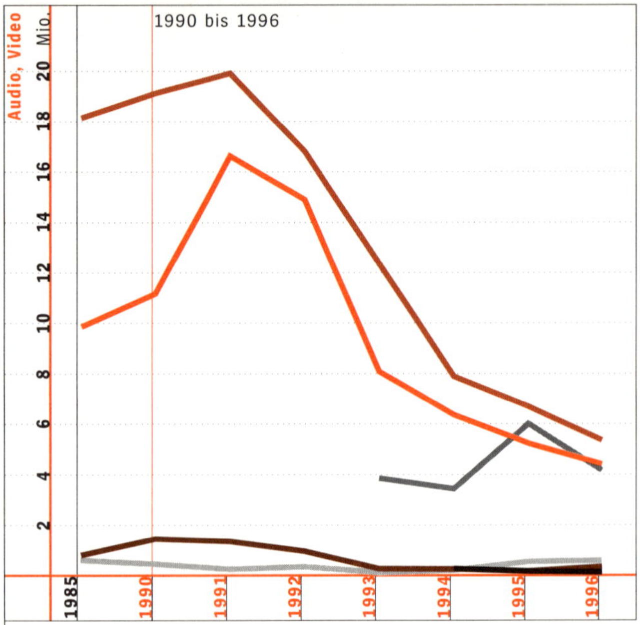
Audio, Video
Mio.
20
18
16
14
12
10
8
6
4
2
1990 bis 1996
1985
1990
1991
1992
1993
1994
1995
1996

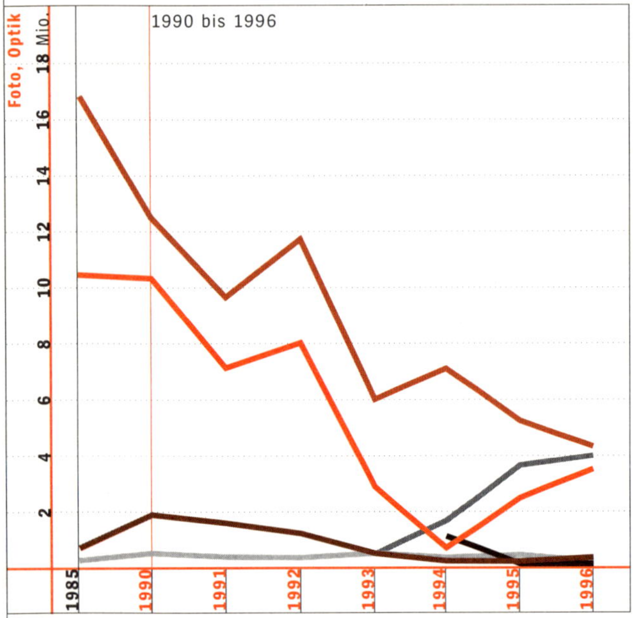
Foto, Optik
Mio.
18
16
14
12
10
8
6
4
2
1990 bis 1996
1985
1990
1991
1992
1993
1994
1995
1996

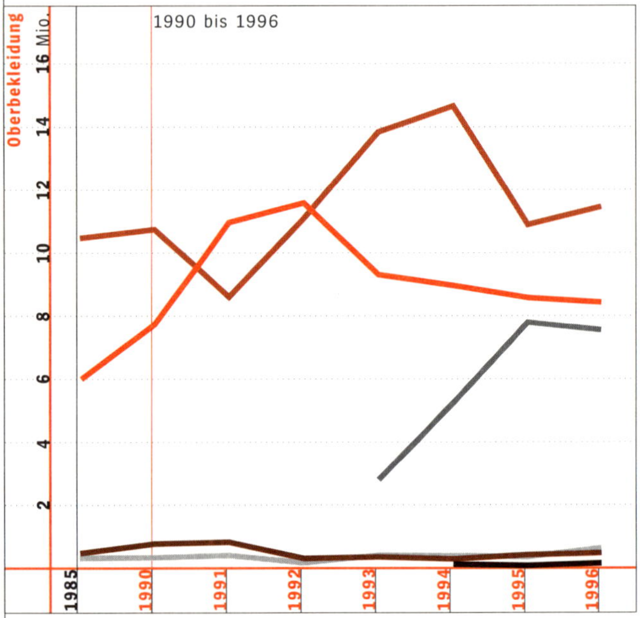
Oberbekleidung
Mio.
16
14
12
10
8
6
4
2
1990 bis 1996
1985
1990
1991
1992
1993
1994
1995
1996

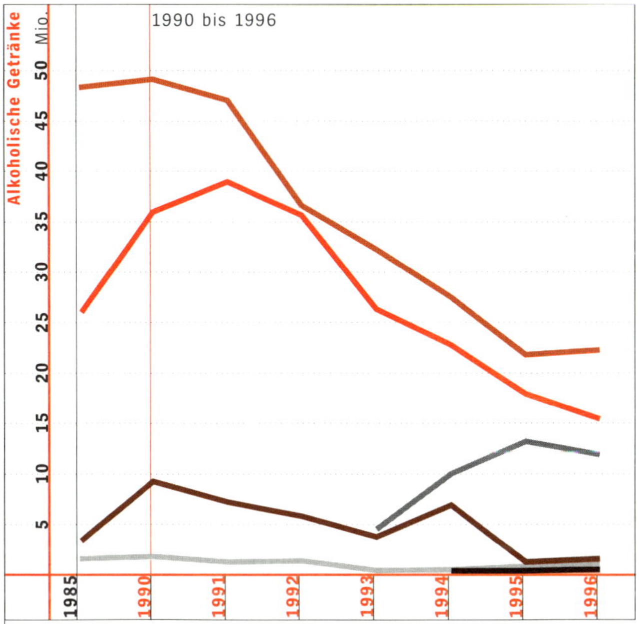

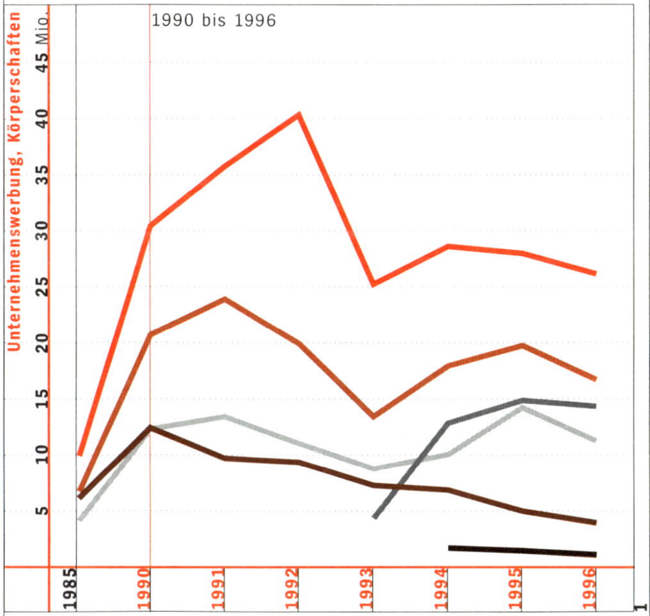

BRUTTOWERBEAUFWENDUNGEN IN BRANCHEN 2

Schwankungen bei Konsumgütern: DER SPIEGEL ist das bevorzugte Werbemedium für Luxusgüter. Vor Focus und Stern belegte er 1996 mit Werbeeinnahmen in Höhe von 12,2 Millionen Mark die Spitzenposition bei Uhren und Schmuck, die nach einer rückläufigen Entwicklung in der ersten Hälfte der 90er Jahre jetzt wieder stark beworben werden.

In der Audio- und Videobranche ist man mit der Werbung seit dem Boom der 80er Jahre erheblich zurückhaltender. Ein Werberückgang ist allgemein auch im Bereich Foto und Optik zu verzeichnen, dessen Werbeaufwand allein im Stern zwischen 1985 und 1996 von 16,7 Millionen auf 4,2 Millionen Mark sank. Gegen den Trend stiegen allerdings die Aufwendungen für Optikwerbung im SPIEGEL auf 3,4 Millionen Mark im Jahr 1996.

Obwohl für den Bereich Oberbekleidung heute mehr als vor zehn Jahren geworben wird, sind die Anzeigenvolumen stark schwankend. Noch immer ist der Stern in diesem Segment Marktführer mit Werbeeinnahmen von 11,3 Millionen Mark (1996).

Beim Anzeigenaufkommen für alkoholische Getränke, das seit Jahren rückläufig ist, behauptet der Stern nach wie vor seine relative Dominanz, wenn auch auf sinkendem Niveau. Dabei folgt ihm DER SPIEGEL auf einem etwas niedrigeren Level.

Die Imagewerbung der Unternehmen in den Publikumszeitschriften hat sich nach einem Rückgang Anfang der 90er Jahre inzwischen stabilisiert. Am meisten wird dabei im SPIEGEL (1996: 26 Millionen Mark) geworben, aber auch im Stern (16,6 Millionen Mark) und in Focus (14,2 Millionen Mark). DER SPIEGEL scheint den Unternehmen als Imageträger immer noch die höchste Glaubwürdigkeit zu versprechen.

[1] Quelle: A. C. Nielsen Werbeforschung S+P